ライブラリ 商法コア・テキスト 3

コア・テキスト

会 社 法

川村正幸・品谷篤哉・山田剛志・尾関幸美

CORPORATE LAW

新 世 社

はしがき

　本書は，令和 2 年（2020 年）4 月から施行の民法（債権関係）改正と令和元年（2019 年）会社法改正に全面的に対応したテキストである。また，「ライブラリ 商法コア・テキスト」のコンパクトな一書として，大学の法学部等における講義のテキストとして利用されることを念頭に置いている。

　「商法コア・テキスト」の他書と同様に，本書は，会社法のコアを形成する論点と会社法領域の理解にとって重要な議論とを中心にわかりやすく論述する書として，内容の理解に役立つ図表を適宜挿入するとともに，随所に掲載するコラムでやや詳細な内容，統計資料，重要判例の紹介，最新のトピックを取り上げ，また，重要語を青の太字にし，ポイント部分を青字にするなど，読みやすく理解しやすい書となるように工夫をしている。

　会社法は旧商法から独立して，平成 18 年（2006 年）5 月から施行された法律である。その後，平成 26 年（2014 年）6 月の法改正や令和 2 年（2020 年）4 月から施行の民法（債権関係）改正に対応した改正が行われ，さらに，令和元年（2019 年）12 月には新たな会社法改正が成立し同年 12 月 11 日に公布された。この会社法改正は，株主総会資料の電子提供，株主提案権制度の整備，取締役報酬等の決定方針，会社と取締役との間の補償契約，上場会社等の社外取締役の設置義務，社債管理補助者制度，会社の組織再編のための株式交付制度などに関するものである。本改正法は公布の日から 1 年 6 か月を超えない範囲内において政令の定める日から施行される。ただし，株主総会資料の電子提供制度の創設および会社の支店の所在地における登記の廃止については，公布日から 3 年 6 か月を超えない範囲内で政令の定める日から施行されるものとされている。

　グローバル化が進む現代の世界において，各国の会社法は，それぞれの国の経済発展にとって重要な基盤的ツールとしての意義を有し，各国企業の国際競争力の原動力となっている。そして，わが国の会社法には，企業の統治・

i

意思決定の仕組み（コーポレート・ガバナンス），企業活動の拡大・強化のための企業組織再編，企業の資金調達，企業の会計情報の投資家に対する開示など，今日の企業活動において無視できない重要な国際的な共通ルールが反映されている。

　私たちは日常生活において様々な形で会社制度とかかわりをもち，会社制度はわが国社会の重要かつ不可欠な基盤をなしている。これから社会に出て活動しようとする学生の皆さんにとって，そして，社会人の皆さんにとって，会社という組織の制度的仕組みと会社法の理念の理解は不可欠なものといえる。

　しかし，会社法は条文数の大変多い詳細な法律である。膨大な条文の中には，その内容を直ちには理解できない細々とした条文もあれば，一つの制度について手続の順を追って詳細に規定する条文もある。他方，条文は簡明だが，きわめて重要な問題に広くかかわっている規定もある。初学者にとって，会社法の全体を見渡して，個々の条文を正確に読み解くのは簡単なことではない。

　本書は，前述のように，読者の会社法に関する基礎的理解に役立つことを大きな目標として，会社法の中でぜひとも理解してほしい中核について様々な工夫をしながら，わかりやすく論じるものである。本書の執筆者一同は，本書が読者にとって有益な手助けになることを願っている。

　終わりに，本書の刊行にあたり，大きなご助力を頂いた新世社編集部の御園生晴彦氏，谷口雅彦氏に心より感謝の意を表したい。

　　2020 年 6 月

　　　　　　　　　　　　執筆者を代表して　　　川村　正幸

ii

目　次

</br>

第4章　募集株式の発行　　　　　　　　　80

目
次

第13章　企業買収と企業再編　　　　235

目
次

凡　例

第1編
会社法総論

1

■第 1 章■
会 社 総 説

1 会　社

(1)　会社の意義

　　① **法 人 性**　　会社は，営利事業を営むことを目的とする法人である（3条）。会社に法人格が認められることにより，会社という団体の対外的活動の結果から生じる権利・義務は会社に帰属して，自然人と同様に会社自身がその名において権利を有し義務を負う主体となる。また，法人格の存在により会社の財産関係とその構成員（社員）の財産関係とは切り離される。会社の形態に応じてその強度に差はあるが，会社の権利・義務と構成員の権利・義務とは分離され別個独立の関係にある。

　　② **営 利 性**　　会社は営利を目的とする。営利性とは，会社のみが利益を得るのでは足りず，事業から生ずる利益がその構成員（社員）にも帰属し分配されることを意味すると解されている（株式会社につき105条）。また，商法上では「自己の名をもって商行為をすることを業とする者」を商人というが（商4条1項），会社（外国会社を含む）がその事業としてする行為およびその事業のためにする行為は商行為とされているから（5条），会社は商人に当たる。

(2)　法人格の濫用等と法人格否認の法理

　　法人格の機能は，会社と社員（株主）とを分離することにあるが，株主が1人しかいない一人（いちにん）会社のように小規模な株式会社についてしば

しばみられるように，法人格が目的を越えて不法に利用される場合，および法人格の形式的独立性を法的に貫くことが正義・衡平の理念に反する場合が生じる。たとえば，一人会社が倒産したという場合に，会社の債権者が一人株主である経営者の個人責任を追及しようとするときに生じ得る。このような場合において，この事案に限り会社の法人格を否認して，会社とその背後にある社員とを同一視して妥当な結果に導くことを可能にしようとする法理が法人格否認の法理である。

この法人格否認の法理は会社法上の規定に基づくものではなく，最判昭44・2・27民集23巻2号511頁（[百選3]）により確立されている。

この判例の事案は，Xがその所有する店舗を，A個人が経営する電気器具類販売業を営むY社に賃貸し，その後Aとの間にこの店舗明け渡しの合意が成立したが，AはY社として，和解の当事者はAであってY社ではないと主張して明け渡しを拒んだというものである。本判例は，「会社形態がいわば単なる藁人形にすぎず，会社即個人であり，個人即会社であって，その実質が全く個人企業と認められる場合」には，法人格を否認して会社の背後に存在する個人に迫るべきであるとして，本件でXA間の明け渡しの合意はY社の行為と解することができるとした。

法人格否認の法理の適用事例としては，法人格の濫用の事例（濫用事例）と法人格の形骸化の事例（形骸化事例）とが認められている。濫用事例とは，会社（法人格）を支配する株主が，法人格を違法・不当な目的で利用している場合である。形骸化事例とは，会社（法人）とは名ばかりで，実質的には経営者の個人営業であるような場合であり，上記判例は形骸化事例に当たると解されている。

法人格否認の法理は取引行為に基づく責任だけでなく，不法行為に基づく責任についても適用される。また，法人格否認の法理は会社の相手方を保護する法理であり，法人格の濫用等を生じさせた会社・株主側からの本法理の主張は認められず，その相手方のみが主張できると解されている。

2 会社の種類

　会社には，株式会社と持分会社とがあり，持分会社には合名会社，合資会社，合同会社がある（2条1号。株式会社については第2編で，持分会社については第3編で説明する）。

(1) 株式会社

　株式会社の社員を株主といい，その保有する会社の持分を株式という。株式会社と合同会社を除いた持分会社（後述(2)）との大きな違いは社員の負担する責任にある。株主の責任は，その有する株式の引受価額に限られ，株式の引受価額を会社に払込みまたは給付するだけに限定され，それ以上の責任を負わない（104条）。これを株主の有限責任という。

　株式会社制度は，大きな資本の集中を可能にし，多数の社員が集合し，大規模な経営を可能にする仕組みとして作られている。そして，会社の運営については，株主総会で選任される取締役に経営が委ねられることを前提として，それに対応した複雑な機構と企業統治の仕組み（コーポレート・ガバナンス）が用意されている。しかし，会社法は大規模な株式会社と同時に小規模な（一人会社を含めた）株式会社の存在も許容しているため，株主間の人的つながりを重視した株式会社に適合する簡素な機関設計も用意されている。

　なお，会社法成立前には小規模な株式会社類似の形態の会社として有限会社が認められていた。会社法成立時点で，既存の有限会社は株式会社という類型に統合されることになったが，会社法施行に当たって，既存の有限会社が実質的には有限会社として存続したい場合には，商号中に「有限会社」という文字を用いることを要するとされ，このような株式会社は「特例有限会社」と呼ばれる。

4

表-1　組織別・資本金階級別会社数

区　分	1,000万円 以下	1,000万円超 1億円以下	1億円超 10億円以下	10億円超	合　計	構成比
（組織別）	社	社	社	社	社	％
株式会社	2,179,140	337,328	15,547	5,652	2,537,667	96.1
合名会社	3,642	171	—	1	3,814	0.1
合資会社	15,582	526	—	4	16,112	0.6
合同会社	82,195	606	120	10	82,931	3.2
合　計	2,280,559	338,631	15,667	5,667	2,640,524	100.0
構成比	(86.4)	(12.8)	(0.6)	(0.2)	(100.0)	

国税庁統計（平成29年度）より作成

(2)　持分会社

　持分会社は，少人数の信頼関係にある社員間の人的な結合を想定している。社員相互間には契約的結合による組合的な関係が存在し，会社の対内関係においては，組合的な取扱いが認められ，会社の内部的規律は広く定款自治に委ねられている（577条）。

　持分会社は，種類ごとにそれぞれ社員の会社債権者に対する責任に違いがある。合名会社においては，すべての社員は会社が負う債務について債権者に対して直接的に無限の人的責任を負う無限責任社員である（576条2項）。合資会社においては，社員には無限責任社員と有限責任社員とがいる（576条3項）。有限責任社員の責任は，定款に記載の出資の価額（576条1項6号）の限度までしか，会社の債務を弁済する責任を負わない（580条2項）。

　これに対して，合同会社においては，社員の全員が有限責任社員であり（576条4項），会社の債権者に対して有限責任しか負わず（580条2項），株式会社の場合と同様である

　株式会社に対する持分会社の共通の特色として，会社の業務執行および会社代表は，原則的に社員自身に委ねられていることが挙げられる。持分会社は少人数の社員間の信頼関係を重視する点で，経営を株主以外の第三者に委ねることを認める株式会社とは違いがある。

3 会 社 法

　従前の会社に関する法律は，商法中の「第二編　会社」に収録されていた
が，現在の会社法は，平成 17 年（2005 年）6 月に成立し，平成 18 年（2006 年）
5 月 1 日に施行されている。同時に，会社法中の法務省令への委任に対応す
る「会社法施行規則」，「会社計算規則」，「電子公告規則」が成立しており，
これらは会社法の適用に当たり重要である。

　会社法に関連する重要な法律としては，他に，「社債，株式等の振替に関
する法律」（振替法）および「商業登記法」がある。また，上場会社にとって，
企業情報の開示，株式・社債等の発行の規制とかかわり，「金融商品取引法」
（金商法）は大きな意味を有している。

■ 第 2 章 ■
会社法総則

1 会社の商号

(1) 商号制度

　商号とは，会社・商人が事業を行うに当たり自己を表示するために使用する名称をいう。会社は，その商号中に，会社の種類に従い，それぞれ株式会社・合名会社・合資会社・合同会社という文字を用いなければならない（6条2項）。会社の商号は定款の絶対的記載事項であり（27条2号・576条1項2号），登記をすることが必要である（911条3項2号・912条2号・913条2号・914条2号）。

　複数の営業を営む自然人である個人商人の場合には，1個の営業に1個の商号を使用することができ，営業ごとに別々の商号を使用することが可能である。しかし，会社の場合には，組織全体により単一の法人格を形成するのであるから，自然人と同様に会社の唯一の名称が商号であり，会社はその名称を商号とする（6条1項）。

(2) 商号の不正使用

　不正の目的をもって他の会社であると誤認されるおそれのある名称または商号を使用することは許されない（8条1項）。商号の登記は，その商号が他人のすでに登記した商号と同一であり，かつ，その営業所（会社にあっては本店）の所在場所が他の同一商号の会社と同一であるときはすることができない（商登27条）。

　会社法8条1項に違反する名称または商号の使用によって営業上の利益を侵害され，または侵害されるおそれがある会社は，その営業上の利益を侵害する者または侵害するおそれのある者に対して，その侵害の停止または予防を請求できる（8条2項）。すなわち，会社は，不正の目的（一般人を誤認させる意図）をもって自社の商号と誤認されまたは誤認されるおそれのある商号を使用する者に対して，侵害の停止等を請求できることになる。

(3)　自己の商号の使用許諾（名板貸し）

　自己の商号を使用して事業または営業を行うことを他人に許諾した会社は，この会社がその事業を行う者であると誤認して当該他人と取引をした者に対し，取引によって生じた債務を当該他人と連帯して弁済する責任を負う（9条）。本条は名板貸しによる責任に関する規定であり，名義貸与者が事業を行う者であるという外観に信頼をして取引を行った善意の第三者を保護するものである。権利外観理論（外観法理）または禁反言原則に依拠する規定と解されている。

　適用要件は，「事業又は営業を行うことを他人に許諾した」との商号貸与者側の帰責事由の存在と，相手方の信頼である。商号使用の許諾は黙示であってもよく，悪意・重過失のない相手方のみが保護される（最判昭41・1・27民集20巻1号111頁）。

2　会社の使用人と代理商

　会社法は，商法20条〜31条と同様に，10条〜20条で会社の使用人と代理商に関する規定を置く。雇用者が商人か会社かの違いはあるが，規定の趣旨はおおよそ同じであり，ここでは概略を述べる。

(1) 会社の使用人

　会社の使用人とは，会社との間で雇用関係のある者である。会社法は，会社と雇用関係にある者のうち，一般の従業員と区別して，包括的または特定範囲の代理権を有する者を会社の使用人として規定を置いている。

　会社の使用人のうち，支配人とは，会社の使用人のうちで包括的な代理権（支配権）を有する，会社の本店または支店における事業の主任者である者をいう（10条・11条）。支配人の選任および解任は登記事項である（918条）。支配人は，会社に代わってその事業に関する一切の裁判上または裁判外の行為をする権限を有し，他の使用人を選任し，または解任することができる（11条1項・2項）。相手方保護のために，支配人の代理権に加えた制限は，善意の第三者に対抗することができない（11条3項）。支配人は会社に対して強度の職務専念義務と競業避止義務を負う（12条1項1～4号）。

　支配人ではないが，会社が本店または支店の事業の主任者であることを示すような名称を付した使用人は，取引相手方の保護のために，当該本店または支店の事業に関し，一切の裁判外の行為をする権限を有するものとみなされる（表見支配人という）。ただし，相手方が悪意であったときは，この限りではない（13条）。

　会社の事業に関するある種類または特定の事項（たとえば，販売，購入，貸付，出納等）の委任を受けた使用人（支店長，部長，課長または係長等）は，当該事項に関する一切の裁判外の行為をする権限を有するものとされ，その使用人の代理権に加えた制限は，善意の第三者に対抗することができない（14条）。

　物品の販売等を目的とする店舗の使用人は，その店舗にある物品の販売等をする権限を有するものとみなされるが，ただし，相手方が悪意であるときは，この限りではない（15条）。

(2) 代　理　商

　会社の代理商とは，ある会社のためにその平常の事業の部類に属する取引の代理または媒介をする者である（16条1項）。代理商は会社の使用人と同

様に当該会社の事業の補助者といえるが，独立の商人・会社である。具体的例として，損害保険代理店や海運代理店などが挙げられる。代理商は，支配人と同様に，競業避止義務を負う（17条1項）。

3 事業の譲渡

(1) 事業譲渡の意味

事業譲渡とは，会社の事業の全部または重要な一部の譲渡を意味する。事業譲渡については，株主総会の特別決議が要求される（309条2項11号）ことと関係して，事業譲渡の概念をどのように解すべきかに関して争いがある。この点について，最高裁判例は，平成17年改正前商法245条1項1号の「営業譲渡」（現行467条1項1号・2号の「事業譲渡」に当たる）とは，商法総則にいう営業譲渡と同一意義であるとして，「一定の営業目的のため組織化され，有機的一体として機能する財産（得意先関係等の経済的価値のある事実関係を含む。）の全部または重要な一部を譲渡し，これによって，譲渡会社がその財産によって営んでいた営業的活動の全部または重要な一部を譲受人に受け継がせ，譲渡会社がその譲渡の限度に応じ法律上当然に商法に定める競業避止義務を負う結果を伴うものをいう。」としている（最大判昭40・9・22民集19巻6号1600頁［百選85］）。

(2) 譲渡会社の義務

事業を譲渡した会社（譲渡会社）は，特約のない限り，同一の市町村（東京都および指定都市では区）の区域内およびこれに隣接する市町村の区域内で，事業を譲渡した日から20年間同一の事業を行うことを禁止される（21条1項）。事業の譲受会社の保護のため競業が禁止される。

さらに，上記にかかわりなく，譲渡会社は，不正の競争の目的で同一事業を行うことを禁止される（21条3項）。

(3) 譲受会社の義務

　事業を譲り受けた会社（譲受会社）が譲渡会社の商号を続用する場合には，商号が同一であるために誤解をする譲渡会社の債権者を保護するために，その譲受会社も，譲渡会社の事業によって生じた債務を弁済する責任を負担するとされている（22条1項）。ただし，譲受会社が遅滞なくその本店の所在地において譲渡会社の債務を弁済する責任を負わない旨を登記した場合などには，債務弁済の責任を負わない（22条2項）。

　譲受会社が譲渡会社の商号を続用しない場合でも，譲渡会社の事業によって生じた債務を引き受ける旨の広告をしたときは，譲渡会社の債権者は，その譲受会社に対して弁済の請求をすることができる（23条1項）。

4　会社の公告方法

(1) 公告方法

　会社が，株主，社債権者その他の利害関係者に向けて会社の事項を広く知らせることを公告といい，会社が公告をする方法を公告方法という（2条33号）。会社は，公告方法として，①官報への掲載，②日刊新聞紙への掲載，③電子公告のいずれかの方法を定款で定めることができる（939条1項）。公告方法について定款の定めがない会社は官報に掲載する方法によることになる（939条4項）。公告方法は，登記事項であり，会社は公告方法を登記しなければならない。定款で公告方法を定めていない場合には官報への掲載を方法とする旨を登記しなければならない（911条3項27〜29号等）。

(2) 電子公告

　電子公告とは，電磁的方法により不特定多数の者が公示すべき内容である情報の提供を受けることができる状態に置く措置を指し（2条34号），具体

11

的にはインターネットによる方法がこれに当たる。電子公告を公告方法とする会社は，自社のウェブサイトのアドレスを登記しなければならない（911条3項28号イ，会社則220条）。

5　会社の登記

(1)　会社法上の登記制度

　会社は，会社法の規定により登記すべき事項について，商業登記法の定めるところに従い，商業登記簿にこれを登記することを要する（907条）。登記した事項に変更が生じ，またはその事項が消滅したときは，遅滞なく，変更の登記または消滅の登記をしなければならない（909条）。

　登記は，当該区域を管轄する商業登記所において，商業登記法の定める手続に従って商業登記簿に行う必要がある。商業登記法は，登記簿とは，登記すべき事項が記載される帳簿であって，磁気ディスクをもって調製するものをいう（商登1条の2第1号）と定義しており，現在では電子化されている。

(2)　登記の効力

　登記すべき事項は，登記の後でなければ，これをもって善意の第三者に対抗することができない（908条1項前段）。これを登記の消極的公示力という。登記すべき事項は，登記前であっても悪意の第三者に対しては対抗できるが，登記前である限り善意の第三者に対抗できない。登記が欠ける場合には，第三者は登記事項が不存在であるという外観に信頼できるからである。

　上記によれば，登記すべき事項は，登記後であれば善意の第三者に対してこれを対抗することができ，第三者は悪意が擬制される関係になる。これを登記の積極的公示力という。その結果，実質的には，相手方は取引等に際して登記を確認する必要が出てくる。しかし，会社法上には，表見支配人（13条），表見代表取締役（354条）に関する規定が存する。そこで，これらの外

観信頼保護の規定は，登記の積極的公示力の原則に優先するものと解されている。

◆コラム 2-1──登記の効力と表見責任との関係

　会社の支配人や株式会社の代表取締役は登記すべき事項であり（911条3項14号・915条1項・918条），これらについて登記が行われると，会社と取引をする第三者は悪意が擬制される（908条1項前段）。そこで，この規定と，外観を信頼する第三者を保護する表見支配人，表見代表取締役に関する規定（13条・354条）との関係について，学説上様々に論じられている。この点に関しては，登記の効力に関しては908条1項が原則的に適用されるが，13条・354条の外観信頼保護規定は，その適用要件が充足されている場合には，例外的に908条1項に優先して適用されると解するのが通説である。

　登記の後であっても，第三者が登記簿の滅失・毀損などの正当な事由によって登記の存することを知らなかったときは，登記事項を対抗することができない（908条1項後段）。故意または過失によって不実の事項が登記された場合に，この登記をした者は，その事項が不実であることをもって善意の第三者に対抗することができない（908条2項）。これにより不実の登記を信頼した者は保護される。

第 2 編
株式会社法

■ 第 1 章 ■
株式会社法の基本事項

1 株主の有限責任と株式譲渡の自由

株式会社の株主は，会社に対する資本の出資者である。株式会社制度とは，大規模な共同事業を営むのに適した企業形態として作り出されたものと考えるのが基本的理解である。その事業のために広く多くの者から資本出資を募ることができる必要があるとされている。そこで，株主が事業に参加することにより負担するリスクを軽減して，出資を広く募ることが容易になるように，株主の責任は，その有する株式の引受価額を限度とする有限責任（104条）とされ，会社が負う債務について，株主が出資額を超えて債権者に対して責任を負わないとされている。

さらに，株式会社制度の下では，広く多くの者から資本出資を募るためには，出資者である株主はその出資持分を自由に譲渡して投下資本を回収できるようにする必要があると考えられている。株主の出資持分は株式という細分化された割合的単位で示されるが，この株式の自由な譲渡が可能であることが株式会社制度にとって必要ということになる。会社法は，株式の譲渡性を認めており（127条），これは譲渡自由の原則を定めると解することもできる。しかし，同時に，会社法は小規模な人的結合関係を重視する閉鎖的な会社の存在を認めており，株式譲渡の制限の制度も広く認めている（107条1項1号・108条1項4号）。

2 　株主の利益とステーク・ホルダーの利益

　一人会社におけるように，全株式を保有する者が自ら会社の経営を行うこともあるが，株式会社においては，株主の集合体である株主総会において，会社の経営を株主から任される取締役，経営陣が選任され，会社の重要事項が決定されるというのが原則である。株主総会における多数決による決定を考えれば，過半数の株式を有する者が株式会社を支配できるとされていることになる。

　他方，株式会社は利益を追求するための組織体であるから，会社の経営者は，株主利益の最大化だけを目指して経営を行えばよいということになる。しかし，会社法においては，株主の他に，取引先，従業員，銀行等の債権者，社債権者，消費者，事業の所在する地域社会等，会社に対して利害関係を有する様々な関係者（これらの者をステーク・ホルダーという）の利益を考慮して経営が行われるべきと説かれる。近時は，短期的な意味合いの強い株主利益だけでなく，ステーク・ホルダー全体の中長期的な利益に配慮した経営が，当該株式会社の中長期的な企業価値の向上を生み出すと主張されることが多い。

3 　コーポレート・ガバナンス

　株式会社の基本的構造では，会社経営は株主から授権された経営陣が担うことになる。この場合に，株主側には，自分たちが経営を委ねている経営陣の独走や自己の利益の追求が生じることのないように監視・監督する必要が出てくる。実際にはこの監視・監督は株主自身が行うのではなく，監査役，取締役，会計監査人などの株主総会で選任された者が担当することになる。コーポレート・ガバナンスに関する議論は多岐にわたるが，かつては，このような監視・監督の機能をどのような会社の機関構成によって実現しようとするのかが議論の中心であった。しかし，近時のコーポレート・ガバナンス

論は，経営上の適切な意思決定が円滑かつ効果的に行われる仕組みに関する議論にも拡大されている。コーポレート・ガバナンス論は会社法上の重要な論点であるが，その内容は多方面に及び得る。

わが国の上場企業をみると，株式会社の主要な機関設計は3つに分けられる。①経営陣を監査役会と取締役会が監査・監督する監査役会設置会社，②経営を執行役が担い，その業務執行を取締役会が監督するものとし，取締役会の中に指名・監査・報酬の3委員会を設置する，アメリカ型の指名委員会等設置会社，および③取締役会の中に他の取締役からは独立した取締役で構成される監査等委員会を置く監査等委員会設置会社である。②の3委員会および③の監査等委員会においては，いずれも社外取締役が中核的な役割を担う。これらについては，**第7章・第8章**で詳しく解説する。

4　コーポレートガバナンス・コード

金融庁と東京証券取引所は共同でコーポレートガバナンス・コードを作成している。このコードは，厳格な法規範ではなく，ソフト・ロー（行動規範）としての性格を有しており，「コンプライ・オア・エクスプレイン」（遵守せよ，さもなければ説明せよ）のルールを採用している。本コードは東京証券取引所の規則（有価証券上場規程）に反映されており，上場会社は，本コードの諸原則を実施するか，または実施しない場合には，コーポレート・ガバナンスに関する報告書中にその理由を記載しなければならないとされている。

本コードでは，コーポレート・ガバナンスは，「会社が，株主をはじめ顧客・従業員・地域社会等の立場を踏まえた上で，透明・公正かつ迅速・果断な意思決定を行うための仕組みを意味する」と定義されている。

本コードは，出発点として株主利益の重要性を認め，会社に対して企業価値の向上の努力を期待するが，それはファンド等の要求するような短期的な視点からの企業価値の向上ではなく，中長期的な視点からの企業価値の向上であるべきと考えている。金融庁は，本コードに合わせて，機関投資家を対象とする「日本版スチュワードシップ・コード」を作成しており，これと連

動して，会社と機関投資家との対話の拡大により，わが国企業の中長期的な発展の実現を目指している。

　さらに，本コードは，コーポレート・ガバナンス改革の重要な目的として，上場会社の透明・公正かつ迅速・果断な意思決定を促すことを挙げている。本コードは，会社の意思決定に当たり，経営陣・取締役が損害賠償責任のリスクを回避できるように，意思決定過程の合理性を確保するために寄与するとしている。そして，会社の意思決定をバックアップする重要な事柄として，十分な資質を備えた独立社外取締役（一般株主と利益相反が生じるおそれのない社外取締役）の重要性を指摘する。会社法は，令和元年（2019年）改正により，一定の監査役会設置会社に，社外取締役を1名以上置くことを義務付けている（327条の2）。令和3年（2021年）のコード改訂版は，上場会社がSDGs（持続可能な開発目標），ESG（環境・社会・ガバナンス）などのサステナビリティー（企業の持続可能性）の課題に適切に対応すべきこと，優良企業が集まるプライム市場（東京証券取引所の区分再編により令和4年（2022年）4月に開設）上場会社は独立社外取締役を3分の1以上選任すべきことなどを求めている。

◆コラム1-1──コーポレートガバナンス・コードと
日本版スチュワードシップ・コードとの関係━━━━━━

　日本版スチュワードシップ・コードの適用対象者は，生命保険会社，銀行などの金融機関，年金基金，投資顧問会社，投資信託運用会社などの機関投資家である。本コードで「スチュワードシップ責任」とは，「投資先の企業との建設的な対話などを通じて，当該企業の中長期的な企業価値の向上や持続的成長を促すことにより，自己の顧客（受益者）の中長期的なリターンの拡大を図るべき責任」と定義されている。本コードは，対象機関投資家に対して，ヘッジ・ファンド等の行う短期的リターンを目指す投資行動とは異なって，中長期的な投資リターンの拡大に資する投資活動を行うことを求める。そのために，投資先企業との建設的な目的をもった対話を要求する。これに対応して，コーポレートガバナンス・コードでは，上場企業に対して株主との建設的な対話を促進することを要求し，中長期的なリターンを求める機関投資家との協働により，わが国企業の中長期的な企業価値の向上の実現を図るべきものとしている。このような意味で，2つのコードは，わが国経済の発展を促進する車の両輪として位置づけられている。

5 資本制度と会社債権者保護

　株式会社においては，株主は有限責任のみしか負わない。この裏返しとして，会社債権者の保護は会社法の重要な理念の一つとされている。そこで，会社法成立前の法制度では，会社財産を唯一の担保とする会社債権者保護のために，株式会社について最低資本金制度が設けられていた。しかし，会社法では，最低資本金規制は廃止され，資本金はいくらでもよいとされている。

　会社法では，株式会社は剰余金の範囲内で配当できるものとされ（453条），剰余金の額の算出に当たっては，資産の額から資本金および準備金の合計額を控除するものとされ（446条），また，株式会社の純資産額が300万円を下回るときには配当できないとされている（458条。詳しくは**第11章5・6**で解説する）。これらは，会社債権者の保護のために，株式会社に資本金相当額の資産を維持させる意味を有している。さらに，このような統一的な剰余金の払戻規制に加えて，すべての株式会社に対して公衆に対する貸借対照表の開示を義務づけて（440条1項。**第11章3**参照），実質的な債権者保護の確保を図っている。

　上記に加えて，自己株式取得，資本の減少等に伴う払戻しに関する払戻規制や合併等の場合における債権者保護手続等が定められており，これらも一般的に会社債権者保護のために機能している。

6 公開会社と非公開会社

　会社法では，「公開会社」という用語と「公開会社でない会社」という用語とが区別して使われている。「公開会社」は一般に大規模な株式会社，上場会社などに適用される規定において用いられ，「公開会社でない会社」は，小規模な会社，閉鎖性の強い会社に適用される規定において用いられている。

　「公開会社」とは，「その発行する全部又は一部の株式の内容として譲渡による当該株式の取得について株式会社の承認を要する旨の定款の定めを設け

ていない株式会社をいう。」と定義されている（2条5号）。これと対比して、「全部の株式について譲渡制限を定める会社」が「公開会社でない株式会社」（これを非公開会社と略す）ということになる。一部の株式についてだけ譲渡制限を定める会社は、その割合がどんなに大きくとも公開会社である。なお、株式が市場に上場されて売買の対象となっているか否かは、「公開会社」であることとはかかわりがない。

7 上 場 会 社

　上場会社とは、その発行する株式が市場に上場されている会社を指す（298条2項参照）。ここでいう市場とは、「金融商品市場」（金商2条14項）を指し、「金融商品市場」とは、東京証券取引所、大阪証券取引所などの金融商品取引所（金商2条16項・80条1項）の開設する市場である（金商2条17項）。東京証券取引所等は、上場基準および上場廃止基準を定めている。また、上場会社には、金融商品取引法の定める開示規制の適用がある。

8 大 会 社

　大会社については、会社法2条6号が定義する。これによれば、大会社に該当するか否かの判断基準は、「最終事業年度に係る貸借対照表」上の資本金の額が5億円以上であるか、または、負債の額の合計額が200億円以上であることである。大会社に該当するか否かは、監査役会、会計監査人の設置義務（328条）、内部統制システムの整備義務（348条4項・362条5項）、貸借対照表と共に損益計算書を公開すべき義務（440条1項）、連結計算書類の作成義務（444条3項）などの点で重要である。

9　親会社と子会社

　会社法は，子会社を，「会社」がその総株主の議決権の過半数を有する株式会社その他の当該「会社」がその経営を支配している法人として会社法施行規則３条１項・３項で定めるものをいうとし（２条３号），親会社を，株式会社を子会社とする「会社」その他の当該株式会社の経営を支配している法人として会社法施行規則３条２項・３項で定めるものをいうとする（２条４項）。会社法施行規則３条は，その１項で子会社を，会社法２条３号に規定する「会社」がその財務および事業の方針の決定を支配している会社等を指すと規定し，その２項では親会社を同様に会社法２条４号に規定する株式会社の財務および事業の方針の決定を支配している「会社」等を指すと規定して，その上で，その３項で具体的判断基準を示している。

　したがって，子会社とは，会社（株式会社・持分会社）により経営を支配されている会社等であり，親会社とは株式会社である子会社の経営を支配する会社等である。会社法は，親会社・子会社を判断する基準を持株比率ではなく，実質的に支配しているか否か（支配力基準）によるものとしている。

■第 2 章■
設　立

1　株式会社の設立の意義

　株式会社の設立とは，株式会社という団体を形成して，法人格を取得することをいう。設立の登記により最終的に株式会社が成立し法人格を取得するまで（49条），会社法が定める所定のプロセスを順次履践して，株式会社としての要件を充足する必要がある。わが国では，設立の法制度として，会社法所定の一定の要件を充足する会社に国が法人格を付与する仕組みが採用されている。これを準則主義という。

2　発起設立と募集設立

　会社法は，設立の方法として，発起設立と募集設立の2つを認めている。①発起設立とは，発起人が設立の際に発行する株式（設立時発行株式という）の全部を引き受け（各発起人は1株以上の引受けが必要），会社設立後の当初株主となる設立方法であり（25条1項1号・同条2項），②募集設立とは，発起人が1株以上の設立時発行株式を引き受けるとともに，残りの設立時発行株式について募集を行い，発起人以外の者が当該株式を引き受け，発起人とこれら他の株式引受人とが会社設立後の株主となる設立方法である（25条1項2号・同条2項）。発起設立には26条から56条が適用され，募集設立には26条から37条，39条および47条から103条が適用される。

　募集設立は設立時発行株式の募集や創立総会の開催などの手続が必要で煩雑であり時間を要する。実際の株式会社の設立に当たっては企業規模の大小

を問わず，株主は少数なのが一般的であることから，簡便な発起設立の制度が利用されるのが通例である。

3 設立の手続

(1) 定款の作成

定款とは，実質的には，会社の組織，運営等に関する根本規範を意味し（実質的意義の定款），形式的には，その規則を記載した書面または記録した電磁的記録を指す（形式的意義の定款）（26条1項・2項参照）。

株式会社を設立するには，最初の手続として，発起人が定款を作成する。発起人，または発起人が複数いる場合にはその全員が，これに署名しまたは記名押印（定款を電子的記録で作成した場合には電子署名）しなければならない（26条1項・2項）。さらに，定款は，公証人の認証を受けなければ，その効力を生じない（30条1項）。公証人の認証は，定款が真正に作成され内容が適法であることを確認するために行われる。

(2) 発起人の意義

発起人とは，株式会社の設立に際して，定款を作成し，これに署名または記名押印をする者であり（26条1項），実質的に設立を企画し設立手続を遂行する。発起人は形式的に定義されており，実質的に設立に尽力していた者であっても，最終的に定款に署名等をしていない者は発起人には当たらないことになる（疑似発起人として責任を負うことはあり得る（103条4項））。発起人は，自然人だけでなく（制限行為能力者の場合には，法定代理人の同意などの民法の要件を満たす必要がある），法人であってもよい。実務上，株式会社がその子会社として他の株式会社を設立する場合も多い。

株式会社の設立に当たり，発起人の数には制約がなく1人だけであっても設立は可能であり，会社成立に当たって株主が1人だけの株式会社（一人会

社）も可能である。

(3)　定款の内容

　定款の内容は，絶対的（必要的）記載事項，相対的記載事項，任意的記載事項に分けられる。

　①　絶対的記載事項　　　定款に必ず記載し，または記録しなければならない事項として以下のものがある。これらの事項のいずれかの記載がないときには定款は無効となる。

　①　当該株式会社の目的（27条1号）　　会社の事業目的であり，目的は複数であってもよい。

　②　商　号（27条2号）

　③　本店の所在地（27条3号）　　株式会社の住所に当たる（4条）。株式会社の設立の登記は本店の所在地において行う必要がある（49条）とともに，株式会社にかかる各種の訴訟は本店の所在地を管轄する裁判所に専属する（835条1項・848条・856条）。

　④　設立に際して出資される財産の価額又はその最低額（27条4号）

　設立に際して発起人または設立時募集株式の引受人から出資されるべき金銭もしくは現物出資財産の価額またはその最低額である。約束した出資を履行しない者がいた場合に，上記の最低額を上回る出資額の履行があれば，設立を続行することができる。設立の登記に当たっては，出資額のうち資本金とされる額の登記が必要であるが（911条3項5号），設立に当たり払込みまたは給付された出資額のうち2分の1を超えない額を，資本金として計上しないことができる（445条1項・2項）。資本金額について，最低資本金の定めはない。

　◆コラム2-1──最低資本金制度の廃止

　　平成17年改正前商法では，最低資本金制度が採用されていた。会社債権者保護のため，株式会社については1,000万円，有限会社については300万円が最低資本金とされていた。最低資本金規制の目的は，毎年の決算期において計算上会

社に資本金相当額を留保させて，配当により企業外に過度の資金を流出させることを防いで会社債権者を保護することにあった。しかし，会社法では，新規企業の起業を容易にするため，最低資本金規制を廃止しているので，資本金を何円にしてもよい。ただし，会社法は，株式会社は剰余金の範囲内で配当できるとし（453条），剰余金の額の算出は，資産額から資本金および準備金の合計額を控除するとしている（446条）。また，株式会社の純資産額が300万円を下回るときは配当できないとしている（458条）。

⑤ 発起人の氏名又は名称及び住所（27条5号）

⑥ 発行可能株式総数（37条1項・98条・113条1項） 会社が発行することのできる株式の総数を発行可能株式総数という。会社は，定款の認証時にこれを定款で定めていない場合には，株式会社の成立の時までに，定款を変更して定めることが必要である（37条1項・98条）。公開会社においては，発行可能株式総数は設立時発行株式の総数の4倍を超えてはならないという制約がある（37条3項）。

② **相対的記載事項** 定款には，その事項を定款に記載しなくても，定款自体は有効であるが，会社法の規定により定款の定めがなければその効力を生じないとされている事項を記載することができる（29条）。これを相対的記載事項という。相対的記載事項には，後述する設立に当たって記載される変態設立事項（28条各号）と呼ばれる事項および，種類株式（108条2項），単元株式数（188条1項），株券の発行（214条），取締役会設置会社の株主総会決議事項（295条2項），会社の公告の方法（939条1項）など，多数の事項が挙げられる。

◆コラム2-2──定款自治

　会社法の特色の一つとして，定款自治を認めて，株式会社の組織や規律を大幅に株主間の自由に委ねている点を挙げることができる。定款自治とは，企業内部における株主間の幅広い取決めを定款に記載することにより，その対内的および対外的な法的効力を認めようとするものである。会社法規定は基本的に強行法規であると解されているが，会社法は広範に定款自治を認めて，「株式会社の定款

には，この法律の規定により定款の定めがなければその効力を生じない事項及びその他の事項でこの法律の規定に違反しないものを記載し，又は記録することができる。」とする（29条）とともに，「定款で定めることができる」，「定款で定めた場合」などと規定している条項も多い。定款自治の下でも，当然に，会社法中の強行法規とされる規律に反する定款の定めをすることはできないが，どこまで定款自治が認められるのかは必ずしも明確ではなく，定款自治の及ぶ範囲の問題は，会社法の規定の解釈とかかわっている。

③ **変態設立事項**　　変態設立事項とは以下に掲げる28条各号の定める事項である。変態設立事項は危険な約束という別名があるように，発起人または第三者の利益のために濫用されて，会社の財産的基礎を危うくする危険性があり，他の株主や会社債権者を害するおそれがある事項である。そこで，このような危険を避け，会社の資本を維持し資本を充実させて会社債権者の利益を保護するために，定款に現物出資等の変態設立事項の記載があるときに，検査役による調査が要求される場合が定められている（33条，後述⑺参照）。

(ア)　**現物出資**（28条1号）　　現物出資とは，金銭以外の財産をもって出資することである。定款には現物出資をする者の氏名または名称，当該財産の内容およびその価額ならびにその者に対して割り当てる設立時発行株式の数を記載する必要がある。現物出資をなし得るのは発起人に限られ（34条1項・63条1項参照），過大評価による不正が行われやすいため，検査役調査の対象とされている。現物出資の目的物は貸借対照表に資産として計上できるものであればよく，動産，不動産，債権，有価証券，特許権等の知的財産権，ノウハウ，事業の全部または一部などが挙げられる。

(イ)　**財産引受け**（28条2号）

① **財産引受けの意義**　　財産引受けとは，株式会社の設立に当たり，その成立後に特定の者から一定財産を会社が買い取る旨の契約をいう。対象には，積極・消極の財産の他，事業も含まれる。譲受け対象の財産，その価額，譲渡人の氏名または名称を定款に定めなければならない。財産引受けについても過大評価されると会社の財産的基礎を危うくするおそれがあるとともに，

現物出資に関する規制の潜脱として利用される可能性があるため，検査役調査の対象とされている。定款に記載のない法定の手続に違反する財産引受けは無効であり，会社成立後に株主総会の特別決議をもってこれを承認しても有効とはならず，成立後の会社がこれを追認して有効な財産引受けとすることも認められない（最判昭28・12・3民集7巻12号1299頁，最判昭61・9・11判時1215号125頁［百選6]）。成立後の会社が，改めて売買契約を締結する必要がある。

② **発起人の権限と開業準備行為**　開業準備行為とは，成立後の会社の事業の準備のため，事業目的の土地・建物等を取得したり，原材料の仕入れをしたり，製品の販売ルートを開拓しておくことなどを指す。財産引受けも開業準備行為の一種とみられることから，財産引受け以外の開業準備行為の効果も成立後の会社に及ぼすことが可能なのか（たとえば，財産引受けに関する規定の類推適用による）が，発起人の権限の範囲とかかわり論じられている。

発起人は，設立にかかわる行為をなす権限を有するが，成立後の会社の事業に属する行為をする権限はないとされている。発起人の権限については，学説上有力な見解は，(i)設立それ自体を直接の目的とする行為のみに限定されるとする説，および(ii)会社の設立のために法律上，経済上必要な行為も含まれるとする説である。

学説上では，設立中の会社（→後述4）という概念を用いて，発起人がその権限内でなした行為は設立中の会社に帰属し，設立中の会社が成長して会社として成立するとして，設立中の会社と成立後の会社とは同一性を有することから（同一性説），発起人がその権限の範囲内で設立中の会社のために行った行為から生じる権利義務は当然に成立後の会社に帰属するとされている（→後述）。

上記2説のうち，発起人の権限の範囲を限定して解する(i)説は，同一性説に立つとき，発起人の権限濫用により成立後の会社の財産的基礎を危うくするおそれがあるとして，発起人の権限を限定的に解する。これに対して，現在の判例・多数説は，会社法が認める発起人の行為は広範囲に及ぶため，発起人の権限の範囲を緩やかに解する(ii)説によっている。

学説中には，発起人に開業準備行為をする権限を認める見解もある。しか

し，上記2説は会社の設立を法人格取得のプロセスとして理解しているので，いずれの説でも，発起人の権限は設立に必要な行為に限られると解する。そこで，開業準備行為は法定の手続に従った財産引受けを除き，発起人の権限の範囲を超えた行為であって，それは会社の設立に関する行為とはいえないから，その効果は，設立後の会社に当然帰属することはないとするのが通説・判例である（最判昭33・10・24民集12巻14号3228頁［百選5]）。

(ウ)　**発起人が受ける報酬その他の特別の利益**（28条3号）　発起人が株式会社の成立により受ける利益のうち会社の費用として取り扱われるものである。「その他の特別の利益」とは，個々の発起人が報酬名目以外で成立後の会社から受ける利益である。これら利益とそれを受ける発起人の氏名または名称を定款に定める必要がある。

(エ)　**設立費用**（28条4号）

①　**設立費用の意義**　会社の設立事務執行のために必要な費用のうち，発起人が成立後の会社に対して請求できる費用である。設立事務所の賃借料，設立事務員の報酬手当，株の募集広告費，各種印刷費，通信費などが該当する。定款に記載がなければ，発起人の権限内の行為により，設立のために必要な費用として支出されたものであっても，この債務は成立後の会社に帰属することはない。定款には設立費用の総額を記載すればよく，明細を掲げる必要はない。なお，設立費用のうち，定款の認証手数料，定款にかかる印紙税，払込取扱金融機関に支払う手数料・報酬，検査役の報酬，および設立登記の登録免許税は，金額が客観的に定まり，会社に損害を与えるおそれがないため，定款に記載がなくとも会社に対して効力を生じる（28条4号括弧書き，会社則5条）。

②　**会社成立後における未払いの設立費用の支払**　会社設立時において，発起人により設立費用の全部または一部が未だ支払われていない場合の取扱いについて議論がある。

大判昭2・7・4民集6巻428頁（[百選7]）は，会社の成立により，定款記載の設立費用にかかる権利義務は会社に移転し，その範囲内では相手方に対して会社が支払義務を負担し，発起人は支払義務を負わないとする。これによれば，発起人が会社成立前に全額の支払をしていれば，会社の負担する

29

額の範囲内において会社に求償できるが，その限度を超える分については発起人が自ら負担することになる。本判例の立場によれば，具体的に複数の債権者が請求してくる場合には，定款の定める額について，請求の順もしくは債務負担の順で，または按分比例によって，会社により支払がなされることになり，残額は発起人に請求することになると考えられる。

　これに対して，上記判例の立場は，取引相手方の立場を不安定にし，かつその保護の面で不十分であって，請求の総額が設立費用の総額を超える場合には，どの部分が会社に帰属するのかが事前には不明という問題点があると批判される。判例に反対する立場からは，(i) 設立費用は定款記載の有無にかかわらず，発起人に対して請求でき，弁済した発起人は定款記載額の範囲内で会社に求償できるとする説，(ii) 定款記載額にかかわりなく，設立費用はすべて成立後の会社に帰属し，定款所定額を超える分については会社が発起人に求償できるとする説（この説は，設立中の会社に関して，設立中の会社と成立後の会社との同一性（同一性説）を認めて，発起人がその権限の範囲内で設立中の会社のために行った行為から生じる権利義務は当然に成立後の会社に帰属すると解する考え方と整合する）および(iii) 取引相手方は会社，発起人のいずれに対しても請求できるとする説とがある。(ii)説については，設立中の会社と設立後の会社とを過度に同一視して，設立中の発起人の行為により設立後の会社に過大な債務を負担させるのは，成立後の会社の財産的基礎を危うくするおそれがあると批判される。

　④　**任意的記載事項**　　以上の他，株式会社は定款中に，29条にいう「その他の事項でこの法律の規定に違反しないもの」を記載することができる。任意的記載事項を定款に記載することにより，当該の事項についてこれと異なる取扱いが許されないことが明確になる。定款で定めた以上，当該事項を変更するためには定款変更の手続（466条）によることが必要になる。具体例としては，株主名簿の名義書換手続，定時株主総会招集の時期・開催場所，株主総会の議長，取締役・監査役の員数，事業年度等が挙げられる。

(4) 定款の認証および変更

① 定款の認証と備置き・閲覧　　作成された定款は，公証人の認証を受けなければ，その効力を生じない（30条1項）。公証人による認証は，定款が真正に作成されたことの確認および内容の適法を確保するために必要とされている。

次いで，発起人（会社の成立後には会社）は，定款を発起人が定めた場所（会社成立後は本店および支店）に備え置かなければならない（31条1項）。発起人，株主，会社債権者は，定款の閲覧・謄写等を請求できる（31条2項）。

② 定款の変更

(ア)　**会社設立時の定款の変更**　　定款の認証を受けるまでは，発起人はその全員の同意により定款を変更することができる（26条1項参照）。認証を受けた後は，認証を受けた定款の変更は原則的にできない（30条2項）。変更後の定款については，改めて認証を受ける必要がある。

募集設立の場合には，設立時募集株式の払込期日またはその期間の初日以降は，発起人による定款の変更は制限されるが（95条），創立総会の決議により，認証を受けた定款であっても変更することができる（96条）。

(イ)　**会社成立後の定款変更**　　株式会社は，株主総会の決議よって，定款を変更することができる（466条）。この株主総会の決議は，原則として特別決議による必要がある（309条2項11号）。種類株式を発行している会社にあっては，種類株主総会における承認決議が必要となる場合がある（322条）。

(5) 株式の引受けと出資の履行

① 発起設立の場合　　発起設立は，発起人が設立時発行株式の全部を引き受ける場合である。発起人は，定款に定めのある場合を除き，全員の同意により，発起人が割当てを受ける設立時発行株式の数，およびこの設立時発行株式と引換えに払い込む金銭の額を定める必要がある（32条1項）。発起人が引き受ける株式数の決定をすることは，募集設立の場合と共通する。

発起人は，設立時発行株式の引受け後遅滞なく，その引き受けた株式につ

31

き，金銭出資の場合にはその全額の払込みをし，または現物出資の場合には現物出資財産の全部の給付をしなければならない（34条1項）。金銭の払込みは，発起人が定めた指定の銀行等の払込みの取扱いの場所（払込取扱金融機関の支店等）にする必要がある（34条2項）。払込みの期日・期限については，特段の定めはないので，発起人の過半数で合理的な日を決定すればよい。なお，会社法は，金銭の出資については「払込み」，現物出資財産については「給付」の用語を使って区分し，両者を合わせて「出資の履行」といっている（35条参照）。

　設立段階においては，発起人以外の者（募集設立における設立時募集株式の引受人）については，金銭の払込みをなすことだけが規定されており（63条1項），現物出資は発起人のみがなし得る（34条1項）。

　発起人は出資の履行をすれば，株式会社の成立のときに，当該設立時発行株式の株主となる（50条1項）。発起人のうち出資の履行をしていない者がある場合には，他の発起人はこの者に対して，期限を定めて出資の履行の通知をする必要がある（36条1項）。当該発起人が期限の期日までに出資の履行をしないときは，設立時発行株主となる権利を失う。この場合に，発起人は設立時発行株式を1株以上引き受けなければならないとされているから（25条2項），発起人がすべて失権して1人もいなくなった場合には，設立は無効となり，再度設立手続を最初からやり直す必要がある。他に発起人がいる場合には，定款所定の「設立に際して出資される財産の価額又はその最低額」（27条4号）の要件を満たしていれば，設立を続行できる。残った発起人の出資額を増額して設立を続けることも可能である。

　② **募集設立の場合**　　募集設立は，発起人が，その全員の同意により，自分たちが引き受けた後の残りの設立時発行株式について，設立時発行株式を引き受ける者の募集をする旨を定める場合である（57条）。この場合に，発起人は，設立時募集株式（募集に応じて引受けの申込みをした者に対して割り当てる設立時発行株式をいう）について，その数，種類，払込金額，払込みの期日または期間を定める必要がある（58条1項・2項）。払込金額その他の募集条件は，募集ごとに均等でなければならない（58条3項）。

　この募集に対して申込みがなされ（59条），発起人は，申込者の中から設

立時募集株式の割当てを受ける者を定め，かつ，その者に割り当てる設立時募集株式の数を定めなければならない（60条）。発起人には割当自由の原則が認められている。ただし，発起人は，特定の者との間に設立時募集株式の総数を引き受ける旨の契約を締結する（総数引受け）ことができる（61条）。申込者は発起人により割当てを受けた株式数について，総数引受けを行った者はその引き受けた株式数について，それぞれ設立時募集株式の引受人となることが確定する（62条）。

設立時募集株式の引受人は，定められた期日または期間内に，発起人の定めた払込取扱金融機関において払込金額の全額を払い込まなければならず，この払込みをしないときは，設立時募集株式の株主となる権利を失う（63条1項・3項）。設立時募集株式の引受人は，株式会社の成立の時点で，払込みを行った設立時募集株式の株主となる（102条2項）。払込みを行わず失権した引受人がいる場合に，他の引受人によって出資された財産の価額が「設立に際して出資される財産の価額又はその最低額」の要件を満たしていれば，設立を続行できる。満たしていない場合には，その部分について再度引受人の募集を行う必要がある。

なお，払込みをすることにより設立時発行株式の株主となる引受人としての権利を権利株というが，会社成立前の権利株の譲渡は，会社に対して対抗できない（63条2項）。会社の円滑な事務処理のためである。同様の問題は，出資の履行をした発起人について会社成立前に（35条・50条2項），および会社成立後の募集株式の発行について株式発行の効力発生前に（208条4項）生じるが，同様に規制されている。

③ **払込みの仮装**　　払込みの仮装としては，預合いと見せ金が問題になる。預合いとは，発起人等が払込取扱金融機関である銀行等から株式の払込みに充てる金銭の借入れを行い，銀行等との間でこの者が借入金を弁済するまで会社として当該金額の払戻しを請求しない旨の取決めがある場合である（64条2項）。預合いを行った発起人等（960条1項1〜7号）および預合いに応じた者には罰則が課せられる（965条）。預合いによる払込みは，資本充実（設立，募集株式の発行に当たり，資本金に相当する金額が拠出され充足されることを要するとする考え方であり，これを資本充実の原則という）の潜脱として，

また会社法が罰則を課して防止を図っている趣旨から，このような払込みは無効と解すべきである。

見せ金とは，発起人等が払込取扱金融機関以外の者から金銭を借り入れて払込みを行い，会社の成立後に当該会社の取締役に就任した同人が，直ちにその金額の引き出しをして，それを自己の借入金の弁済に充てる場合である。この場合には，外観上いったんは払込みが行われ，後に取締役による引き出しが行われており，その払込みは必ずしも常に無効とはいえないが，当初から真実の株式の払込みとして会社資産を確保する意図がなく，借入金により単に払込みの外形を整え，会社成立後直ちにこの払込金を払い戻して返済に充てることが意図されていた場合には，払込みは無効と解すべきである（最判昭38・12・6民集17巻12号1633頁［百選8]）。

仮装の払込みは資本充実を損なうことになる。そこで，会社法は，発起人もしくは設立時募集株式の引受人が出資にかかる払込みを仮装した場合または発起人が現物出資財産の給付を仮装した場合に，当該発起人等に対して金銭の全額の支払または現物出資財産の全部の給付（会社がこれに代えて金銭の支払を請求するときはその全額の支払）を義務づけ（52条の2第1項・102条の2第1項），さらに，当該出資の履行を仮装することに関与した他の発起人または設立時取締役（会社則7条の2・18条の2）にも，その職務を行うについて注意を怠らなかったことを証明した場合を除き，連帯債務を負わせている（52条の2第2項・同条3項・103条2項）。出資を仮装した発起人または設立時募集株式の引受人は，上記の支払または給付をした後でなければ，出資の履行を仮装した設立時発行株式について，設立時株主および株主としての権利を行使できない（52条の2第4項・102条3項）。

(6) 設立時役員等の選任

発起設立の場合には，出資の履行が完了した後，発起人は設立時役員等（39条4項。設立時取締役，設立時監査役等をいう）を選任する。設立時取締役は，会社の成立とともに取締役となる者であり，設立の過程では設立事項等の調査を行う。発起人は，定款であらかじめ設立時取締役等を定めている場合を

除き，その議決権の過半数をもって（40条1項），設立時取締役，設立時監査役，設立時会計参与，設立時会計監査人等の設立を予定している会社機関組織に対応した各役員等を必要な人数選任しなければならない（38条・39条）。この場合に，各発起人は，出資を履行した設立時発行株式1株につき1個の議決権を有する（40条2項）。設立時取締役は，その中から会社の設立に際して代表取締役となる者（設立時代表取締役）を選定する（47条，48条の設立時委員の選定も同様）。会社法は，これら設立時役員等の解任・解職についても規定を置いている（42〜45条・47条・48条）。

実務上は，原始定款に設立時役員等を定める方法によるのが一般的である。設立時役員等は，会社成立後は取締役等になる者であるから，欠格事由に該当するときはなることができない（39条4項）。

募集設立の場合には，設立時取締役等の選任は，創立総会（後述）の決議によって行わなければならない（解任を含めて，39条・88〜92条）。

(7)　変態設立事項に関する調査

①　検査役の選任と調査　　定款の記載に変態設立事項のある場合に，これらの事項は，発起人または第三者の利益のために濫用されて，恣意的に定められ過大な額が計上されることにより，資本の充実を損ない，設立段階の会社の財産的基礎を危うくするおそれがある。そこで，発起人は，定款に28条各号に掲げる事項についての記載があるときは，公証人の認証の後遅滞なく，検査役の選任を裁判所に対して申し立てなければならないとされている（33条1項・2項）。

検査役調査の対象は，現物出資に関する事項（28条1号），財産引受けに関する事項（28条2号），発起人が受ける報酬その他の特別な利益（28条3号），および会社の負担する設立費用（28条4号）である。これらはいずれも過大に計上されて資本充実を害するおそれのある事項である。

検査役として特別な資格は要求されないが，検査役には弁護士が選任されるのが通常である。検査役は，必要な調査を行い，当該調査の結果を裁判所に提出する（33条4項）。検査役の調査権限は，定款に記載されている現物出

資財産等（33条10項1号。現物出資および財産引受けの対象財産をいう）の価額，財産引受けの対象である財産の価額，発起人の受ける報酬，設立費用の額の計算の当否が中心であり，現物出資の必要性や現物出資・財産引受け等の妥当性にまで及ぶことはない。

② **裁判所の変更決定**　　裁判所は，検査役の調査報告を受けた場合に，報告にかかる変態設立事項について不当と認めたときは，これを変更する決定をしなければならない（33条7項）。この場合の定款変更については改めて公証人の認証を受ける必要はない（30条2項）。この変更に対して不服のある発起人は，決定の確定後1週間以内に限り，自己の設立時発行株式の引受けにかかる意思表示を取り消すことができる（33条8項）。この場合に，発起人は，全員の同意により上記決定により変更された事項についての定めを廃止する定款の変更をすることが可能である（33条9項）。この定款の変更について改めて公証人の認証を受ける必要はない（30条2項）。意思表示の取消しにより発起人ではなくなる者がある場合には，定款の変更事由として公証人の認証を受ける前の段階に戻ることになる（30条2項参照）。

③ **検査役調査の不要な場合**　　検査役調査に関しては，従来，検査役の選任，調査に相当な長時間を要し，それに要する期間を予測できず，設立の予定日程を立てにくいこと，および，調査に多額の費用がかかることから，現物出資，財産引受けの制度の利用を困難にしているとの問題点が指摘されていた。そこで，会社法33条10項は，以下の場合には，28条1号・2号に掲げる事項について検査役調査を不要としている。

(ア) **少額特例**（33条10項1号）　　現物出資および財産引受けの対象財産（現物出資財産等）について，定款に記載された価額の総額が500万円を超えない場合。

(イ) **市場価格のある有価証券**（33条1項2号）　　現物出資財産等が市場価格のある有価証券であり，定款に記載された価額が市場価格として法務省令で定める方法（会社則6条）により算定されるものを超えない場合。

(ウ) **弁護士等の証明を受ける場合**（33条10項3号）　　現物出資財産等について，定款に記載された価額が相当であることについて弁護士，弁護士法人，公認会計士，監査法人，税理士または税理士法人の証明を受けた場合で

ある。ただし，現物出資財産等が不動産である場合には，上記証明に加えて不動産鑑定士の鑑定評価を受ける必要がある。

　上記の価額の相当性の証明については，当該現物出資財産等について利害関係があるとして，証明，鑑定評価ができない者が列挙されている（33条11項）。現物出資財産等の価額が定款記載の価額に著しく不足するときは，33条10項3号により証明をした者も，当該証明をするについて注意を怠らなかったことを証明した場合を除き，発起人，設立時取締役と連帯して不足額を支払う義務を負う（52条3項，後述6参照）。

(8)　設立経過の調査

　　①　**発起設立の場合**　　(6)において選任された設立時取締役および設立時監査役は，その選任後遅滞なく，33条10項1号・2号の検査役調査の対象外の現物出資・財産引受けにおける現物出資財産等について定款記載の価額が相当であること，同じく33条10項3号の現物出資財産等について定款記載の価額の相当であることにかかる弁護士等の証明が相当であること，出資の履行が完了していること，およびその他設立の手続が法令または定款に違反していないことについて調査をして，法令・定款に違反し，または不当な事項があると認めるときは，発起人にその旨を通知しなければならない（46条1項・2項）。この通知に対する対処は発起人が行うことになる。その結果，定款の変更が行われるときには，改めて公証人の認証を受ける必要がある。

　　②　**募集設立の場合**　　発起人は，設立時募集株式の払込み終了後遅滞なく，創立総会を招集しなければならない（65条）。創立総会では，設立に関する広範な事項を決議することが可能である（66条）。創立総会は会社成立後の株主総会に相当する機関である。発起人による招集の決定，招集通知，議決権行使方法，議決権，議事，議事録，決議等に関して，株主総会に倣って規定が置かれている（67～86条）。決議要件は，原則として，設立時株主の議決権の過半数であって，出席株主の議決権の3分の2以上の多数とされている（73条1項）。

37

　創立総会においては，発起人は，設立に関する事項の報告を行い，検査役調査を受けた変態設立事項について検査役の報告の内容，および現物出資財産等にかかる弁護士等の証明の内容について記載した書面を提出しなければならない（87条）。また，設立時取締役等を創立総会の決議によって選任することを要し（88～91条），設立時取締役および設立時監査役はその選任後遅滞なく，検査役調査を受けていない33条10項1号・2号の現物出資財産等について定款記載の価額が相当であること，33条10項3号の弁護士等による証明が相当であること，発起人による出資の履行および設立時募集株式の引受人による払込みが完了していること，ならびに，その他設立の手続が法令または定款に違反していないことを調査して，創立総会に報告しなければならない（93条）。

　上記報告等により創立総会において変態設立事項等について不当と認められると，総会の決議により定款の変更等が行われる。創立総会においては，招集に当たり定められた目的事項（67条1項2号）しか決議できないのが原則であるが，定款の変更または会社の設立の廃止を決議することができる（73条4項）。この創立総会における決議による定款の変更は，改めて公証人の認証を受ける必要はない（96条）。変態設立事項に関する変更に反対した設立時株主は，当該決議後2週間以内に限り，その設立時発行株式の引受けにかかる意思表示を取り消すことができる（97条）。

4　設立中の会社

　会社の設立段階では，発起人が会社の設立のために行った行為により取得しまたは負担した権利義務は法的主体である発起人（またはその集りである発起人組合）に帰属することになるが，これらの法律関係はその設立登記（49条・911条1項・同条2項）により成立する株式会社に最終的に帰属すべきことになる。前述したように，このことを説明するために，学説上では，設立段階に存在する「設立中の会社」という概念を用いて，発起人がその権限内でなした行為は設立中の会社に帰属し，設立中の会社が成長して会社として成立

図-1

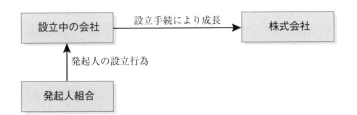

するとする考え方を採用している。この設立中の会社と成立後の会社とは同一性を有する存在であるとされて（同一性説），発起人がその権限の範囲内で設立中の会社のために行った行為から生じるすべての法律関係は当然に成立後の会社に帰属すると解されている。

　発起人が複数いる場合には，会社の設立を共同して行うとの合意があるものと考えられ，「発起人組合」という民法上の組合が存すると考えられる。そこで，設立中の会社の段階では，発起人または発起人組合として行った行為の成立後の会社への帰属が問題となる。発起人が設立段階で行った行為が成立後の会社の法律関係にどこまで帰属するのかに関しては，特に開業準備行為等にかかわり，前述したような議論が存するが，発起人の権限を広く解する見解については，説明の便宜のための法技術的概念にすぎない「設立中の会社」の概念を実態視しすぎていると指摘されている[1]。

5 設立の無効と会社の不成立

　① **設立の無効**　　会社が設立登記を経て外形的に存在するに至った後に，設立要件を欠くため無効であるとして，関係者が一般原則に従い設立の無効を主張できるとすれば，会社にかかわる法律関係は混乱し，法的安定性が害されるおそれがある。そのため，会社法は，会社の設立の無効は会社

1　江頭憲治郎『株式会社法〔第7版〕』107頁注2（有斐閣，2017年）。

の成立の日から2年以内に訴えをもってのみ主張することができるとしている（828条1項1号）。提訴権者は，株主，取締役，監査役，執行役等（株主等）であり（828条2項1号），その認容判決には対世効が認められ，第三者に対してもその効力を有するが（838条），効力は遡及せず，将来に向かって無効となる（839条）。裁判所は，被告が原告の訴の提起について悪意を疎明できる限り，その申立てにより，担保提供命令をなすことができる（836条）。

　設立の無効原因については，会社法に定めはないが，上記と同様の理由により，設立手続に以下の例のような重大な瑕疵がある場合と解されている。(i)定款の絶対的記載事項が欠ける。定款記載事項に違法な事項がある。(ii)公証人による定款の認証を欠く。(iii)株式発行事項について発起人全員による同意を欠く（32条・57条2項）。(ⅳ)設立時発行株式を1株も引き受けない発起人がいる（25条2項）。(ⅴ)創立総会が不開催である。(ⅵ)設立登記が無効である。

　②　会社の不存在・不成立　　会社の不存在とは，設立登記は存在するが，設立手続は全く行われていない場合，または，設立登記自体も存しないが，会社として活動している場合である。誰でもいつでもその不存在を主張できる。

　会社の不成立とは，会社の設立手続の途中で挫折して，設立登記をするに至らないで終わってしまった場合である。

　株式会社が成立しなかったときは，発起人は，連帯して，設立に関してした行為について責任を負い，設立に関して支出した費用を負担しなければならない（56条）。

6　設立に関する責任

　①　現物出資財産等の価額填補責任　　現物出資財産等の価額が定款記載の価額に著しく不足するときは，発起人および設立時取締役は，会社に対して連帯して当該不足額を支払う義務を負う（52条1項・55条）。ただし，現物出資・財産引受けについて検査役の調査を経た場合，または，発起設立に

おいて，発起人・設立時取締役がその職務を行うについて注意を怠らなかったことを証明した場合には，上記責任を負うことはない（52条2項1号・2号）。募集設立の場合には，103条1項により，52条2項に定める，発起人・設立時取締役が「職務を行うにつき注意を怠らなかった」場合の免責は認められず，無過失責任を課されているが，これは設立に直接的にかかわらない設立時募集株式の引受人にとっては，拠出額について実質的に不公平が生じることにより損害を被るためである。

　　② **仮装の払込みの場合の履行責任**　　これについては前述している。

　　③ **任務懈怠の責任**　　発起人，設立時取締役または設立時監査役は，会社の設立についてその任務を怠ったときは，会社に対してこれによって生じた損害を賠償する責任を負う（53条1項・55条）。これらの者は，その職務を行うについて悪意または重大な過失があったときは，これにより第三者に生じた損害を賠償する責任を連帯して負う（53条2項・54条）。

　　④ **疑似発起人の責任**　　募集設立に当たり，設立時発行株式の募集の広告その他当該募集に関する書面等に自己の氏名・名称および会社設立を賛助する旨を記載することを承諾した者は，発起人でなくとも発起人とみなして発起人と同一の責任を負う（103条4項）。これは外観に信頼した者を保護する特別責任の定めである。

■ 第 3 章 ■
株　式

1 株式の意義

　株式会社の構成員（社員）である株主は，その資格において会社との間で種々の法律関係に立つ。そして，株式会社の社員たる資格のことを株式という。株主になるには，株式を引受け，引受価額に相当する財産を拠出するのと引換えに，会社から株式の発行を受けるか（出資），他の株主からその保有株式を譲り受けるか，相続や合併により株式を取得（承継取得）する方法がある。

　株式は均一な割合的単位の形をとり（持分均一主義），各株主は，その株式を複数所有することができる（持分複数主義）。これにより，株主と会社の集団的法律関係を持株比率に応じて容易に処理することができる。たとえば発行済株式総数1,000株の株式会社の株式を200株有する株主は，原則として，その会社の5分の1の持分を有している。すなわち，株主総会の総議決権の5分の1を有し，剰余金の配当の総額の5分の1を受領することを意味する。

　この例外として，種類株式があるが（108条），定款の定めにより，ある種類の株式の株主は，議決権がない代わりに，他の種類の株式の株主に優先して配当を受けられるといった異なる取扱いを受けることになる。

2 株主有限責任の原則

　株主有限責任の原則とは，株主はその有する株式の引受価額を限度とする出資義務を負う以外に，会社あるいは会社債権者に対してなんら責任を負わ

ないことをいう（104条）。そして，株主になろうとする者は，株式発行の効力発生前に，引き受けた株式について引受価額の全額を会社に拠出しなければならないから（34条・36条・63条・208条・281条），株主となった後は，もはや何の義務および責任を負わない。

　株主有限責任の原則は，多数の一般投資家から出資を募り，大規模な事業活動を可能にする点にメリットがあるといわれる[1]。

3　株主平等の原則

　株主平等の原則とは，株式会社は株主をその有する株式の内容および数に応じて，平等に取り扱わなければならないことをいう（109条1項）。すなわち，権利内容等の異なる株式（種類株式）を発行する場合は（108条1項），会社が種類株主間で異なる取扱いをすることは同原則に反しないし，また，「その有する株式の…数」に応じた平等であるから，保有株式数が異なれば，議決権（308条1項）や剰余金の配当額（454条3項）等が異なることも同原則に違反しない。この原則に反する定款，株主総会・取締役会決議，取締役の業務執行等は無効とされている（最判昭45・11・24民集24巻12号1963頁）。

　同原則の機能は，従来は，支配株主の資本多数決の濫用等による差別的取扱いから少数株主を保護することにあるとされている[2]。

　株主平等の原則は，あまり厳格に要求すると，実際には不都合が生じることもある。たとえば，実務では，個人株主を増やすため，あるいは株主総会の出席株主を確保するため，総会の会場に出席した株主に対し，会社がお土産を渡すことがよく行われているが，これも総会に欠席した株主や書面投票等で議決権を行使した株主（298条1項3号）との間で不平等な取扱いを生じるため，株主平等の原則違反により違法行為になりかねない。

　そこで，今日の有力説は，同原則も絶対的なものではなく，合理的な理由

1　藤田友敬「株主の有限責任と債権者保護(1)」法学教室262号81～90頁（2002年）。
2　鈴木竹雄・竹内昭夫『会社法〔第3版〕』106頁（有斐閣，1994年）。

に基づく一定の区別をすることがすべて禁じられるわけではないと考えている[3]。

4　株主の権利

　株主は株式会社との関係で，様々な権利を有しているが，その内容で大別すると，自益権と共益権，および単独株主権と少数株主権に分類できる。

(1)　自益権と共益権

　自益権とは，株主が会社から経済的利益を受ける権利であり，典型例として，①剰余金の配当を受ける権利（105条1項1号・453条），②会社が解散・清算するときに，会社の債務を弁済した後でなお残余財産がある場合にこの分配を受ける権利（105条1項2号・502条），および③一定の場合，株主は会社に対して自己の有する株式を公正な価格で買い取ることを請求することができる株式買取請求権（116条・182条の4・469条・785条・797条・806条）が挙げられる。

　会社は定款に定めれば，①②の権利のいずれかを認めない株式を発行することもできるが，2つとも認めないとすることはできない（105条2項）。これは，わが国の法制上，株式会社は対外的事業活動で利益を上げ，それを社員に分配することを目的として利用される組織形態であることを想定している現れであるという。

　これに対して，共益権とは株主が会社の経営に参与し，あるいは取締役等の行為を監督・是正する権利である。前者は，原則として，株主総会を通じて行われるから（295条），株主総会の議決権（105条1項3号・308条）が共益権の中心となるが，これに関連して，株主総会における質問権（314条），議題・議案提案権（303～305条）ならびに総会招集権（297条）もある。

　また，取締役の行為を監督・是正する権利には，各種の訴訟提起権（828条・

3　伊藤靖史・大杉謙一・田中亘・松井秀征『会社法〔第4版〕』88頁（有斐閣，2018年）。

831条・847条等）や，取締役会議事録等各種書類の閲覧等請求権（31条2項・125条2項・171条の2第2項・179条の5第2項・182条の2第2項・318条4項・371条2項・442条3項・782条3項・794条3項・803条3項・815条4項）がある。

(2) 単独株主権と少数株主権

単独株主権は，1株でも株式を保有すれば行使できる権利であるが，一定期間の株式の保有が要件とされる場合もある。また，単元未満株主や一定の権利が制限された種類株式の株主は除かれる。

これに対して，少数株主権は一定数の議決権，または総株主の議決権の一定割合の議決権もしくは発行済株式の一定割合の株式を有することが権利行使の要件とされる権利である。

自益権は単独株主権である（454条3項・504条3項等）。共益権のうち，議決権（308条），代表訴訟の提起権（847条）ならびに差止請求権（210条・360条）は単独株主権であり，株主総会の招集権（297条）や役員の解任の訴えの提起権（854条）は少数株主権である。

一般的に，共益権の行使要件は定款で緩和できるが，加重はできない（303条等）。また，保有議決権・株式数の要件は，複数の株主が共同して権利行使する場合は，各株主が有する議決権・株式数を合算することができると解されている。非公開会社では共益権の行使要件である権利行使前に6か月の継続保有をすることが課されていない。これは，非公開会社では，株式の譲渡に会社の承認が必要とされているため，会社にとって好ましくない濫用的な権利行使を未然に防げるからである。

(3) 株式買取請求権

株主は，一定の場合に自己の有する株式を公正な価格で買い取ることを会社に請求することができる。これを株式買取請求権といい，①会社が株主の利益に重大な影響を及ぼす一定の行為（事業譲渡や組織再編を行う場合等）を行うときに，反対株主に認められるものと（469条・785条・797条・806条・

182条の4・116条1項1号・同2号・同3号)，②単元未満株主に認められるものがある（192条)。

会社が116条1項各号の行為をする場合，株主総会の決議を要し，これに反対する株主は株式買取請求権を会社に対して行使できる（116条1項)。ここでいう「反対株主」とは，株主総会に先だって当該行為に反対する旨を会社に通知し，かつ，当該総会において，当該行為に反対の議決権を行使した株主を意味する（116条2項1号イ)。会社に対する事前の通知を要求する趣旨は，株式買取請求権の行使には財源規制がないため，あまり多くの株式買取請求権が行使されると会社の財産的基礎を危うくするので，会社がどの程度の買取請求が行われるかにつき，事前に予測し，場合によっては当該行為の提案を取り下げる機会を与えることである。

また，株主が当該総会で議決権を行使できないときは（議決権制限株式の株主等)，上記の要件を満たさなくても，反対株主は株式買取請求権を行使できる(116条2項1号ロ)。当該行為に総会決議を要しない場合も同様である(116条2項2号)。

会社は，株主に株式買取請求権を行使する機会を与えるため，当該行為の効力発生日の20日前までに当該行為をする旨を通知，または公告しなければならない（116条3項・4項)。そして，反対株主は116条5項所定の期間内に株式買取請求権を行使しなければならない（116条5項)。株券発行会社の場合，当該権利の行使に際し，株券を提出しなければならない（116条6項)。反対株主がひとたび請求権を行使すると，会社の承諾なしにはこれを撤回できない（116条7項)。これは反対株主がいったん請求しておいて，その後株価が上がったら撤回するという投機的行動を防止する趣旨である。なお，会社が株式買取請求の原因となる行為を中止したときは，株式買取請求も効力を失う（116条8項)。

株式の買取価格は，原則として，株主が会社との間の協議で決めるが（117条1項)，協議が整わないときは，一定期間内に株主または会社が裁判所に申立てをすれば，裁判所が価格を決定する（117条2項)。この期間内に申立てがなされなければ，株主は買取請求を撤回できる（117条3項)。

会社は株式買取請求の原因となった行為が効力を生ずる日（効力発生日。

116条3項）から，60日経過後は，価格の決定の有無にかかわらず，年3分の利息を支払わなければならない（117条4項。平成29年民法改正によって商事利率は廃止され，法定利率は3年ごとに見直される。民404条2項・3項）。これは会社が代金の支払を引き延ばす目的で不当に価格について争うことを防止する趣旨である。しかし，その結果，株主が利息を得る目的で買取請求をするおそれがあるため，会社は価格の決定の前でも，自己が公正な価格を認める額を株主に支払うことができる（仮払制度。117条5項）。会社が117条5項に基づき，株主に支払の提供をした額については，提供時以後の利息の支払を免れることになる（民492条）。

株式買取りの効力は，効力発生日に生じる（117条6項）。

5 種類株式制度

⑴ 株式の内容についての特別の定め

株式会社は，その発行する全部の株式の内容として，定款に，次の定めを置くことができる（107条1項・911条3項7号）。

① 譲渡による当該株式の取得について，会社の承認を要するものとする定め（譲渡制限株式。107条1項1号）

② 当該株式について，株主が会社に対してその取得を請求することができるという定め（取得請求権付株式。107条1項2号）

③ 一定の事由の発生を条件にして，会社が株主から当該株式を取得できるという定め（取得条項付株式。107条1項3号）

これらは広義の意味で種類株式に含まれるが，狭義では，次の⑵だけが種類株式である。

詳細は後述するが，取得請求権付株式の株主は，保有株式を会社に取得してもらうか否かを選択できるが，取得条項付株式の株主に選択の余地はなく，強制的に会社に取得される。

また，取得請求権付株式や取得条項付株式は，発行する全部の株式の内容

として定めるよりも，後述の種類株式発行会社（定款上，内容の異なる2以上の種類株式の内容が規定されている会社。2条13号）において，ある種類の株式の内容として定められることの方が多い。

　会社が定款変更をして，株式の譲渡制限を付すときは，既存株主の投下資本の回収の機会に重大な変更を及ぼすことや，定款自治が大幅に認められる会社形態になることを考慮して，通常の定款変更に必要な株主総会の特別決議（466条・309条2項11号）ではなく，より厳格な決議を必要とされている。すなわち，議決権を行使できる株主の半数以上であって，かつ当該株主の議決権の3分の2以上の賛成が必要である（309条3項1号）。反対株主には株式買取請求権が与えられる（116条1項1号）。

　また，会社が定款変更により取得条項を定めるときは，それが強制的に株主としての地位を奪うことに鑑み，株主全員の同意が必要となる（110条）。取得請求権を定める場合は，株主総会の特別決議で可能である（466条・309条2項11号）。

(2)　種 類 株 式

　会社法は，会社が投資家の多様なニーズに応じた株式を発行できるように，一定の事項につき権利内容等の異なる2以上の種類の株式を認めており（種類株式制度。108条），2以上の種類株式を発行する会社を種類株式発行会社という（2条13号・911条3項7号）。これは，現に，2以上の種類株式を発行している必要はなく，内容の異なる2以上の種類の株式の内容が定款に規定されていればよい。

(3)　発行手続と内容

　種類株式を発行するには，発行する株式の内容について，定款で一定の事項（次の①〜⑦を指す）を定める必要がある（108条2項）。もっとも，一定の重要事項を除き，定款には内容の要項のみを定めればよく，具体的な内容については，実際に当該種類株式を発行する時までに，株主総会または取締役

会で定めることとしてよい（108条3項，会社則20条1項）。この趣旨は，機動的な種類株式の発行を可能とするためである。

　なお，すでに発行している株式の内容を定款変更により変更することもできるが，当該株式の株主に不測の損害を与えるおそれがあるため，一定の規制に服する（後述(4)②参照）。

　　① **剰余金の配当・残余財産の分配**　　会社は剰余金の配当あるいは残余財産の分配について，内容の異なる2以上の種類の株式を発行することができる（108条1項2号）。この場合，定款で剰余金の配当あるいは残余財産の分配に関する取扱いの内容を定める必要がある（108条2項1号・同2号・同条3項，会社則20条1項1号・2号）。

　　(ｱ)　**優先株式と劣後株式**　　種類株式で，実務上よく発行されてきたのは，優先株式である。これは，他の株式に先んじて剰余金の配当を受け取る権利がある株式である。たとえば，優先株式は普通株式に先んじて1株につき10円の剰余金の配当を受けられることとするといった内容である。会社が剰余金の配当をする場合，まず，所定の優先配当金額までは優先株式の株主に配当しなければならず，それがなされた後に初めて，普通株主は配当を受けられる。ただし，優先株主も株主である以上，会社が剰余金の配当を決定しない限り（453条・454条），会社に対して配当の支払を請求できない。

　なお，他の株式に遅れてしか剰余金の配当等を受け取れない株式を劣後株式といい，標準となる株式のことを普通株式と呼ぶ。

　優先株式と普通株式を発行する場合，定款に定めがなくても，会社は，次の事項につき，株式の種類ごとに異なる取扱いをすることができる。

　　①　株式の併合・分割（180条2項3号・183条2項3号）
　　②　株式・新株予約権の無償割当て（186条1項3号・278条1項4号）
　　③　株主割当てによる募集株式・募集新株予約権の発行（202条1項1号・241条1項1号）
　　④　合併・株式交換・株式移転における株主への対価の割当て（749条2項・753条3項・768条2項・773条3項）

　たとえば，非参加型（残余の分配可能額の配当に参加できない）優先株式と普通株式の2種類の株式を発行している会社は，普通株式についてのみ，従前

49

の2株を1株にする株式の併合をすることができる（180条2項3号）。

②　**議決権制限株式**　　会社は，定款により，株主総会において議決権を行使することができる事項につき内容の異なる2以上の種類の株式を発行することができる（108条1項3号・2項3号・3項，会社則20条1項3号）。これを議決権制限株式といい（115条），たとえば，ある種類の株式は株主総会の決議事項すべてにつき議決権を有するが，他の種類の株式は株主総会の特定の決議事項につき（たとえば，役員選任決議。329条1項），議決権がないといった定めができる。さらに，株主総会の一切の決議事項につき議決権のない株式を完全無議決権株式という。

なお，公開会社では，議決権制限株式の数が発行済株式の総数の2分の1を超えることはできず，超過した場合，会社は直ちに2分の1以下にするための措置（新株発行等）をとらなければならない（115条）。これは，公開会社において，経営者等が議決権限制限株式を利用して，少額の出資で会社を支配することを防止する趣旨である。

③　**譲渡制限株式**　　会社は，譲渡による当該種類の株式の取得につき，会社の承認を要する旨を，発行する全部の株式の権利内容として定めることもできるが，ある種類の株式の内容として定めることもできる（108条1項5号・6号）。会社法における譲渡制限株式はその双方を指す（2条17号）。

④　**取得請求権・取得条項付株式**　　これも譲渡制限と同様，発行する全部の株式の内容として定めることもできるが（107条1項2号・3号），ある種類の株式の内容として定めることもできる（108条1項5号・6号）。会社法における取得請求権付株式（2条18号），あるいは取得条項付株式（2条19号）とは，それぞれがその双方を含むと考えられる。

(ｱ)　**取得請求権付株式**　　取得請求権付株式を発行するには，定款で，株主が会社に対し当該株主が有する株式を取得することを請求できる旨，会社が当該株式1株を取得するのと引換えに当該株主に交付する対価の内容，取得請求権の行使期間や取得の対価の種類・内容等の事項を定める（108条2項5号・107条2項2号・108条3項，会社則20条1項5号）。種類株式発行会社では，取得の対価として他の株式を交付するという定めもできる（108条2項5号ロ）。ただし，対価の内容が当該会社の他の株式以外である場合におい

て，対価である財産の帳簿価額が当該請求の日における会社の分配可能額（461条2項）を超えているときは，株主は，会社に対し，取得請求権付株式の取得を請求することができない（166条1項但書・465条1項4号）。

　(ｲ)　**取得条項付株式**　取得条項付株式を発行するには，定款で取得事由や取得の対価の種類・内容等の事項を定める（108条2項6号・107条2項3号・108条3項，会社則20条1項6号）。種類株式発行会社では，取得の対価として他の株式を交付するという定めもできる（108条2項6号ロ）。また，一部の株式のみを取得するという定めもできるが（108条2項6号イ・107条2項3号ハ），その場合の取得の方法は，株主平等の原則（109条1項）から，持株数に応じた按分取得や抽選など，公平な方法によらなくてはならない[4]。

　⑤　**全部取得条項付種類株式**　会社は，定款に定めれば，当該種類の株式について，会社が株主総会の特別決議によってその全部を取得するという内容の株式を発行することができる（108条1項7号・2項7号・3項，会社則20条1項7号）。これを全部取得条項付種類株式という（171条1項）。

　会社が全部取得条項付種類株式の全部を取得するには，株主総会の特別決議により，取得の対価の内容やその数額，取得日等の事項を定める（171条・309条2項3号）。決議された取得対価に不満な株主は，裁判所に対し，取得価格の決定の申立てをすることができる（172条1項）。この申立てをするには，事前に全部取得に反対する旨を会社に通知し，かつ株主総会で反対する必要がある（172条1項1号）。株主総会で議決権を行使することができない株主の場合は，これは不要である（172条1項2号）。たとえば，無議決権株式の株主や株主総会の基準日後に株式を取得した株主（124条）がこれに当たる（東京地決平25・9・17金判1427号54頁）。

　全部取得が法令または定款に違反する場合に，それにより株主が不利益を受けるおそれがあるときは，株主は全部取得の差止めを請求することができる（171条の3）。会社は，株主に全部取得に関する情報を与え，必要に応じて価格決定の申立てや差止請求をする機会を与えるため，会社は取得日の20日前までに全部取得をする旨を株主に通知または公告しなければならな

4　江頭憲治郎『株式会社法〔第7版〕』155頁注26（有斐閣，2017年）。

い（事前開示。172条2項・3項）。

　会社は全部取得に関する事項を記載した書面等を一定期間，会社の本店に備え置き，株主の閲覧等請求に供しなければならない（171条の2，会社則33条の2）。

　会社は，取得日に全部取得条項付種類株式の全部を取得するが（173条），取得後一定期間，全部取得に関する事項を記載した書面等を本店に備え置き，株主または取得日に株主であった者の閲覧等請求に供さなければならない（事後開示。173条の2，会社則33条の3）。

　⑥　**拒否権付種類株式**　　会社は，株主総会または取締役会において決議すべき事項の全部または一部について，その決議の他に当該種類の株式の種類株主を構成員とする種類株主総会の決議を必要とする旨の定めを定款に設けることにより，他の株式と内容の異なる株式を発行することができる（108条1項8号・2項8号・3項，会社則20条1項7号）。こうした種類株式の株主は，当該決議事項についていわば拒否権を有することから，拒否権付種類株式と呼ばれる。

　拒否権付種類株式は，合弁会社，ベンチャー企業等において，利用されることが多い。たとえば，代表取締役の選定，株式・社債の発行，重要財産等の譲受け等を拒否権の対象とすることができる。

　しかし，上場会社の利用は法的に制限されているわけではなく，たとえば敵対的買収に対する拒否権をその保有者に認める種類株式である「黄金株」を発行している会社の上場を認めるかは，金融商品取引所の政策によるという[5]。

　⑦　**役員選任・解任権付種類株式──クラス・ボーティング**　　全株式譲渡制限会社（指名委員会等設置会社を除く）は，当該種類の株式の種類株主を構成員とする種類株主総会において，取締役または監査役を選任・解任するという内容の種類株式を，定款の定めにより，発行することができる（108条1項9号・2項9号，会社則19条）。たとえば，この株式を発行した場合，取締役・監査役の選任・解任は各種類株主総会ごとに行われ（クラス・ボーティング），全体の総会では行われない（347条・329条1項）。このような役員選任・

---

[5]　飯田一弘「買収防衛策の導入による上場制度の整備」商事法務1760号21頁（2006年）。

解任権付種類株式は，合弁会社やベンチャー企業で利用されている。

　この種類株式が指名委員会等設置会社でない非公開会社に限って，発行が認められるのは（108条1項但書），議決権制限株式の発行制限の場合と同様，公開会社の経営者支配に利用されるおそれがあるからである。

(4)　種類株主総会

　①　意　義　　ある種類株式の種類株主を構成員とする会議体を種類株主総会といい，その決議は定款の定めに基づいて行われる場合（任意種類株主総会）と，種類株主間の利害調整のために法律の規定に基づいて行われる場合（法定種類株主総会）とがある（321条）。

　たとえば，拒否権付種類株式や役員選任・解任権付種類株式の種類株主総会は前者である（決議要件と手続に関し，324条・325条）。

　会社法は議決権を有する全株主を構成員とする株主総会とある種類の株式の株主のみを構成員とする種類株主総会を区別しており，特に断りがない限り，株主総会に種類株主総会が含まれることはない（116条2項1号）。たとえば，譲渡制限株式の株主は，株主総会では議決権を行使することができる事項が制限されているが（108条1項3号），種類株主総会では完全な議決権を有する。

　②　法定種類株主総会　　法定種類株主総会とは，一定の行為により，ある種類の株式の種類株主に損害を及ぼすおそれがある場合（たとえば，定款変更，株式の併合・分割，合併等。322条1項），当該種類の株式の種類株主総会の特別決議による承認がなければその行為の効力は生じないものとすることで（324条2項・322条1項・324条2項4号），利害調整を図っている。たとえば，定款を変更して優先株式の優先配当金額を削減することは，株式の内容の変更に当たり（322条1項1号ロ），優先株主に損害を及ぼすおそれがあるから，定款変更に必要な株主総会の特別決議に加えて（466条・309条2項11号），当該優先株式の種類株主総会の承認を要する。

　条文上，法定種類株主総会は会社の行為が種類株主に「損害を及ぼすおそれがあるとき」に，開催しなければならないが，「損害を及ぼすおそれがあ

53

るとき」の判断は曖昧であるから，実務では，とりわけ組織再編（322条1項7～13号）を行う際には，常に種類株主総会の決議をとることが多いという。しかし，これでは，たとえば，合併の場合，その種類株主に拒否権を与えることになるため，会社法は，株式の内容の変更のうち，単元株式数に関するもの，および322条1項2～13号に挙げられた行為については，種類株主総会の決議を不要とする旨を定款で定めることができるものとした（322条2～4項）。その代わり，当該種類株主に株式買取請求権が与えられる（116条1項3号・785条2項1号ロ・797条2項1号ロ・806条2項2号）。ただし，種類株主の利害に最も重大な影響を与えると考えられる，322条1項1号の定款変更については，種類株主総会を排除できない（322条3項但書）。

また，すでに発行された株式につき，その権利の内容に特に重大な変更を加える場合，特別の規定がある。具体的には，次の3つである。

① ある種類の株式に譲渡制限を付すとき

② ある種類の株式に全部取得条項を付すとき

③ ある種類の株式に取得条項を付すとき

①の場合，当該種類株式の種類株主総会の特殊の決議による承認を要し（111条2項1～3号・324条3項1号），かつ，反対株主には株式買取請求権が与えられる（116条1項2号）。この場合，定款変更のための株主総会の決議は，原則どおり，特別決議で足りる（466条・309条2項11号）。種類株式発行会社が，発行するすべての種類の株式に譲渡制限を付すときも，各種の株式ごとに種類株主総会の特殊決議を要するが，株主総会の決議は特別決議でよい。発行する全部の株式に譲渡制限を付すときは，株主総会の特殊決議を要するが，種類株式発行会社にはこの規制は適用されない（309条3項）。

②の場合，通常の定款変更の手続の他（466条・309条2項11号），当該種類の株式の種類株主を構成員とする種類株主総会の特別決議による承認を要し（111条2項1～3号・324条2項1号），かつ，反対株主は株式買取請求権が与えられる（116条1項2号）。

なお，種類株式発行会社でなかった会社が，(i)2以上の種類の株式を発行する旨の定款の定めを設ける決議，(ii)既発行の株式を全部取得条項付種類株式にする定款変更決議を同じ株主総会で行うことはできるし，(iii)(ii)によ

り成立した全部取得条項付種類株式の取得決議（171条1項・309条2項3号）も同じ総会で行うことができると解されている[6]。

⑴の場合，通常の定款変更決議の他，当該種類の株主全員の同意を要する（110条・111条1項）。

⑾と⑾の手続が異なる理由は，全部取得条項付種類株式の取得は当該種類の株式全部が平等の条件で取得されるのに対し（171条2項），取得条項付種類株式は一部の株式の取得も認められるため（108条2項6号イ・107条2項3号ハ），当該種類株主間で異なる取扱いを受ける可能性があることから，より厳しい規制が課されていると考えられる。

6 株式の譲渡

⑴ 株式譲渡自由の原則

原則として，株式は自由に譲渡できるが（株式譲渡自由の原則。127条），定款や契約，あるいは法律の規定により，株式の譲渡が制限されることがある。

株主は会社の存続中は，取得請求権付株式の取得を請求する場合や株式買取請求権を行使できる場合を除き，会社に対して出資の払戻しを求めることができない。そのため，投下資本の回収は株式の譲渡によることになる。出資の返還に対する制約と株式譲渡自由の原則とは，一方で会社の財産的基盤を確保しつつ，他方で株主に投下資本の回収手段を保障する仕組みである。

⑵ 定款による譲渡制限

① 総 説　株式譲渡自由の原則は一定の合理性があるが，会社によっては株主間の個人的な信頼関係が重視され，会社にとって好ましくない者が株主になるのを防ぎたいというニーズがある。このようなニーズに対し

6　江頭憲治郎『株式会社法〔第7版〕』159頁（有斐閣，2017年）。

て，会社法は定款により，株式の譲渡による取得には会社の承認を要するという譲渡制限をかけることを認めている（107条1項1号・108条1項4号）。株式の譲渡制限は，非上場会社では広く使われている。定款で譲渡を制限された株式を譲渡制限株式という（2条17号）。

譲渡制限株式の譲渡を承認するか否かを決定する機関は，原則として，取締役会設置会社（139条1項）では取締役会，それ以外の会社では株主総会である。ただし，定款で別段の定めを置くこともできる（139条1項但書）。たとえば，取締役会設置会社において，株主総会を承認機関としたり，代表取締役を承認機関としたりすることができる。

定款により，一定の場合には会社が株式の譲渡の承認をしたものとみなす旨を定めることができる（107条2項1号ロ・108条2項4号）。たとえば，株主間の譲渡の場合や一定未満の株式の譲渡については，その譲渡を認めたとしても会社の閉鎖性を維持する観点から特に支障はないから，会社の承認があったとみなすものとすれば，株主はこれらの譲渡につき，わざわざ会社に対して承認を求めずとも行うことができ，簡便である。

定款による譲渡制限を株式に設けた場合は，その旨を登記するとともに（911条3項7号），株券発行会社においては，株券にもこれを記載する必要がある（216条3号）。登記がなければ，会社は善意の株式譲受人に対して譲渡制限の効果を対抗することはできない（908条1項）。

② 譲渡制限株式の譲渡方法

(ア) **譲渡等承認請求**　譲渡制限株式を譲渡しようとする株主は，会社に対し，当該譲渡を承認するか否かの決定を請求することができる（136条）。しかし，株主はこの請求をせずに第三者に株式を譲渡することもでき，譲渡当事者間ではその譲渡は有効である。そして，当該譲渡制限株式の譲受人から会社に譲渡の承認を請求することもできるが（137条1項），この場合は，株主名簿上の株主（譲渡人）と共同で行わなければならない（137条2項。ただし例外あり。会社則24条）。このような請求を譲渡等承認請求といい（138条柱書），請求した者を譲渡等承認請求者という（139条2項）。

譲渡等承認請求は，当該請求の対象である株式の種類・数，および譲受人を明らかにして，行わなくてはならない（138条1号イロ・2号イロ）。なお，

会社が譲渡を承認しないときのために，会社または会社の指定する買取人が当該株式を買い取ることを併せて請求することができる（買取先指定請求。138条1号ハ・2号ハ）。譲渡等承認請求を受けた会社は，承認機関が承認の可否を決定し，これを譲渡等承認請求者に通知する必要があり（139条2項），もし，請求のあった日から2週間以内に，この通知をしないと会社は譲渡を承認したものとみなされる（145条1号）。そして，会社が当該株式の譲渡を承認しないと，会社との関係において株式の譲渡の効力は生じない。

　また，会社が譲渡を承認せず，かつ，譲渡等承認請求者が買取先指定請求をしていなかったときは，単に譲渡を承認しない旨の通知をすれば足りる。

　(イ)　**会社または指定買取人による株式の買取り**　　逆に，譲渡等承認請求者が買取先指定請求をしていたときは，会社は自ら当該株式を買い取るか（140条1項），または別に買取人を指定しなければならない（140条4項）。この場合，当該株式の一部につき買取人が，残りを会社がそれぞれ買い取ることもできる（140条4項）。

　会社が株式を買い取るときは，株主総会の特別決議を要するが（140条2項・309条2項1号），その株主総会において，譲渡等承認請求者は議決権を行使できない（140条3項）。これは会社が不当な高値で株式を買い取ること等により，他の株主の利益が害されることを防ぐためである。

　買取人の指定は取締役会設置会社では，取締役会の決議により，それ以外の会社では株主総会の特別決議で行うのが原則であるが，定款で別段の定めをすることもできる（140条5項・309条2項1号）。

　会社自身が株式を買い取るときは，139条2項による譲渡等承認請求を拒否する通知から40日以内に，これを譲渡等承認請求者に通知しなければならない（141条1項・145条2号）。これに対して，会社が買取人を指定した場合は，承認拒否の通知から10日以内に指定買取人が買取りの通知を行う必要がある（142条1項・145条2号）。買取りの通知に際し，1株当たり純資産額に買取株式数を乗じて計算した金額を供託し，それを証する書面を交付しなければならない（141条2項・142条2項，会社則25条）。こうした通知がなされない場合も，会社は譲渡を承認したものとみなされる（145条2号・3号，会社則26条1号・2号）。

図-2　譲渡制限株式の譲渡承認請求手続の流れ

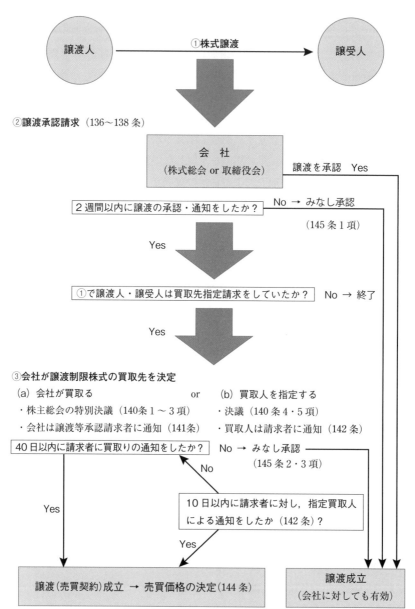

譲渡人　①株式譲渡　譲受人

②譲渡承認請求（136～138条）

会　社
（株式総会 or 取締役会）

譲渡を承認　Yes

2週間以内に譲渡の承認・通知をしたか？　No → みなし承認
（145条1項）

Yes

①で譲渡人・譲受人は買取先指定請求をしていたか？　No → 終了

Yes

③会社が譲渡制限株式の買取先を決定
（a）会社が買取る　　　　　　or　　　（b）買取人を指定する
・株主総会の特別決議（140条1～3項）　・決議（140条4・5項）
・会社は譲渡等承認請求者に通知（141条）　・買取人は請求者に通知（142条）

40日以内に請求者に買取りの通知をしたか？　No → みなし承認
（145条2・3項）
No

Yes

10日以内に請求者に対し，指定買取人
による通知をしたか（142条）？

Yes

譲渡（売買契約）成立 → 売買価格の決定（144条）

譲渡成立
（会社に対しても有効）

会社または指定買取人が適法な買取りを通知したときは，これらの者と譲渡等承認請求者との間で，価格未定のまま売買契約が成立し，以後，譲渡等承認請求者はこれらの者の承諾がない限り，請求を撤回することはできなくなる（143条）。売買価格は，両者の協議によって決めるが（144条1項），協議が整わないときは，一定期間内に当事者が裁判所に申立てをすれば，これが売買価格を決する（144条2～4項・7項）。裁判所に価格決定の申立てをしなければ，1株当たり純資産額に買取株式数を乗じた額が売買価格になる（144条5項・7項）。買取りの通知に際して供託した金銭（141条2項・142条2項）は，売買代金の支払に充当される（144条6項・7項）。

　③　**承認のない譲渡の法律効果**　　株主が会社の承認を得ずに譲渡制限株式を第三者に譲渡したときは，譲渡当事者間ではこの譲渡は有効である。その場合，問題となるのは会社との関係である。

　判例によれば，会社の承認を得ない譲渡制限株式の譲渡は譲渡当事者間では有効であるが，会社に対する関係では無効であると解され，引き続き会社は譲渡人を株主として取り扱う義務があるという（最判昭63・3・15判時1273号124頁）。

　しかし，例外的に譲渡承認機関による承認のない株式の譲渡も，一人会社（株主が1人の会社）の株主が，その保有する株式を譲渡するときは，会社との関係で有効になるという（最判平5・3・30民集47巻4号3439頁）。なぜならば，前述した通り，定款による譲渡制限の目的は，会社にとって好ましくない者が株主になることを防ぎ，譲渡人以外の株主の利益を保護するためである。したがって，一人会社の場合，譲渡株主以外に他に保護すべき株主がいないことから，その譲渡を会社との関係でも有効と解しても問題とならないからである。それ以外で，譲渡人以外の全株主が譲渡に同意しているような場合も同様に解してよいだろう（最判平9・3・27民集51巻3号1628頁）。

　④　**相続人等に対する売渡請求による取得**　　相続や合併・会社分割といった一般承継によって譲渡制限株式を取得することについては，会社の承認は要しない（134条4号）。しかし，一般承継人が会社にとって好ましい者でなく，その者が株主になることを避けたいと考える可能性もあり得る。会社法は，このような場合に対して，定款で定めをすれば，会社が譲渡制限株

式の一般承継人に対して，当該株式を売り渡すことを請求できることにしている（174～177条）。また，相続により株式の共有が生じた場合，会社が175条1項により，共同相続人の一人に対して，共有持分の売渡しを請求することもできると解されている（東京高判平24・11・28資料版商事356号30頁）。

(3) 契約による譲渡制限

株主間の契約により，株式の譲渡に一定の制限，たとえば契約の一方当事者が株式を譲渡するには，他方の者の同意を要することや，譲渡先や譲渡対価の算定方法についてあらかじめ定めること等を設けることができる。

合弁事業においては，こうした株式の譲渡制限の他に，役員構成や議決権の行使方法等，様々な内容の株主間契約が締結されることが多い。

契約による株式の譲渡制限は，契約当事者間にしか拘束力が及ばないから，契約自由の原則に従い，株主同士が様々な態様の譲渡制限を定めることができる。典型例は，従業員持株制度における譲渡制限である。

(4) 法律による譲渡制限

会社法上，株式の譲渡が制限される場合がある。たとえば，株券発行前の株式の譲渡（128条2項）や子会社による親会社株式の取得（135条1項）等がある。

株券発行会社（214条）においては，株券発行前の譲渡は譲渡当事者間および会社との関係でも無効である（128条2項）。これは，会社の株券発行事務の渋滞を避ける趣旨である。

しかし，株券発行会社の株主が株券の発行を請求しても，会社が不当に拒絶・遅滞する場合があり得る。その場合は，株主名簿の名義書換えの不当拒絶のケースと同様に（最判昭47・11・8民集26巻9号1489頁），株主は意思表示のみにより有効に株式を譲渡でき，会社は株券発行前であることを理由にその効力を否定できないと解すべきであるという[7]。

---

7 江頭憲治郎『株式会社法〔第7版〕』230頁（有斐閣，2017年）。

7 株式の譲渡と権利の行使方法

(1) 株券と株式振替制度

　会社法においては，定款で株券を発行する旨を定めた会社を**株券発行会社**といい（117条7項・911条3項10号），会社は定款で定めた場合のみ株券を発行できる（214条）。

　かつては，株式会社が定款で株券を発行しない旨を定めない限り，株券の発行が義務づけられていた（平成17年改正前商法227条1項）。

　上場会社は，平成21年（2009年）1月の「社債，株式等の振替に関する法律」（振替法）の施行に伴い，株券を発行せず，上場株式の譲渡や権利の帰属は，振替機関（振替2条2項）・口座管理機関（振替2条4項）が作成する振替口座簿の記載・記録により定まることになった（振替128条1項・140条・141条）。

(2) 株券発行に関するルール

　　① **株券発行の時期と記載事項**　　株券発行会社は，原則として，株式を発行した日以後（50条1項・102条2項・209条），遅滞なく当該株式に係る株券を発行しなければならない（215条1項）。ただし，株券発行会社が非公開会社であるときは，株主の請求がない限り株券を発行しなくてもよい（215条4項）。非公開会社では，頻繁に株式の譲渡は行われず，その必要性が低いためである。また，公開会社でも，しばらく譲渡する意思がない株主は，盗難・紛失のおそれがあるため，株券の発行を望まない場合もある。このような場合，株主は会社に株券の不所持を申し出ることができ，会社は当該株主の請求があるまで株券を発行しなくてもよい（株券不所持制度。217条）。

　株券には，株券発行会社の商号，当該株券に係る株式の数，定款による譲渡制限を設けている場合はその旨，種類株式発行会社においては当該株券に係る株式の種類・内容，および株券番号を記載し，代表取締役（代表執行役）が署名する（216条）。

すなわち，株券は記載事項が法定された要式証券であるが，株券の記載が実態と異なっていれば株券の記載が無効になるので，要因証券でもある。

② **株券の成立時期**　株券の効力発生時期がいつかという問題は，判例・学説上議論のあるところであるが，判例は会社が株券を作成して株主に交付した時に，法律上，効力が発生すると解している（最判昭40・11・16民集19巻8号1970頁［百選25］）。

株券発行会社において，株券発行前にした譲渡は，会社との関係では当該譲渡は効力を生じない（128条2項）。譲渡当事者間でも，未だ株主でない者を株主として取り扱うことは矛盾するので，譲渡の効力は生じない（有力説は有効とする）。

株券発行前の譲渡が会社との関係で効力を生じないというルールは，会社が適時に株券を発行することを前提とした規定であるから，会社が不当に株券の発行を遅滞し，信義則に照らしても株式の譲渡の効力を否定するのを相当としない状況になった場合は，株主は意思表示のみにより，会社に対する関係でも株式を有効に譲渡できる（最判昭47・11・8民集26巻9号1489頁［百選A4]）。

③ **株券の喪失**　株券発行会社の株主が株券を喪失すると，第三者に株式を善意取得されるおそれがある（131条2項）。これを防ぐために，会社法は一定の手続を経た上で喪失株券を失効させ，株主が会社から新株券の発行を受ける制度を用意している（株券喪失登録制度。221～232条）。なお，有価証券の喪失一般に関する公示催告・除権決定の制度は，株券には適用されない（233条）。

株券の喪失者は，会社（株主名簿管理人。222条）に株券喪失登録簿（221条・222条）に登録することを請求でき，会社はこれを一般の閲覧に供し（231条・224条），その会社の株券を取得しようとする者などの利害関係人は関係する部分を閲覧・謄写できる（231条2項）。

喪失登録された株券を所持する者は，当該登録の日の翌日から起算して1年を経過するまでは，会社に対して，当該株券喪失登録の抹消を申請することができる（225条1項・2項，会社則48条）。そして，会社は遅滞なく，株券喪失登録者に対し，株券喪失登録抹消申請者の氏名・住所等を通知しなけれ

ばならない（225条3項・232条1項）。株券の所持者はその適法な所持人と推定されるから（131条1項），会社は，右の通知をした日から2週間を経過した日に，その株券喪失登録を抹消しなければならない（225条4項・976条16号）。

株券喪失登録制度は，株券に関する実質的権利の帰属を確定する効果はもたないので，喪失登録抹消申請者と株券喪失登録者との間で，真の株主はいずれかが裁判等で争われることになる。

株券喪失登録の日の翌日から起算して1年を経過した日に，株券は失効し，株券喪失登録者は新株券の発行を受けることができる（228条1項・2項）。

(3) 株式振替制度

① **振替機関・口座管理機関・振替口座簿**　前述したように，上場会社の株式は平成21年（2009年）1月5日に，すべて振替株式に移行した。これは，振替機関（振替3条1項により主務大臣の指定を受けた株式会社。振替2条2項）が取り扱う株式を指し（振替128条1項），これを取引しようとする投資家は，振替機関または口座管理機関（証券会社等。振替2条4項・44条）に，自己の口座を開設する必要がある。口座の開設者を加入者という（振替2条3項）。口座管理機関は，直接，振替機関に口座を開設している場合もあるが，他の口座管理機関に口座を開設することを通じて間接的に振替機関に連なっている場合もある。

振替機関および口座管理機関（両者を合わせて振替機関等という。振替2条5項）は，各加入者の口座ごとに区分された振替口座簿を備えなくてはならない（振替12条3項・45条2項・129条1項）。口座管理機関の口座は，口座管理機関自身が権利を有する振替株式についての口座（自己口座）と加入者が権利者を有する振替株式の口座（顧客口座）に区分される（振替129条2項）。各口座には，加入者の氏名（名称）・住所や保有株式の銘柄・数等の事項が記載・記録される（振替129条3項・4項）。

② **振替株式の譲渡方法**　振替株式の譲渡（質入れ）は譲受人（質権者）がその口座における保有欄（質権欄）に譲渡（質入れ）株式数の増加の記載または記録を受けることで，その効力が生じ，会社以外の第三者に譲渡を対抗

図-3 振替株式の譲渡方法

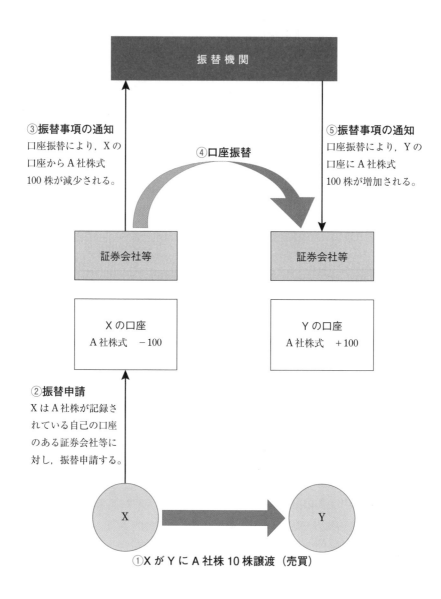

できる（振替140条・141条・161条3項）。

　加入者の口座における保有株式の記載・記録は、株券と同様の権利推定効があり（振替143条）、口座振替によって善意取得も生じる（振替144条）。もしも、振替機関等の過誤により、譲渡人の保有株式数が真実よりも多く記載・記録され（超過記載）、これが譲受人により善意取得されたときは、当該銘柄の振替株式総数が増加する事態が生じる。その場合、超過記載をした振替機関等が、超過数と同数の振替株式を自ら取得してこれを放棄することにより、調整がなされる（振替145条・146条）。

　③　振替株式の権利行使方法　　振替株式については、株式の譲渡のたびに株主名簿の名義書換えが行われるわけではなく、会社は次のような振替機関による通知に基づいて、株主の権利行使を処理する。

　(ア)　**総株主通知**　　総株主通知とは、振替株式の株主として、会社に対して権利行使すべき者を確定する目的で、会社が一定の日（基準日（124条）、あるいは効力発生日。180条2項2号等）を定めた場合にはその日に、振替機関は会社に対し、振替口座に記載された株主の氏名・名称、住所、株式の種類・数その他法務省令で定める事項を速やかに通知する制度である（振替151条1項・7項）。これを可能にするため、各口座管理機関は、その直近上位機関に対し、自己またはその下位機関の加入者に関する事項を報告しなければならない（振替151条6項）。

　総株主通知を受けた会社は、通知された事項を株主名簿に記載・記録しなければならず、右基準日・効力発生日に株主名簿の名義書換えがなされたものとみなされる（振替152条1項）。

　(イ)　**個別株主通知**　　振替株式の株主が少数株主権を行使しようとするときは、自己が口座を有する口座管理機関を通じて振替機関に申出をすることにより、保有振替株式の種類・数等の事項を会社に通知してもらうことができる（振替154条3～5項）。これを個別株主通知という。当該株主は株主名簿の記載・記録にかかわりなく、当該通知の4週間以内に少数株主権等を行使できる（振替154条1項・2項、振替施行令40条）。個別株主通知は、株主であることを会社に対抗する手段として株主名簿の名義書換え（130条1項）に代わるものである。会社が少数株主権等を行使した株主の株主資格を争う場合、

当該株主は個別株主通を経なければ，会社に対し少数株主権等を行使できない（最決平22・12・7民集64巻8号2003頁［百選17］）。

　令和元年改正により，株主総会資料の電子提供制度を採用する会社では，株主に書面での株主総会資料の提供が認められることとなった（書面交付請求権）。この場合，振替株式の株主は加入者の直近上位機関を経由して書面交付請求権を行使することができ，個別株主通知は不要となる。

　(ｳ)　**株主への通知・公告に関する特則**　　会社法上，株主に対して通知が必要な場合には（116条3項・181条1項・469条3項・776条2項等），振替株式の発行会社は通知に代えて公告をしなければならない（振替161条2項）。

8　株主名簿

(1)　株主名簿とその意義

　①　**記載・登録事項**　　株式会社は株主とその持株等に関する事項を記載・記録するため株主名簿の作成を義務づけられている（121条）。株式の譲渡を会社に対抗するには，譲受人は会社に請求して，株主名簿の名義を自己の名義に書き換える必要がある。これは，日々，変動する株主と会社の法律関係を集団的・画一的に処理するための制度である。

　株主名簿の記載事項は，①株主の氏名・名称および住所，②当該株主の保有株式数・種類，③当該株主の株式取得日，④株券発行会社の場合は当該株式に係る株券の番号（121条）等である。株主名簿は書面形式ではなく，電磁的記録の形式で存在してもよい（125条2項2号，会社則226条6号）。

　②　**株主に対する通知等**　　株主総会の招集通知などの各種の通知や催告は株主名簿上の株主の住所に発すれば足り（126条1項），当該住所等に対して発信された通知・催告が5年以上継続して到達しない場合には，会社は以後，当該株主に対し通知・催告しなくてよい（196条1項）。また，このように長期間連絡のない株主の有する株式は，競売またはそれに代わる一定の手続に従って，売却することができる（197条・198条）。

③ **株主名簿管理人**　　会社は自社に代わって株主名簿の管理をする者を置くことができ，これを株主名簿管理人という（123条）。上場会社は，信託銀行を株主名簿管理人にすることが多い。

　非株券発行会社の株主は，会社に対して，株主名簿記載事項を記載した書面等の交付を請求できる（122条1～3項）。株主が保有株式を譲渡しようとするときに，自己の権利を相手方に証明できるようにするためである。これに対して，株券発行会社の場合は，株券に権利推定効があるため（131条1項），こうした書面等の交付請求権を認める必要はない（122条4項）。

(2)　名義書換えの手続

① **株券発行会社の株式の場合**　　株券発行会社の株式の場合，株券の占有者が会社に対して，株券を呈示して株主名簿の名義書換えを行う（133条2項，会社則22条2項1号）。株券の占有者は適法な所持人と推定されるので（131条1項），会社は名義書換請求者が無権利者であることにつき，訴訟においてそのことを立証できるにもかかわらず，故意または重過失によりそれを怠らない限り（善意・無重過失），無権利者の権利行使を認めても免責される。

② **振替株式の場合**　　振替株式の場合，株主名簿の名義書換えは会社が総株主通知を受けた場合に行われる（振替152条1項）。

③ **株券不発行会社の株式（振替株式を除く）の場合**　　株券発行会社の株式でも振替株式でもない株式の株主名簿の名義書換えは，原則として，株主名簿上の株主（その相続人またはその他の一般承継人）と株式取得者が共同して請求することを要する（133条2項）。しかし，例外的に，株式取得者の単独請求による名義書換えをしても，利害関係人の利益を害するおそれがないものとして法務省令に定める場合（133条2項，会社則22条1項。たとえば株式取得者が株主名簿上の株主に対し，名義書換えの意思表示をすべきことを命ずる確定判決を添付して請求する場合等）や会社が自己株式を取得あるいは処分したときは（132条1項2号・3号），株主の請求によらずに名義書換えをすることができる。

会社が名義書換えに応ずべき場合にそれを不当に拒絶したときは，株式取得者は会社に対しても会社以外の第三者に対しても，名義書換えなしに株式の譲渡を対抗できると解すべきである[8]。

(3)　株主名簿の効力

振替株式以外の株式の譲渡の場合，取得者は株主名簿の名義書換えをしなければ会社に対抗することができない（130条1項・133条1項，振替154条1項）。名義書換請求がなされない限り，会社はたとえ譲渡の存在を知っていても，依然として名義株主を株主として扱えば足りる（確定的効力）。すなわち，名義書換え未了の株式譲受人による株主権の行使を会社は拒むことができる（名古屋地一宮支判平20・3・26金判1297号75頁［百選A35］）。これにより，日々変動する株主の権利行使を円滑に処理することが可能になる（集団的法律関係の画一的処理の要請）。

もっとも，名義書換えは譲渡の対抗要件にすぎないから，会社の方から名義書換え未了の譲受人を株主として扱い，名義株主はもはや株主として扱わないとすることもできる（最判昭30・10・20民集9巻11号1657頁）。

譲渡制限株式を譲り受けた者は，会社による譲渡の承認を受けていないとき，会社との関係で譲渡の効力は生じていないため，名義書換えを請求することができない（134条）。もちろん，会社は譲受人を株主として扱うことはできない。

株主名簿の名義書換えがなければ，株式の譲受人は譲渡を会社に対抗できないが，それは前述したように，会社が適法に名義書換えの事務を行うことを前提にしている。譲受人が適法に名義書換請求をしたにもかかわらず，会社が不当に名義書換えを拒絶し，あるいは過失により名義書換えを怠ったときは，譲受人は名義書換えなしに，自己が株主であることを会社に対抗できると解されている（最判昭41・7・28民集20巻6号1251頁）。

8　江頭憲治郎『株式会社法〔第7版〕』209頁（有斐閣，2017年）。

(4)　基準日制度

　株式が広く流通し，頻繁に譲渡が行われる会社では，誰が株主名簿上の株主であるかを会社が確定するのはかなり困難であることから，会社は一定の日を基準日として，その日に株主名簿上の株主である者を権利行使できる者と定めることができる（124条1項）。基準日後も株式の譲渡はできるし，株主名簿の名義書換えもできる。基準日と権利行使時における真の株主とがあまり乖離するのは好ましくないため，基準日は権利行使日の前3か月以内の日でなくてはならない（124条2項）。基準日を定款で定めた場合を除き，当該基準日の2週間前までに公告を要する（124条3項）。

　また，基準日後に株主になった者は，当該基準日に係る権利を行使できないのが原則だが，ただし，基準日後に募集株式の発行（199条）等によって，新たに株主になった者は会社が認めれば株主総会または種類株主総会における議決権行使はできる（124条4項）。しかし，基準日後に他の株主から株式を譲り受けた者の議決権行使を会社が認めることは，基準日時点の株主の権利を害するため，許されない（124条4項但書）。

(5)　株主名簿の備置きと閲覧等請求

　会社は株主名簿を本店（株主名簿管理人がある場合はその営業所）に備え置き，株主・債権者・親会社社員の閲覧等請求に供さなくてはならない（125条1〜5項）。会社は一定の拒絶事由がある場合を除き，株主・債権者からの株主名簿の閲覧等請求を拒絶できない（125条3項）。

　しかし，会社を敵対的に買収しようとする株主が，他の株主に公開買付けに応じるよう勧誘する目的および委任状勧誘をする目的で閲覧請求をすることは，株主の権利の確保または行使に関する調査の目的があるといえ，会社は当該目的を理由にして閲覧等請求を拒絶できない（東京地決平24・12・21金判1408号52頁）。

(6) 株式の譲渡と権利行使方法

株券発行会社（214条・117条7項）の株式譲渡は，当該株式にかかる株券を交付しなければ効力を生じない（128条）。株券は有価証券であり，財産上の権利を表章した証券であって，その権利の移転および行使に当該証券を必要とするものである。

前述したように，株券の交付は株式譲渡の効力要件であるとともに，会社以外の第三者に対する対抗要件になる。しかし，会社との関係では，譲渡を会社に対抗するには株主名簿の名義書換えが必要である（130条2項）。非株券発行会社の場合は，譲受人は原則として，譲渡人と共同して名義書換えを行わなければならないが，株券発行会社の場合，譲受人は会社に株券を呈示すれば単独でできる（133条2項，会社則22条1項1号）。これは株券の占有者は適法な権利者であると推定されるからである（131条1項）。会社はその者が真の権利者でないことを証明できない限り，名義書換請求を拒むことはできない。その代わり，会社がその者が真の権利者でなくても，株券の呈示に応じて名義書換えをすれば，悪意・重過失がない限り，会社は免責される。明文規定はないが，131条1項の権利推定効により，手形法40条3項の効果が認められる結果であると解されている。

譲受人が名義書換えをすれば，以後，権利行使のたびに会社に株券を呈示する必要はない。ただし，株式の併合など，株券と引換えに他の株券その他の金銭等が交付される場合は，株券の提出が必要となる（219条1項・2項）。

株券の占有者は真の権利者と推定されるため（131条1項），株券の占有者から株券を交付された譲受人は，悪意・重過失がない限り，当該株券に係る株式を善意取得する（131条2項）。これは有価証券としての株券の取引の安全を動産の場合以上に保護するものであり，たとえ株券が盗品または遺失物であっても，元の株主に回復請求権は認められない（民199条と対比）。

9 株式の担保化

(1) 株式の質入れ

　株式を担保化する方法には，①略式株式質（略式質），②登録株式質（登録質），③譲渡担保の3つがある。

　① 略式株式質　　略式株式質は，株券発行会社の株式または振替株式につき認められる方法であり，株主名簿に記載・記録されないので，会社その他の第三者には質入れの事実がわからない。

　株券発行会社の場合，略式株式質は，当該株式にかかる株券を質権者に交付することにより効力を生じ（146条2項），質権者による継続的な株券の占有が第三者に対する対抗要件となる（147条2項）。

　振替株式の場合，振替先口座の質権欄へ記載・記録により質権が成立するが（振替129条3項4号・141条），総株主通知の際に質権設定者（株主）のみが通知されるものが，略式質に当たる。

　略式株式質の効力として，質権者に優先弁済権（民362条2項・342条），転質権（民362条・348条）および物上代位権（151条・840条4項，会更205条4項）が認められる。物上代位権を行使するには，株券発行会社の株式の場合，原則として，その目的物が会社から質権設定者に対し払渡し・引渡しされる前にその差押えをしなければならない（民362条2項・350条・304条1項但書）。

　② 登録株式質　　登録株式質は，株主名簿に質権者の氏名（名称）・住所が記載されるもので，会社から直接剰余金の配当，残余財産の分配その他の物上代位的給付の支払・引渡し等を受けることができる（152〜154条，振替152条1項，会更205条4項）。したがって，各種の通知・催告も登録株式質権者に対してなされる（150条・168条2項・169条3項・170条3項・179条の4第1項2号・181条1項・187条2項・198条2項・218条1項・同条3項・219条1項・224条1項・279条2項・776条2項・783条5項・804条4項等）。

　非株券発行会社（振替株式を除く）の株式の場合，当事者間の契約でのみ効力を生じる（146条1項。2項対比）。しかし，会社および第三者に質権を対抗

するには，質権設定者の会社に対する請求により，株主名簿に質権者の氏名等を記載・記録させる必要がある（147条1項・148条）。

この場合，質権者が優先弁済を受けるには，「その他の財産権」についての担保権の実行（民執193条）に当たるので，執行裁判所の譲渡命令・売却命令等により換価される（民執161条1項）。

株主名簿への質権の記載・記録は，株券発行会社の株式および非株券発行会社（振替株式を除く）の株式は，質権設定者の請求によりなされる（148条）。株券発行会社では，略式株式質の要件も満たされている必要がある（147条2項）。

振替株式の場合，総株主通知の際に加入者の申出に基づき質権者の氏名・住所等が会社に通知され，会社が株主名簿にそれを記載したものが登録株式質である（振替151条3項・4項）。

(2) 株式の譲渡担保

① 株券発行会社の株式場合　株券発行会社の株式の譲渡担保は，株券を譲渡担保権者に交付することにより，効力を生じる（128条1項）。民法に明文規定はないものの，判例・学説により認められた非典型担保の一種である。単に担保権者に対し株券を交付する略式譲渡担保と，それに加えて，株主名簿の名義を譲渡担保権者の名義に書き換える登録譲渡担保の2種類がある。

名義書換えは通常の譲渡と同様の手続で行われるため（133条），会社との関係では，譲渡担保設定者ではなく，登録譲渡担保権者が株主として扱われることになる。議決権の行使等につき，登録譲渡担保権者と譲渡担保設定者との間で何らかの取決め（議決権の行使は設定者の指図により行う等）があるとしても，それは当事者間の内部関係を定めるにすぎず，会社には対抗できない。

略式譲渡担保であっても，株券の交付を受けている限り，会社以外の第三者に権利を対抗することはでき（130条2項），被担保債務が弁済されないときは，譲渡担保権者は株券を換価して，弁済に充当できるため，担保の目的は達成できる。しかも，株式を担保にしたことを会社に知られずに済むこと

もあり，実務上は，略式譲渡担保がよく利用されているようである。

担保権設定の方式は，略式株式質と同じであるが，優先弁済を受ける方法等の効力の点で略式株式質とは多少異なる。株式の譲渡担保権者が優先弁済を受ける方法としては，任意売却（処分清算）・所有権取得（帰属清算）が認められ，略式株式質の場合より制約が少ない。譲渡担保権者の物上代位権については略式株式質と同様と解される。

②　**振替株式の場合**　　振替株式に対する譲渡担保の設定は，総株主通知の際に，加入者の申出に基づき特別株主（譲渡担保権設定者）を会社に対し通知する方法があり，これが譲渡担保に当たる（振替 151 条 2 項 1 号）。

③　**株券不発行会社の株式（振替株式を除く）**　　株券不発行会社の株式（振替株式を除く）の場合，当事者間の契約によって譲渡担保を設定できるが，株主名簿の名義書換えをしなければ，会社その他の第三者に対抗できない（130 条 1 項）。

10 株式の共有──共有株式の権利行使

　株式の共有は（民 264 条。正確には準共有），共同相続によって生じることが多い（民 898 条）（最判平 26・2・25 民集 68 巻 2 号 173 頁［民法百選Ⅲ 67］）。

　会社法は，共有株式の権利行使を会社が円滑に処理できるように，一定のルールを定めている。株式の共有者は当該株式についての権利行者を 1 人定めて，会社に通知しなければ権利を行使できない（106 条）。権利行使者は株主権を行使することができるが，たとえば，これが共有者間の合意に反していても，会社との関係では有効とされる（最判昭 53・4・14 民集 32 巻 3 号 601 頁）。

　権利行使者の指定につき，明文規定はないが，通説は共有物の管理行為として，持分価格に従いその過半数でなされると解する（民 252 条）。判例も相続により生じた株式共有の場合，相続分に応じた持分の過半数で権利行使者を定め得るとする（最判平 9・1・28 判時 1599 号 139 頁［百選 11］）。権利行使者の指定・通知をしなければ株式の共有者は，会社に対して，株主権を行使できないのが原則であるが，会社の同意があれば例外的にこれも認められる

（106条但書）。これは株式の共有者が民法の規定に従い（民251条・252条），共有株式の権利行使の方法を決めた場合は，共有者がその決定に従って株主権を行使する限り，権利行使者の指定・通知がなくても，会社が同意すればその株主権行使は有効になることを意味する。たとえば，共有者が株式の株主総会における議決権の行使について，共有持分の過半数により決定した場合は（当該総会決議が株式の処分に該当するものでなければ，民法252条の管理行為と解される），共有者は権利行使者の指定・通知をしなくても，会社が同意すれば当該決定に従った議決権の行使ができる。しかし，共有持分の過半数による決定がないまま，共有者の一人が独断で共有株式全部について議決権を行使した場合に，会社が同意すれば当該議決権行使が有効になるわけではない（最判平27・2・19民集69巻1号25頁）。

　また，会社の同意のない株主権の行使であっても，権利行使者の指定・通知がないことを理由に会社が株主権の行使を拒否することが信義則に反する場合には，共有者の一人による株主権の行使も認められる（最判平2・12・4民集44巻9号1165頁［百選10］）。

11 投資単位の調整

(1) 株式の併合・分割

　　① **株式の併合**　　株式の併合とは，数個の株式を合わせてそれよりも少数の株式（たとえば，10株を1株）にすることである（180条1項）。株式の分割は，その逆で，すでに存在する株式を分割してそれよりも多い数の株式にすることである。いずれの行為も，各株主の保有株式を一律にあるいは按分比例的に減少または増加させる行為であり，会社財産に変動は生じない。

　上場会社の場合，1株の価格が高すぎると個人投資家は投資しにくくなり，株式の需要が減ってしまうおそれがあり，逆に，1株の価格が低すぎると，零細株主が多くなり，会社の株主管理コストが嵩むことになる。そこで，会社法は，各会社が株式併合や分割によって，発行済株式数や1株当たりの価

値を調整（投資単位の調整）する自由を認めている。

　②　**株式併合の手続**　　株式併合を行うには，まず，株主総会の特別決議によって，併合割合や効力発生日等を定めなければならない（180条2項・309条2項4号）。たとえば，併合割合を10分の1とした場合，9株以下の株式しか有しない株主は1株未満となり，株主の地位を失うことになる。また，併合により端数となる株式は金銭処理される。このように，株式併合は，株主の利害に重大な影響を与えるため，株主総会の特別決議を要し，取締役は，そこにおいて株式の併合を必要とする理由を説明しなければならない（180条4項）。

　株主総会決議において，効力発生日における発行可能株式総数を定める必要がある（113条・180条2項4号）。公開会社では，当該総数は効力発生日における発行済株式の総数の4倍を超えることができない（180条3項）。たとえば，発行可能株式総数1万株，発行済株式の総数3,000株の公開会社が，2株を1株にする株式の併合をする場合，効力発生日における発行可能株式総数を6,000株（効力発生日の発行済株式総数1,500株の4倍）以下に定める必要がある。これは，公開会社では，取締役会の決議により新株発行を行えるが，既存株主の持株比率の希釈化に制限を設けるために，発行可能株式総数は発行済株式総数の4倍を超えてはならないという規制を株式併合の場合にも及ぼすものである。

　前述したように，株式併合は株主の利害に重大な影響を与えるため，会社法は株主保護のための手続を用意している。まず，第一に，株式の併合により端数となる株式の株主は，会社に対して，自己の有する株式を公正な価格で買い取ることを請求することができる（端数株式の買取請求権。182条の4）。この買取請求権の行使要件や買取価格の決定の手続は，116条の反対株主の株式買取請求の場合と同様である。第二に，株式の併合が法令または定款に違反する場合において，株主が不利益を受けるおそれがあるときは，株主は会社に対し，当該株式の併合をやめることを請求することができる（差止請求権。182条の3）。第三に，会社が株式の併合をする場合には，効力発生日の2週間前までに，株主に対し，株式併合に関する株主総会の決議事項（180条2項各号）を通知または公告しなければならない（事前開示。182条の2，会

社則 33 条の 9）。これは株主に対して，株式併合に関する情報を開示し，必要に応じて，端数株式買取請求権や差止請求権を行使する機会を株主に与える趣旨である。第四に，株式併合を行った会社は，効力発生日後遅滞なく株式の併合に関する事項として法務省令に定める事項を記載した書面または電磁的記録を会社の本店に備え置き，株主および効力発生日に株主であった者（株式併合により株主の地位を失った者）の閲覧等請求に供さなければならない（事後開示。会社則 33 条の 10）。

　株式の併合は，会社の定めた効力発生日（180 条 2 項 2 号）に効力を生じる（182 条 1 項）。会社は効力発生日に，発行可能株式総数についての定めに従い（180 条 2 項 4 号），定款の変更をしたとみなされる（182 条 2 項）。

　③　株式分割の手続　　会社が株式分割をするには，分割の割合，基準日および効力発生日等について，非取締役会設置会社では株主総会の普通決議，取締役会設置会社では取締役会の決議でそれぞれ定めなければならない（183 条 2 項各号）。株式併合と異なり，株主総会の特別決議は要しない。これは，株式分割の場合も端数の発生によって株主の持株比率が変化し得るため，株主利益に影響がないとはいえないが，株主の地位を失う株主は生じない点で，株式併合とは異なり，株主の利害に与える影響は相対的に小さいと考えられるからである。

　また，会社が株式分割をする場合も，会社の発行済株式総数は増加するが，それにより発行可能株式総数は当然に増加しない（37 条・113 条）。もっとも，株式分割をする際には，その割合の限度で，本来，定款変更に必要な株主総会の特別決議を経ずに（466 条・309 条 2 項 11 号），発行可能株式総数を増加することができる（184 条 2 項）。たとえば，1 株を 2 株に分割する場合，発行可能株式総数を 2 倍まで増加できる。

　会社は分割にかかる基準日の 2 週間前までに，分割の決議事項を公告しなければならない（124 条 3 項）。これは株主に株式分割について知らせるとともに，株主名簿の名義書換えをしていない株主に名義書換えの機会を与える趣旨である。株式分割は会社の定めた効力発生日に効力を生じ，基準日において株主名簿に記載・記録された株主は，分割前の株式に分割の割合を乗じて得た数の株式を取得する（184 条 1 項）。

株式分割については，併合の場合と異なり，株主の差止請求権を認める規定はない。裁判例は株式分割をして既存株主は持株比率の低下等の不利益を受けないことを理由に，募集株式の発行等差止請求権（210条）の規定は類推適用されないとする（東京地決平17・7・29判時1909号87頁）。有力説は，株式分割も必要な決議を欠き違法な場合や買収防衛策として利用される場合に「著しく不公正」な場合もあり得るから，210条の類推適用を認めるべきであるとする[9]。株式分割の効力が生じた後は取引安全に配慮する必要があるから，その無効を主張するには，新株発行無効の訴え（828条1項2号）を類推適用すべきであるという[10]。

(2) 株式無償割当

株式会社が株主に対し，保有株式数に応じて，当該会社の株式を無償で交付することを株式無償割当という(185条)。たとえば，保有株式1株につき，0.5株を無償で交付することである。1株未満が生じたときは，金銭処理する。これは既存の株式1株を1.5株にする株式分割（183条）と経済的実質は同じである。ただし，種類株式発行会社が株式分割をする場合，各株主の有する株式の種類は従前と同じで，株式数だけが増加するが，株式無償割当の場合は各株主が従前有していた種類株式とは異なる種類株式を割り当てることも可能である。また，株式分割の場合は，会社の有する自己株式も当然分割されるのに対し，株式無償割当の場合には，自己株式は株式の割当てを受けない（186条2項）。

株式無償割当をするときは，原則として，株主総会（取締役会設置会社では取締役会）で割当株式数・種類や効力発生日等を定めなければならない。定款で別の機関を決定機関に定めることもできる（186条）。効力発生日に，株主は無償割当を受けた株式の株主になる（187条）。

9　田中亘「批判」中東正文・野村修也編『M&A判例の分析と展開』116頁（経済法令研究会，2007年）。

10　江頭憲治郎『株式会社法〔第7版〕』297頁（有斐閣，2017年）。

⑶　端数の処理

　株式会社が株式併合・分割あるいは無償割当を行うことにより，1株未満
の端数が生じる場合には，会社はその端数の合計数に相当する数の株式を競
売で売却し，売却代金を株主に分配する（234条・235条）。市場価格のある
株式については，裁判所の許可を得て，競売以外の方法による売却（234条2
項・同条3項・235条2項）や会社が買い取ることも認められる（234条4項・
同条5項・235条2項）。

⑷　単元株制度

　① **総説**　　　会社が定款により，一定数の株式を一単元とし，単元
株主には完全な権利を認めるが，単元に満たない数の株式しか有しない株主
（単元未満株主）に対しては，限定された権利のみを認める制度を単元株制度
という（188条以下）。単元未満株主は議決権がないため（189条1項），会社
は株主総会の招集通知を発しなくてもよく（298条2項括弧書き・299条1項），
費用を節約できる一方で，単元未満株主も会社から配当等の経済的利益を受
ける権利は有する。会社が投資単位を現在よりも大きくしたいが，株式併合
によって多数の株主の地位を奪うことに抵抗があるときなどは，単元株制度
の利用が有効である。単元株制度は，一般的に上場会社で採用されている。

　② **手続と権利の内容**　　　単元株制度を利用するには，定款で一単元
の株式の数を定めなくてはならないが（188条1項・190条・191条・195条），
一単元の株式数は1,000および発行済株式の総数の200分の1に当たる数を
超えてはならない（188条2項，会社則34条）。種類株式発行会社では，一単
元の株式数は一単元株式数は種類ごとに定める（188条3項）。

　単元未満株主には議決権がないため（189条1項・188条1項・308条1項但書），
株主提案権など，議決権を前提にした権利も有しない（303条）。それ以外の
権利は，原則としてすべて有するが，定款で排除することもできる（189条2
項）。たとえば，残余財産分配請求権（189条2項5号）や配当請求権（189条
2項6号）等の自益権は定款によっても排除できないが（189条2項各号），単

元未満株式を譲渡により取得した場合の株主名簿の名義書換請求権（133条）は，排除可能である（会社則35条1項4号）。さらに，株券発行会社は単元未満株式を発行しないことを定款で定めることができる（189条3項）。これにより，会社は単元未満株式が流通することを阻止できる。

しかし，このような定めの有無にかかわらず，単元未満株式は株主の権利が制限されていることから，その譲渡が困難なことが予想されるため，会社法は，単元未満株主はいつでも会社に対して，その保有する単元未満株式の買取りを請求することができるものとしている（192条）。上場株式のように株式の市場価格があるときは，それを基準に買取価格が決まるが（193条1項1号，会社則36条），そうでないときは，当事者間の協議により決める（193条1項2号）。協議が調わないときは，申立てにより，裁判所が買取価格を決定する（193条2項以下）。

会社が定款で定めれば，単元未満株主は会社に対して，会社が必要な自己株式を有している場合に限り，自己の保有株式と併せて単元未満株式にするために必要なだけの株式の売渡しを請求することができる（194条）。

◆コラム3-1——**失念株の法律問題**

　株式の譲受人が株主名簿の名義書換えを失念している間に，会社が剰余金の配当（453条）や株式分割（183条）を行った場合，譲受人は名義書換えをしないと会社に譲渡を対抗できないから，会社は名義株主である譲渡人に配当や分割株式を交付すればよい。しかし，譲渡当事者間では，譲渡の効力は発生し，譲受人が株主であるから，譲受人は譲渡人に不当利得として返還請求をすることができる（民703条・704条）。株式分割の場合，譲受人がすでに分割株式を売却していたら，売却金額を不当利得として返還しなければならない（最判平19・3・8民集61巻2号479頁［百選16］）。

　ところが，株主割当で募集株式の発行が行われた場合（202条），判例は名義株主である譲渡人に対して，割当てを受ける権利が与えられたのであり，「法律上の原因なくして」とはいえないとして，譲受人からの不当利得の返還請求を認めていない（最判昭35・9・15民集14巻11号2146頁［百選A5]）。

■ 第 4 章 ■

募集株式の発行

1 会社の資金調達手段

　株式会社において，実際に利用できる資金調達手段は多用であるが，この
うち，会社法が用意している金融商品は，大別すると，株式と社債であり，
会社法は株式と社債の発行手続について，規定を置いている。

　もちろん，株式会社の資金調達手段は，株式や社債の発行に限られず，外
部の金融機関から借入れをすることもできるし，取引先の企業に支払を猶予
してもらえば，他から資金を調達して支払をするのと同じ効果が得られるし，
内部資金として，それまでの企業活動で得た利益を留保しておき（任意積立
金），これを必要なときに事業活動のために使うこともできる。

2 募集株式の発行

⑴ 総　説

　会社法は，募集株式の発行の手続について，199条以下に定めているが，
募集株式の発行と自己株式の処分とが，いずれも株式の引受けを募集し，ま
た引き受けた者から金銭等の払込みを受けて，株式を交付するという点で実
質的に同一であることから，この規定は処分する自己株式を引き受ける者の
募集をしようとする場合についても適用される（199条1項）。

　会社法は，募集の定義を特に設けていないが，会社法第二編第二章第八節
の手続に従って株式を発行する場合であり，株式引受けの申込みの誘引を意

味する。

　募集には，①株主割当，②第三者割当，③公募の3つの方法がある。①はすべての株主にその持株割合に応じて，株式を割り当てる方法であり，②は特定の第三者（既存株主も含まれる）に対してこれを割り当てる方法であり，③は不特定の者に株式引受けの勧誘をしてこれを割り当てる場合をいう。わが国で一般に公募と呼ばれるものは，いったん証券会社が株式の総数を引き受けてから投資家に分売しており（205条），厳密には第三者割当の一種である。

　このような手続に基づいて株式を発行し，発行済株式総数を増加させる場合を通常の株式発行と呼び，これに対し，取得請求権付種類株式や取得条項付種類株式の対価としての株式発行，株式分割，株式無償割当に伴う株式発行，新株予約権の行使に伴う株式発行，あるいは吸収合併・吸収分割・株式交換に伴う株式発行などを特殊の新株発行と呼ぶ。

　第3章で説明した通り，株式とは株式会社の社員としての地位を割合的単位として表したものであるから，設立後に新たに株式を発行するということは，新たな社員の地位を創設することでもある。特に，新たな社員の地位を創設することとの関係では，第三者に対して株式を発行する場合に，既存株主と当該新株主との間での利害調整を必要とする。

　たとえば，第三者に対して発行される株式の価値が安価であると，既存株主が保有する株式の経済的価値が希釈化され，既存株主から新株主にいわば価値の移転が起こると考えられる。これに対して，会社法は第三者に対して公正な価格よりも著しく低い価額で株式を発行するには（有利発行），株主総会特別決議によって既存株主から同意を得ることで，利害調整を行っている（199条3項・309条2項5号）。

　また，第三者に対して株式を大量に発行すると，既存株主の持分比率が大幅に低下することから，支配にかかる利益の保護が問題となる。とりわけ，所有と経営が一致している非公開会社の場合，既存株主は持株比率の維持に強い利害関係を有することから，会社法は，公開会社を除き，その決定に株主総会の特別決議を要求する（199条1項・2項）。

　さらに，支配株主と経営陣が対立しているときに，経営陣が自らのポストを守るために友好的な第三者に大量の新株を発行し，支配株主の持株比率を

引き下げようとする場合，当該株式発行が著しく不公正な方法によるものであるとして，差止請求権による救済を認めている（210条２号）。

(2) 授権資本制度

　会社法は授権資本制度を採用し，定款に会社の発行する株式の総数を定め（発行可能株式総数。37条１項・２項），かつ設立時にその定款に定めた株式総数の最低４分の１を発行することを要する（37条３項）。非公開会社の場合は，この制限は排除される（37条３項但書）。

　設立後に株式を発行しようとする場合，定款に記載された株式総数に至るまで，法定の決定機関（株主総会あるいは取締役会）の決議により機動的に株式発行ができる。

　授権資本制度には，既存株主の持分比率低下の限界を画する機会があるが，全株式に譲渡制限がある場合，株主総会決議が法定され（199条２項・309条２項５号），持分比率の低下により生ずる問題はこの決定手続の中で解決する規制になっている。

3 発 行 手 続

(1) 募集事項の決定

　株式会社が募集株式の発行等を行う場合，まず募集株式について，募集事項として次の事項を定める（199条１項）。

- ① 募集株式の数（種類株式発行会社の場合，種類も定める）（１号）
- ② 募集株式の払込金額又はその算定方法（２号）
- ③ 現物出資に関する事項（３号）
- ④ 出資の履行に関する事項（４号）
- ⑤ 資本金及び資本準備金に関する事項（５号）

②の払込金額とは，募集株式１株と引換えに払い込む金銭，または給付す

る金銭以外の財産の額を意味する。公開会社では、その決定方法を定めることでもよい（201条2項）。これは、市場価格のある株式を発行する場合、効力発生にできる限り近い時点で払込金額を決定できるようにするためである。

③は、金銭以外の財産を出資の目的とする場合は、その旨ならびに対象となる財産の内容と価額を定める。

④は募集株式と引換えにする金銭の払込み、あるいは現物出資の給付の期日や期間を定めることである。

⑤は、募集株式を発行した場合、会社法の定める方法により、資本金および資本準備金を増加させる必要があるが（445条1〜3項）、これについてあらかじめ決定しておくことを求めるものである。ただし、自己株式の処分の場合には資本金が増加しない。

募集事項を決定する機関は、非公開会社の場合、株主総会の特別決議を要する（199条2項・309条2項5号）。前述したように、非公開会社においては、既存株主にとって、持分比率の維持が重要となるから、常に当該決議を要するものとされている。ただし、株主総会は募集株式数の上限と払込金額の下限を定めれば、その特別決議によって募集事項の決定を取締役（取締役会設置会社の場合は取締役会）に委ねることもできる（200条1項・309条2項5号）。

また、定款に規定を置けば、株主割当の場合、募集事項および株主割当に関する事項につき、取締役（取締役会設置会社の場合取締役会）の決定に委ねることができる（202条3項1号・2号）。それ以外の場合は、株主総会の特別決議による（202条3項4号・309条5号）。

公開会社の場合、株主割当以外の方法による有利発行の場合を除き、取締役会が決定機関となる（201条1項）。株主割当の場合は、原則として、取締役会となるが、指名委員会等設置会社の場合は取締役会決議に基づき、その決定を執行役に委任できる（416条4項）。

ただし、支配権の変動につながり得る大量の株式を発行する場合、これを取締役会の判断だけで行えるとなると、支配権の所在を経営者が決められるということにもなりかねない。会社法は募集株式の発行後に当該募集株式の引受人（特定引受人）が保有することになる株式数が総株主の議決権数の2分の1を超える場合、特則を設けている。まず、会社は払込期日または払込

期間の初日の２週間前までに特定引受人に関する事項について，株主に対して通知しなければならない（206条の２第１項）。この通知は公告に代えることもできる（206条の２第２項）。そして，当該特定引受人に対する株式割当について，株主総会普通決議による承認を払込期日の前日までに受けなければならない（206条の２条第４項本文）。ただし，当該会社の財産状況が著しく悪化している場合であって，当該会社の事業の継続のために緊急の必要がある場合，この決議は不要である（206条の２第４項但書）。

　株主総会特別決議によって募集事項の決定が行われる場合は，あらかじめ株主総会の招集通知が発送され（299条１項），そこにおいて募集事項の決定に関する記載があれば，株主はこれを知ることができる。そして，募集事項の内容に法令・定款違反があったり，著しい不公正であったりするときは，株主は募集株式の発行を差し止めることができる（210条）。

　これに対して，公開会社のように取締役会のみで決定が行われる場合，特に株主に決定のあったことを知らせる措置が必要となり，この場合，会社法は払込期日（または払込期間の初日）の２週間前までに株主に募集事項を通知しなければならないとする（201条３項）。ただし，この通知は公告をもって代えることができる（201条４項）。また，金融商品取引法上の開示が行われている会社であれば，会社法上の公示と同視できるので，これをもって足りるとされている（201条５項，会社則40条）。

　株主割当の場合，取締役や取締役会限りで決定が行われることもあるため，募集株式の引受けにかかる申込期日の２週間前までに募集事項，割当てを受ける募集株式の数，および当該申込期日について，株主に通知しなければならない（202条４項）。

(2)　申込み，割当ておよび引受け

　募集事項が決定されると，募集株式の引受けにかかる申込みと割当ての手続を経て，当該株式の引受人が決定される。株式会社は募集株式の発行にかかる募集事項の決定を行った場合，その引受けの申込みをしようとする者に対し，会社の商号や募集事項等，一定事項の通知を行う（203条１項）。ただし，

金融商品取引法2条10項の規定する目論見書が交付されている場合等については，すでに必要事項が周知されているものとして，この通知は不要である（203条4項）。

　当該通知を受けたことを前提として，募集株式の引受けの申込みをする者は，自らの氏名・名称および住所，そして引き受けようとする募集株式の数を記載した書面を会社に交付する（203条2項。会社の承諾を得て電磁的方法による場合につき，203条3項）。

　そして，株式会社は，以上の申込者の中から募集株式の割当てを受ける者，およびその数を定め（204条1項前段），払込期日（払込期間の初日）までに申込者に通知する（204条3項）。申込者が多数であれば，原則として，誰に割り当ててもよく，また，申込みをした数よりも少ない数の割当ても可能である（204条1項）。これを割当自由の原則という。ただし，著しく不公正な方法による発行となる場合は別である。

　割当ての決定は，取締役（取締役会設置会社の場合は取締役会）が行う（348条1項・362条2項1号）。非取締役会設置会社の場合は株主総会で決定も可能である（295条1項）。ただし，募集株式が譲渡制限株式である場合には，原則として，株主総会特別決議により，取締役会設置会社であれば取締役会決議により，割当事項の決定を行う（204条2項・309条2項5号。ただし，定款により特段の定めをおいた場合を除く）。これは割当事項の決定（誰に，どれだけ割り当てるか）が実質的に，譲渡制限株式の譲渡承認と類するものと考えられるからである。

　株主割当の場合，申込期日までに申込みがなされないと，株主は割当てを受ける権利を失う（204条4項）。

　会社法は株式会社が募集株式を発行するに当たって，これを引き受けようとする者との間で，その全部を引き受ける旨の契約を結ぶことを認める（総数引受契約）。この場合，募集株式の申込み，および割当てにかかる会社法203条，および204条の規定の適用はない（205条1項）。なお，募集株式が譲渡制限株式の場合，204条2項と同様，総数引受契約のときでも株主総会特別決議（取締役会設置会社の場合は取締役会決議）が必要とされる（205条2項）。当該契約により，株式の総数を引き受けた者は，当該引き受けた数について，

募集株式の引受人となる（206条2号）。

このような契約を結ぶ場合として，第三者割当の方法には募集株式を発行する場合が考えられる。また株式会社と証券会社との契約によって，証券会社が募集株式の唯一の引受人となり，証券会社と契約をした投資家がさらに株式を購入するという方法をとることができる（買取引受け）。

なお，上記に述べた申込み，割当ておよび総数引受契約にかかる意思表示については，民法の心裡留保および虚偽表示の規定は適用されない（211条1項，民93条1項但書・94条1項）。

割当てを受けると，募集株式の申込者は割り当てられた数について，募集株式の引受人となる（206条1号）。

(3)　出資の履行

募集株式の引受人は，払込期日または払込期間内に，会社の定めた銀行等の払込取扱場所において，払込金額の全額を払い込まなければならない（208条1項）。この払込みをなすべき債務は会社に対する債権と相殺することができない（208条3項）。また，出資の履行をすると募集株式の株主となる権利（権利株）を得ることになるが，この権利は譲渡しても，会社に対抗することができない（208条4項）。

もし，払込みがなされた外観はあるのに，実質的に株式に見合うだけの価値が会社に拠出されない場合（仮装払込み）に，法的効力がどうなるかが問題となる。払込みを仮装した募集株式の引受人に既存株主から価値の移転が生じ，既存株主の利益が害される。そこで会社法は，募集株式の発行等において，仮装払込みがなされたとき，当該払込みを仮装した募集株式の引受人，あるいはこれに関与した取締役等に直接責任を負わせることとし，会社に対して連帯して，仮装した払込金額等の全額を支払わなければならない（213条の2第1項1号・213条の3）。

仮装払込みと評価できる場合，それは実質的に払込みがないのと同様であるから，当該払込みは無効と考えられる（最判平3・2・28刑集45巻2号77頁［百選103]）。しかし，これにより募集株式の引受人が当然に失権すると考える

と（208条5項），同人や取締役等が責任を履行した場合，失権したはずの株式について権利行使が可能となる点につき（209条2項），整合的に説明することが難しい。この点は，仮装払込みは原則として無効だが，外形上払込みの事実があることに鑑みて，当然失権とはせず，発行された株式自体は有効であるが，募集株式の引受人，あるいはこれに関与した取締役の支払責任が履行されるまで株主権の行使ができないものと考えられている。

出資が現物出資の場合，募集株式の引受人は払込期日，または払込期間内に払込金額の全額に相当する現物出資財産を会社に対して給付する（208条2項）。払込債務と会社に対する債権の相殺の禁止，あるいは権利株の譲渡制限に関する制限は，前述した金銭出資の場合と同様である。

ただし，現物出資の場合，財産価額が過大に評価されると，金銭を出資した引受人との関係で不公平が生じ，会社の財産的基礎を危うくする可能性があるため，会社はその給付に先立ち，募集事項の決定後遅滞なく，現物出資財産の価額調査のために検査役の選任を裁判所に申し立てなければならない（207条1項）。選任された検査役は，必要な調査を行い，その結果を記載した書面を裁判所に提供して，報告を行う（207条4項）。以上の報告を受けた裁判所は，現物出資財産の価額が不当であると認めたときは，これを変更する決定を行う（207条7項。870条1項4号）。以上の変更にかかる決定があった場合，募集株式の引受人は決定の確定後1週間以内に限り，引受けの申込み，または総数引受契約にかかる意思表示を取り消すことができる（207条8項）。

現物出資財産の給付が仮装された場合は，金銭の払込みが仮装された場合と同様，その給付の仮装を行った募集株式の引受人，あるいは関与した取締役は連帯して給付する責任を負う（213条の2第1項2号・213条の3）。また，当該募集株式について，株主としての権利が認められないことも同様である（209条2項）。

現物出資財産の価値が，募集事項において定められた価額に著しく不足する場合，取締役その他の関係者に責任が発生する（212条1項2号・213条）。

募集株式の引受人は，払込期日に出資の履行をすると，当該期日に当該募集株式にかかる株主となる（209条1項1号）。また，払込期日が定められた

場合には，当該履行を行った日に株主となる（209条1項2号）。他方で，この出資を履行しない場合，引受人は株主となる権利を失い（208条5項），募集株式の発行自体は当該履行のあった株式についてのみ成立する（登記については，911条3項5号・9号も参照）。ただし，出資の履行が仮装された場合，仮装された募集株式について，出資の履行がなされるまで，募集株式の引受人による株主の権利の行使が認められない（209条2項）。当該株式を譲り受けた者は，仮装払込みについて善意無重過失の場合，権利行使が認められる（209条3項）。

　なお，株券発行会社が自己株式の処分を行った場合，処分の日以後遅滞なく当該自己株式を取得した者に対して，株券を発行しなければならない（129条1項）。

4　有利発行の問題

(1)　総　説

　株主割当以外の方法で募集株式を発行した場合，払込金額が株式を引き受ける者に特に有利な金額であれば，公開会社か非公開会社を問わず，株主総会の特別決議を経なければならない（199条2項・同条3項・201条3項・309条2項5号）。これを有利発行といい，株主総会において取締役は当該払込金額により募集を行うことを必要とする理由を説明しなければならない（199条3項）。

　株主割当の場合，株式の発行価額がいくらであろうと，発行後の株価変動の影響は各株主平等に帰属するので，経済的な不利益の問題は生じない。

　これに対して，株主割当以外の方法により有利発行が行われる場合，既存株主から新株主にいわば価値の移転が起こる。株主割当以外の方法でなされる有利発行に対して，株主総会特別決議を要求するのは，既存株主の株式価値が希釈化されて経済的な不利益を被るが，それが会社経営上，必要であることを理解してもらい，既存株主から同意を得て行うよう求める趣旨である。

一般的に，払込金額が「特に有利な金額」に該当するか否かは，公正な金額を基準として，著しく低い金額で発行されているか否かにより判断される。ここにいう公正な金額とは，通常は株式の時価を意味し，公開会社でも上場していない会社のように市場価格のない場合もあるため，市場価格の有無で判断方法が異なる。

　市場価格のない株式の場合，時価を算定するためには，株式の評価を行うが，この場合，どのような評価手法を用いるかは裁判例によって様々であり，客観的資料に基づく一応合理的な算定方法によって発行価額が決定されていたといえる場合には，特別の事情がない限り，その発行価額は有利発行とはならない（最判平27・2・19民集69巻1号51頁［百選23］）。

　これに対して，市場価格のある株式であれば，公正な金額とは募集株式の効力発生日に最も近接した日の当該株式の市場価格を指すことになる。しかし，市場価格のある株式の場合，募集株式の発行を行うと，市場における需要と供給のバランスが崩れて，価格が多少下がる可能性がある。

　実務において，時価を基準として払込金額を定める場合でも，数％のディスカウントをする。日本証券業協会の自主ルールでは，発行決議前日の市場価格に0.9を乗じた額以上の額であることを要求している。

　この点，判例は公正な払込金額の算定基準として，払込金額決定前の株価，株価の騰落習性，売買出来高の実績，会社の資産状態，収益状態，配当状況，発行済株式数，新たに発行される株式数，株式市況の動向，予測される当該新株の消化可能性等の諸事情を総合して決定することを認めている。そして，既存株主の利益と会社の有利な資金調達という利益の調和を求めている（最判昭50・4・8民集29巻4号350頁）。

　このように公正な払込価格の判断に際し，市場価格を基準にするとしても，企業買収による株式の買占めが行われ，一時的に株価が高騰している場合がある。このときも，判例の考え方によれば，高騰した市場価格であっても，買収による企業価値の増大を反映している限り，当該価格が公正な金額を表すものと考えられる。しかし，その買占めが株式を高値で買い取らせることを目的とする等，異常な投機によって市場価格が企業価値から乖離していると考えられることもある。この場合は，その高騰した価格を払込金額の算定

基準から排除することを認めてよいと一般的に考えられている。このような見解として，日本証券業協会の自主ルールは，理由を開示した上で，最長6か月まで遡った当該株式の平均価格に0.9を乗じた額以上を払込金額にすることを認めている。

5 募集株式発行の瑕疵を争う手続

(1) 総 説

　募集株式の発行等の手続または内容に何らかの瑕疵があった場合，会社法はこれを争う方法として，株式の効力が生じる前は募集株式発行差止請求権がある（210条）。また，募集株式の発行に瑕疵があるにもかかわらず，差し止められることなく，効力を生じた場合，経済的不利益を受ける者には，その救済手段として，関与者の民事責任（212条1項1号・同2号・213条1項・213条の2第1項・213条の3第1項）を追及する方法がある。さらに，瑕疵ある募集株式の発行それ自体の効力を争う方法として，新株発行無効の訴え（828条1項2号）と新株発行不存在確認の訴え（829条1号・2号）がある。

(2) 募集株式発行差止請求権——事前の救済手段

　この権利を行使するためには，募集株式の発行が法令・定款に違反すること，または著しく不公正な発行によるものであることを要する（828条1項1号・2号）。その上で，当該株式発行により，株主が不利益を受けるおそれがあることが必要である（828条本文）。

　また，差止めの対象となるのは，原則として，募集株式の発行であるが，株式分割等，特殊の新株発行の場合も，株主の利益保護の観点から必要な場合には，類推適用できると一般的に考えられている。

　なお，募集株式の発行手続において，その決定から効力発生までの期間が短いことから（最短で2週間），この訴訟において判決が確定する前に，会社

が募集株式の発行を行うと請求が却下されることから，実務では，この請求権を本案とする募集株式発行の差止仮処分の申立てを合わせて行う（民保23条2項）。

① **法令・定款違反** 募集株式の発行が法令違反に当たる場合として，募集事項の決定，募集株式の申込みと割当て，出資の履行に手続違反がある場合が考えられる。典型的な例として，法定機関による発行決議を経ていない場合（有利発行に当たるにもかかわらず株主総会の特別決議を経ていないことや公開会社で取締役会の決議を経ていない等）が挙げられる。

次に，募集株式の発行が定款に違反する場合としては，たとえば定款に定められた株式の割当てを受ける権利を無視する，あるいは定款に定めのない種類の株式を発行する場合等が挙げられる。

② **著しく不公正な方法** これは，不当な目的を達成する手段として募集株式の発行が行われる場合であり，不当な目的とは，経営陣と株主，あるいは多数派株主と少数株主との間に支配権争いが起きているときに，この支配権の帰趨に影響を与える目的で，特定の株主の持株比率を下げる趣旨で株式の発行を行う場合が典型例である。

不公正発行に当たるか否かの判断基準は，募集株式の発行の主たる目的が何かという点に着目する考え方である。発行目的が複数ある場合，たとえば事業戦略上の資金調達のため，あるいは多数派株主の持株比率を下げるため等，いずれが優先するかを検討する。具体的には，事業戦略の合理性や株式発行に基づく資金調達の合理性の有無を判断する（主要目的ルール。東京高決平16・8・4金判1201号4頁［百選98］）。

ただし，敵対的企業買収が始まると，買収者次第では，これに対抗することが株主の共通の利益を守ることにつながる場合もある。このような状況で募集株式を発行することは，直接，支配権の帰趨に影響を及ぼすものであるため，従来の主要目的ルールでは適切な解決を図れないことがある。そのため，下級審裁判例は，支配権の帰趨に影響を与える募集株式発行を原則として著しく不公正なものとしつつも，対抗策の必要性や相当性が肯定できる場合には，特段の事情があるものとして，不公正な場合に当たらないとして，差止請求を認めないという方向性が示されている（東京高決平17・3・23判時

1899号56頁［百選99］，最決平19・8・7民集61巻5号2215頁［百選100]）。

③　株主が不利益を受けるおそれ　　募集株式の発行が行われると，既存株主は次のような不利益を受ける可能性がある。たとえば，有利発行の場合，株式価値の希釈化により保有する株式の経済的価値が減少するし，不公正発行の場合，議決権の希釈化により，支配利益が損なわれることがある。

(3)　民事責任の追及——事後の救済手段①

①　不公正な払込金額で株式を引き受けた者等の責任

(ア)　**通謀引受人の差額支払責任**（212条1項1号）　　取締役（指名委員会等設置会社の場合は取締役または執行役）と通じて，著しく不公正な払込金額で募集株式を引き受けた者は，公正な金額との差額を会社に支払わなければならない（212条1項1号）。「著しく不公正な払込金額」とは，実質的には「特に有利な金額」（199条3項）と同義であり，株主総会の特別決議を経なかった場合，あるいは当該決議において，不実な理由説明がなされた場合に，「著しく不公正」であると評価されることになる。

　また，この責任は募集株式の引受人と取締役等の通謀が要件となっているから，一種の不法行為責任と理解されているが，実質的には株主の追出資義務の一面を有する。

(イ)　**現物出資財産価額不足額填補責任**（212条1項2号）　　募集株式の引受人が給付した現物出資財産の価額が，募集事項として定められた価額（199条1項3号）に著しく不足する場合，現物出資者は当該不足額を会社に対して支払う義務を負う（212条1項2号）。この責任の性質は法定責任であり，無過失責任である。しかし，現物出資者が当該不足額につき善意無重過失である場合，責任が重すぎることもあり，募集株式の引受けにかかる意思表示を取り消すことができる（212条2項）。

　(ア)(イ)の責任は，会社による損害回復を期待できない場合があるため，株主代表訴訟により追及することができる（847条1項）。

②　取締役等の現物出資にかかる財産価額填補責任　　給付した現物出資財産の価額が募集事項として定められた価額（199条1項3号）に著しく不

足する場合，これに関与した取締役（指名委員会等設置会社の場合は執行役）等も当該不足額について会社に対して支払う責任を負う（213条1項2号，会社則45条）。この責任を負う取締役等とは，(i)募集株式の引受人の募集に関する職務を行った取締役等（213条1項1号，会社則44条），(ii)現物出資財産の価額決定について株主総会決議があった場合における議案提案取締役等（213条1項2号，会社則45条），ならびに(iii)当該価額決定について取締役会決議があった場合における議案提案取締役等（213条1項3号，会社則46条）である。

　この責任の性質は，既存株主の利益を保護する観点から法の認めた法定責任である。しかし，当該現物出資について検査役の調査を経ている場合，または当該取締役等が職務を行うについて注意を怠らなかった場合には，支払義務を負わない（213条2項）。

　③　出資の履行を仮装した者等の責任　　　募集株式の払込金額の払込みを仮装した募集株式の引受人は，当該仮装した払込金額の全額について，会社に対する支払義務を負う（213条の2第1項1号）。現物出資財産の給付を仮装した場合も，当該現物出資財産の給付義務を負う（213条の2第1項2号）。ただし，会社がその給付に代えて当該財産の価額に相当する金銭の支払請求を行った場合は，当該金銭の支払義務を負う（213条の2第1項括弧書き）。この責任は無過失責任である。

　出資の履行の仮装に関与した取締役等(指名委員会等設置会社の場合は執行役)も同様の支払責任を負う（213条の3第1項，会社則46条の2）。ただし，取締役は，自ら出資の履行を仮装した者でない限り，職務を行うについて注意を怠らなかったことを証明した場合，この責任を免れる（213条の3第1項但書）。

　以上の募集株式の引受人ないし取締役等の責任は，株主代表訴訟の対象となる（847条1項）。

(4)　新株発行無効の訴え——事後の救済手段②

　瑕疵ある募集株式の発行により，持株比率を大幅に低下させられた株主は，民事責任を追及することでは十分な救済を受けることができないため，その効力を争う手段が必要である。

しかし，いったん有効に発行された株式を前提に，会社の利害関係者間に法律関係が構築された後に，その効力を否定すると法的安定性を害する可能性が高い。そこで，会社法は一般原則に従うのではなく，事後的に募集株式の発行を争う場合について，新株発行無効の訴えを用意している（828条1項2号・3号）。

①　**無効事由**　　　会社法は無効事由が何かについて規定していないが，一定の法律関係が形成されているため，できる限り無効となる場合を制限することが望ましく，一般的に，重大な法令・定款違反の場合に限って無効事由になると解されている。たとえば，定款の授権資本を超過する株式発行，定款に定めのない種類の株式の発行等である。

解釈上問題となるのは，公開会社において取締役会決議を経ずに代表取締役が募集株式の発行を行った，あるいは有利発行に当たるにもかかわらず株主総会の特別決議を経ずに行われた場合（法定の発行決議機関の決議（内部的意思決定）を欠く場合）に株式が無効になるかどうかであるが，判例はいずれも無効事由にはならないとする（取締役会決議を欠く場合につき，最判昭36・3・31民集15巻3号645頁。株主総会特別決議を欠く有利発行の場合につき，最判昭46・7・16判時641号97頁［百選24］）。なぜならば，新株発行は業務執行に準じる行為であり，代表権ある者が行う以上，内部的意思決定を欠いても有効であると解することで取引安全を考慮しているようである。もっとも，代表取締役の名義を冒用した平取締役によりなされた場合には，無効事由になると認めた裁判例もある（東京高判昭47・4・18高民25巻2号182頁）。

また，著しく不公正な方法による募集株式発行についても，判例によれば，募集事項の公告・通知（201条3項・4項）がなされ，差止請求（を本案とする仮処分の申立て）がなされれば，その請求は認められるが，株式の効力が発生した後は，公告・通知がなされ，差止めの機会が保障されている限り，たとえば官報公告のような，実際上，株主が知り得ないような方法で公示がなされている場合でも，これを無効事由とはしない（最判平6・7・14判時1512号178頁［百選102］）。

仮に，差止請求が認められ，募集株式の発行等の差止仮処分命令に違反して，新株発行がなされた場合は，無効事由ありとする（最判平5・12・16民集

47 巻 10 号 5423 頁〔百選 101〕)。

　また，差止事由があったのに，募集事項の公示がなされなかった場合は，差止請求の機会が株主に与えられなかったことになるので，当該公告・通知の欠缺以外に差止事由がないため，たとえ差止請求がなされても差止めは認容されなかったと認められる場合でない限り，判例は無効事由に当たると解する（最判平 9・1・28 民集 51 巻 1 号 71 頁〔百選 27〕）。

　株主割当における募集事項の通知と効力の発生との間隔が短く，差止請求の機会がなかったことも無効事由になるとした裁判例もある（大阪高判平 28・7・15 判タ 1431 号 132 頁）。

　支配株主の異動を伴う募集株式の割当ての通知・公告を欠く場合（206 条の 2 第 1 項・2 項）も同様に考えられる。あるいは，その通知・公告は行われたが，株主総会の決議を要する場合に当該決議を行わなかったことも無効事由になると解すべきである[1]。なぜならば，当該募集株式の発行は，実質的に「会社の基礎的変更」に当たり，かつ，発行された株式は支配株主の下に止まっている可能性が高いだろうから，取引の安全を考慮する必要性も乏しいと考えられるからである。

　しかし，会社法においては，公開会社と非公開会社が区別され，募集株式の発行には株主総会の特別決議を要求し，また，新株発行無効の訴えの提訴期間は 1 年とされていることからは，既存株主の持株比率の保護を重視していることが伺え，かつ非公開会社の場合は，取引安全を重視すべき必要性は低いことから，株主総会の特別決議を欠く株式発行を有効とする（最判平 24・4・24 民集 66 巻 6 号 2908 頁〔百選 29〕）。

　解釈上，最も問題となるのは，仮装払込みが無効事由になるか否かであり，株式引受人や取締役等に対する責任追及により解決できるから，無効事由に当たらないとも考えられるが，引受人らが支払義務を履行する前は株式は未成立とする見解もある[2]。議論は流動的であり，引受人らが支払義務を履行するまでは権利を行使できないとする 209 条 2 項の文言からすれば，株式は

1　江頭憲治郎『株式会社法〔第 7 版〕』779 頁（有斐閣，2017 年）。

2　江頭憲治郎『株式会社法〔第 7 版〕』112 頁注（2）（有斐閣，2017 年）。

有効と考えるのが素直な解釈である。しかし，他方で，引受人・取締役が支払義務を履行する見込みのないまま，株式が譲渡される可能性がある場合に，これを防ぎたいと考える会社・株主が取り得る手段との関係で検討を要し無効と解する立場もある[3]。

②　**訴訟要件と判決の効力**　　新株発行無効の訴えの原告適格は当該訴えに強い利害を有する者に限られ，原則として，株主，取締役，または清算人に認められる。これに加えて，監査役設置会社の場合は，監査役を，指名委員会等設置会社においては執行役も原告となり得る（828条2項2号・3号）。

これに対して，被告となるのは会社である（834条2号・3号）。

提訴期間は，公開会社においては，新株の効力が生じた日から6か月以内，非公開会社においては，1年以内である（828条1項2号・3号）。これは，当該株式の発行の効力を早期確定して，法的安定性を確保するためである。新株発行の無効は訴えをもってのみ主張でき，当該請求が認容され，判決が確定して初めて，新株発行は無効となる（形成判決）。それまでは，当該株式は一応有効である（828条1項本文）。

新株発行の無効判決が確定すると，訴訟当事者のみならず，第三者との関係でも無効となる（838条）。これを対世効という。民事訴訟において，判決の効力は訴訟当事者にのみ及ぶのが原則であるが（民訴115条1項），会社法はその範囲を拡張し，法律関係の画一的確定を図っている。これは，株式発行の効力について，様々な利害関係者の間で異なる結果とならないよう防止し，登記の嘱託によりその抹消を可能とするためである（937条1項1号ロ）。

とりわけ，新株発行の無効判決の場合は無効の場合に限ってのみ，効力が拡張されることから，片面的対世効ともいう。

また，新株発行の無効判決については，遡及効が制限されるから，すでに形成された法律関係を覆さないし，その限りにおいて，法的安定性を確保することができる（839条）。

その他にも，新株発行の無効判決が確定した場合，会社は払込みを受けた金銭等について，判決確定時の当該株式にかかる株主に金銭等を返還しなけ

---

[3]　久保田安彦「株式・新株予約権の仮装払込みをめぐる法律関係」阪大法学65巻1号115頁。

ればならず，また，株券発行会社の場合，会社の側から当該株主に対して，株券の返還を請求することができる（840条1項・841条1項）。なお，当該金銭の金額が判決確定時の会社財産の状況に照らして，著しく不相当となった場合，裁判所は株式会社または株主の申立てにより，これを増減させることができる（840条2項・841条2項）。

(5)　新株発行不存在確認の訴え——事後の救済手段③

たとえば，株式発行にかかる手続も払込金額の払込みも全くないまま，募集株式の発行の変更登記のみが行われているような場合は，株式の発行が実体として存在しないものとして，当該発行の効力がないことを誰から誰に対しても，いついかなる方法でも主張できるのが原則である。しかし，変更登記がなされている等，何からの外観があると，対世効ある判決をもって当該株式発行が不存在であることを確認する必要があるため，株式会社を被告とする新株発行不存在確認の訴えを提起することができる（829条1項2号・834条13号・14号）。

この場合，原告適格や出訴期間について会社法上の制約はなく，確認訴訟一般の原則に従う（出訴期間につき，最判平15・3・27民集57巻3号312頁）。ただし，不存在を確認する判決の効力が第三者に及ぶ点で（838条），通常の確認の訴えとは異なる。

また，何が不存在事由に当たるかにつき，株主総会決議不存在確認の訴えにおける議論と同様に，手続的瑕疵が著しく法的に株式発行が存在したと評価できない場合，たとえば，支配権争いのある非公開会社で株式発行が行われたが，差止請求や新株発行無効の訴えを行えないよう，公示やその他の手続が適法に行われていないような場合は，これも不存在事由に当たると考えるべきであるとの有力説がある[4]。

4　松井秀征「新株発行不存在確認の訴えについて（2・完）」立教法学71号39頁（2006年）以下。

◆コラム 4-1──デット・エクイティ・スワップ

　デット・エクイティ・スワップ（debt equity swap）とは，債務の株式化のことであり，デット（＝債務）とエクイティ（＝株式）をスワップ（＝交換）することをいう。企業再生を行うための一つの手段であると考えられており，債権者が保有する弁済可能性の低下した当該株式会社に対する債権を放棄してもらう代わりに，当該会社の株式に切り替えるものである。これを行うためには，会社法上は，債務者たる株式会社が募集株式の発行を行い，債権者は債権を現物出資して株式の割当てを受けることになる（207条9項5号）。これは金銭の払込みを前提として債権との相殺を行うものではなく，208条3項の相殺禁止には抵触しないと考えられている。

　デット・エクイティ・スワップについては，単なる債務削減の技術として捉えるのではなく，企業のバランスシートを真に継続可能な状態に作り直し，経営革新を行うための一つのステップとして捉える視点が重要である。

■ 第 5 章 ■
新株予約権

1 前 説

(1) 意 義

　新株予約権とは，新株予約権者が株式会社に対して行使すると，当該会社の株式の交付を受けることができる権利をいう（2条21号）。新株予約権者が株式を購入できる権利であり，いわゆるコール・オプションの一種であるが，この権利を権利行使期間内に行使してもしなくてもよい。

　これを会社からみると，この権利を行使する者に対して，株式を交付する義務を負う。会社が株式による資金調達をしたいのであれば，募集株式の発行をする方が直接的であり，確実である。したがって，会社が新株予約権を発行するときは，資金調達以外の目的，あるいはこれに付随する目的があり，これを実現するために有用と考えられる場合である。

(2) 利 用 形 態

　新株予約権は，権利行使の際に払い込むべき金額（権利行使価額）よりも市場の株価が高ければ，権利者にとって利益が生じる。つまり，新株予約権を取得する者にとっては，将来的に株価が権利行使価額を上回る可能性がある限り，当該権利を保有する利点がある。そして，新株予約権が将来的に利益を獲得できる可能性のある金融商品であるということは，それ自体が一定の経済的価値を有することを意味する。

　たとえば，社債にこれを付せば，新株予約権の経済的価値の分だけ，社債

の利息を低く抑えることができる。そして，会社法は，新株予約権と社債とが結合した金融商品である新株予約権付社債（2条22号）に関する規定を設けている。

　また，取締役等に対するインセンティブ報酬として利用されることも多い（ストック・オプション等）。新株予約権を取締役等の経営者に付与すれば，当該会社の株価を上昇させることに強い動機を有することから，より株価を上昇させるべく効率的な経営を行うことが期待でき，これは株主の利益にもなると考えられる。

　こうした方法以外にも，新株予約権は資金提供者に将来の状況の変化に応じて，段階的な資金調達や支配権取得を可能とすることや，また，敵対的企業買収の防衛策として利用されることもある。

2　募集新株予約権の発行手続

　株式会社が新株予約権を発行する方法としては，募集の方法による場合とそれ以外の方法による場合がある。まず，募集による新株予約権発行の場合（募集新株予約権），その発行手続は，基本的に，募集株式の発行手続に類似する。したがって，ここでは募集新株予約権特有の手続を中心に説明する。

(1)　募集事項の決定

　募集新株予約権とは，当該募集に応じて新株予約権の引受けの申込みをした者に割り当てられる新株予約権を指し，株式会社が募集新株予約権の発行を行うには，募集株式の発行の場合と同様，募集新株予約権の募集事項を定めなければならない（238条1項）。これは，募集ごとに均等に定めなければならない（238条5項）。

　募集事項とは，次のものを指す。

① 　募集新株予約権の内容と数（238条1項1号。内容につき，236条）
② 　募集新株予約権と引換えに金銭の払込みを要しないものとする場合にお

いて，その旨（238条1項2号）

③　募集新株予約権の払込金額又はその算定方法（238条1項3号）

④　割当日（238条1項4号）

⑤　募集新株予約権と引換えに払い込まれる金銭の払込期日（238条1項5号）

⑥　募集新株予約権が新株予約権付社債に付されたものである場合の募集社債に関する事項の決定（238条1項6号）

⑦　募集新株予約権が新株予約権付社債に付されたものである場合において，当該新株予約権の買取請求の方法につき別段の定めをするときはその定め（238条1項7号）

①の募集新株予約権の内容に関しては，別に定めがあり（236条），㋐新株予約権の目的である株式の数（種類株式の場合は種類および種類ごとの数），またはその数の算定方法（236条1号），㋑新株予約権の行使に際して出資される財産の価額（権利行使価額）またはその算定方法（2号），㋒金銭以外の財産を新株予約権の行使に際してする出資の目的とするときは，その旨ならびに財産の内容及び価額（3号），㋓新株予約権を行使することができる期間（権利行使期間。4号），㋔新株予約権の行使により株式を発行する場合における増加する資本金および資本準備金に関する事項（5号），㋕譲渡による新株予約権の取得について発行会社の承認を要することとするときは，その旨（6号），㋖新株予約権について，発行会社が一定の事由が生じたことを条件としてこれを取得することができることとするときは，法の定める一定の事項（7号），㋗発行会社が消滅する合併・吸収分割・新設分割・株式交換・株式移転をする場合において，新株予約権の新株予約権者に存続会社・新設会社等の新株予約権を交付することとするときは，その旨およびその条件（8号），㋘新株予約権を行使した新株予約権者に交付する株式の数に1株に満たない端数がある場合において，これを切り捨てるものとするときは，その旨（9号），㋙新株予約権（新株予約権付社債に付されたものを除く）について新株予約権証券を発行することとなるときは，その旨（10号），㋚新株予約権証券を発行する場合で，新株予約権者が記名式証券・無記名式証券間の転換請求の全部または一部をすることができないこととするときはその旨（11号）である。解釈上問題となるのは，新株予約権者のうち，特定の者の権利行使を

認めない差別的権利行使条件が募集新株予約権の内容に含まれるかであるが，判例はこれを肯定するようである（最決平19・8・7民集61巻5号2215頁［百選100]）。

②の募集新株予約権と引換えに金銭の払込みを要しないものとする場合とは，典型例は取締役や従業員に対し，ストック・オプションとして発行される場合である。これは法形式上，一切の金銭の払込みをせずに発行されることが多いが，労務提供の対価として，現金の代わりに新株予約権が付与されているので，経済的に無償で発行されるという意味ではない。

③の募集新株予約権の払込金額に関しては，募集株式の発行の場合と同様，有利発行の問題が生じる（後述(3)を参照）。

④の割当日とは，当該発行について金銭の払込みを要するか否か，あるいは払込みを要するとした場合に，これが実際に行われたか否かにかかわらず，募集新株予約権の申込者が新株予約権者となるべき日としての意味を有する（245条1項1号）。

⑤は，募集新株予約権の払込期日であり，新株予約権者は当該期日までに払込金額の全額を払い込まなければならない（246条1項）。払込みがなされなければ，新株予約権者は当該権利を行使することができない（246条3項）。

⑥⑦は，募集新株予約権付社債の場合の規定であり（238条1項6号・7号），詳細は**第12章**を参照されたい。

令和元年改正により，上場会社が取締役・執行役にインセンティブ報酬として新株予約権を交付する場合には，行使価額をゼロ円とすることが認められることになった（改正後236条3項・4項）。この場合，行使価額をゼロ円にすることを定めたときは，その定め，および有償で新株予約権を発行する場合における募集新株予約権の払込金額（募集新株予約権の払込金額の算定方法を定めた場合において，登記の申請時までに募集新株予約権の払込金額が確定していないときは，その算定方法）が登記事項として新たに定められた（改正後911条3項12号ハ・ヘ）。

(2)　決 定 機 関

　募集新株予約権の発行は，原則として，株主総会の特別決議を要するが（238条2項），募集事項の決定の委任（239条），公開会社における特則（240 ～ 244条）および株主に新株予約権の割当てを受ける権利を付与する場合における決定機関も募集株式の発行の場合と同様である。また，公示・開示に関しても，同様である（240条2 ～ 4項）。

(3)　有利発行の問題

　募集新株予約権の発行が有利発行に当たるか否かは，発行時点における新株予約権の公正な金額，つまり，合理的な評価方法に基づく金銭的評価額を著しく下回るような条件，もしくは金額の場合がこれに該当すると考えられている[1]。

　合理的な評価方法とは，発行会社の経営状況や発行される新株予約権の特徴によって適切な評価方法は異なり，裁判例によると，三項ツリーモデルや二項格子モデル等，オプション理論で一定の評価を得ているものであれば，その合理性を認めている（東京地決平 17・3・11 判タ 1173 号 143 頁，東京地決平 18・6・30 金判 1247 号 6 頁［百選 28］等）。

(4)　申込みと割当て

　募集株式の発行の場合と同様に，募集事項が決定されると，募集新株予約権の引受けにかかる申込み（242条），および割当て（243条）の手続をとることになる（ただし，新株予約権付社債の引受けの申込みについては 242 条 6 項を参照）。また，総数引受契約が締結された場合は，申込みと割当てに関する規定は適用されない（244 条 1 項）。

---

[1]　藤田友敬「オプションの発行と会社法（上）——新株予約権制度の創設とその問題点」商事法務 1622 号 22 頁（2002 年）。

　募集新株予約権の発行手続において，割当てまでの手続が完了すると，申込者および総数引受契約を締結した者は，割当日に新株予約権者となる（245条1項。なお，新株予約権付社債は245条2項）。すなわち，払込みの有無とかかわりなく，権利者が確定することになり，これは募集株式の発行手続とは大きく異なるところである。

(5)　募集新株予約権にかかる払込み

　株式会社が金銭の払込みを要するものとして，募集新株予約権を発行する場合，新株予約権者は払込期日までに募集新株予約権の払込金額全額を払い込まなければならない（246条1項）。ここにいう払込期日とは，当該権利の行使期間の初日の前日（236条1項4号），もしくは募集新株予約権と引換えに金銭を払い込むべき期日が定められた場合には，その期日を指す（238条1項5号）。もし，払込期日までに払込みがなされない場合，新株予約権者は当該募集新株予約権を行使できず（246条3項），当該権利は法律上消滅する（287条）。

　また，募集新株予約権にかかる払込等が仮装された場合については，募集株式にかかる払込みが仮装された場合とほぼ同様の規律となっている（新株予約権行使後の株主の権利につき，282条2項・3項，払込等を仮装した者等の責任について286条の2第1項・286条の3第1項。**第4章3**(3)参照）。

3　募集の方法によらない新株予約権の発行

　会社法において，募集の方法によらない株式の発行があるように（特殊の株式発行），新株予約権の発行についても募集の手続によらない方法がある。このような例として，取得請求権付種類株式や取得条項付種類株式の対価としての新株予約権の発行（107条2項2号ハ・同3号ホ・108条2項5号イ・同6号イ），新株予約権無償割当に伴う発行（277〜279条），あるいは吸収合併・吸収分割・株式交換に際しての対価としての新株予約権発行が挙げられる（吸

収合併の場合につき，749条1項2号ハ）。

このうち，新株予約権無償割当は株主に対して，新たに払込みをさせずに，当該株式会社の新株予約権を割り当てるものである（277条）。この制度の趣旨は，募集株式発行に際して，払込金額を株式の時価よりも安く定める場合において，当該募集株式発行の割当てを受ける権利を売却・換価できるようにする点にある[2]。会社がこれを行う場合，株主に割り当てる新株予約権の内容および数等，ならびにその効力発生日等を株主総会普通決議（取締役会設置会社の場合は取締役会）で決定する（278条1項3号）。そして，株主に対しては，その割当てを受けた新株予約権の内容および数について，その効力発生日後遅滞なく通知を行う（279条2項）。当該新株予約権の行使期間の末日が，この通知の日から2週間を経過した日よりも早く到来するときは，行使期間が通知の日から2週間を経過した日まで延長されたものとみなし（279条3項），株主に新株予約権の行使に際し準備の時間を確保している。

4 新株予約権の譲渡等

会社法は株式について，その管理や譲渡および質入れ等に関する規定を設けているが，新株予約権についても同様である。

(1) 新株予約権の管理

株式会社は，新株予約権を発行した場合，遅滞なく，新株予約権原簿を作成しなければならない（249条本文前段）。新株予約権には，次の3つの区分がある。

① 無記名式新株予約権証券が発行されている新株予約権（249条1号）

② 無記名式新株予約付社債券が発行されている新株予約権（249条2号）

③ ①②以外の新株予約権（249条3号）

---

2 江頭憲治郎『株式会社法〔第7版〕』747頁（有斐閣，2017年）。

　新株予約権原簿には，この区分に応じて，新株予約権の内容，数，証券が発行されている場合はその番号を記載，または記録する必要がある（249条本文後段）。

　その他にも，新株予約権原簿記載事項を記載した書面の交付（250条），新株予約権原簿管理人(251条)，新株予約権原簿の備置きおよび閲覧等の請求(252条）に加えて，新株予約権者に対する通知等（253条）については，株主名簿の場合と同様である（122条・123条・125条・126条。詳細は**第３章 8**を参照）。

(2)　新株予約権の譲渡

　新株予約権者はその保有する新株予約権を譲渡することができる（254条1項）。新株予約権の譲渡は，原則として，当事者の意思表示のみをもって行うことができる。ただし，新株予約権証券を発行する旨の定めのある新株予約権（証券発行新株予約権）の場合（249条3号ニ），新株予約権証券の交付を行わなければ，譲渡の効力を生じない（255条1項。証券発行新株予約権付社債の場合について，255条2項）。

　なお，新株予約権付社債に付された新株予約権は，その社債が消滅しない限り，新株予約権のみを譲渡することはできないし，新株予約権が消滅しない限り，社債のみを譲渡することもできない（255条2項・3項）。

　新株予約権の譲渡について，株式会社その他の第三者に対する対抗要件を具備するには，新株予約権の取得者の氏名・名称・および住所を新株予約権原簿に記載し，または記録する必要がある（257条1項）。記名式の新株予約権証券が発行されている場合，新株予約権原簿への記載・記録は，株式会社に対する対抗要件となる（257条2項）。第三者に対しては証券の占有が対抗要件となる。無記名新株予約権の場合，新株予約権証券が発行されていることが前提となるが，新株予約権原簿に関する記載・記録が対抗要件となる旨の規定は適用されず（257条3項），証券の占有が株式会社その他の第三者に対する対抗要件となる。

　また，自己新株予約権の処分時における証券の交付（256条），証券占有者の権利推定（258条），ならびに新株予約原簿記載事項の記載・記録（259～

261条）については，株式の譲渡の場合と同様である（129条・131条・132～134条。**第3章** 7 (2)参照）。なお，新株予約権も振替制度の利用対象となるが(振替2条1項13号・163条以下)，振替新株予約権の譲渡については，振替法に基づく規律を受けることになる。これは，新株予約権付社債に利用されることが想定される。

前述したように，新株予約権は，原則として，譲渡可能であるが，ストック・オプションや敵対的買収に対する対抗策として用いられる場合は，譲渡されると，その発行目的を達成できなくなることが多いと考えられる。そこで，実務においては，一般的に，新株予約権に譲渡制限を付すことが行われている。

新株予約権の譲渡制限は，株式の場合と異なり，特に定款の定めを要せず，新株予約権の内容として，譲渡による取得に当該株式会社の承認を要する旨の定めを置くことで足りる（236条1項6号）。これは，新株予約権においては，投下資本の回収という要請が前面に出ないことによるものである。

譲渡制限新株予約権の譲渡人あるいは当該新株予約権の譲受人は，株式会社に対して譲渡承認請求を行う（262条・263条1項）。新株予約権の譲受人が譲渡承認請求する場合は，新株予約権原簿に記載・記録された者と共同で行う（263条2項）。株式会社は，譲渡承認請求を受けた場合，新株予約権の内容として，別段の定めを置いた場合を除き，株主総会（取締役会設置会社の場合は取締役会）の決議で承認の可否について決定し，その内容を請求者に通知する（265条）。

譲渡制限新株予約権の場合，株式会社は，その譲渡承認請求が行われても承認しないこともできる。最初から，新株予約権の内容として，「会社は，譲渡承認請求があった場合,承認しない。」と定めることもできる。その場合,譲渡制限株式の譲渡承認請求の場合と異なり，指定買取人や株式会社による買取り等に関する制度は設けられていない（140条以下）。すなわち，譲渡制限新株予約権の場合，事実上，譲渡禁止にすることもできる。

(3)　新株予約権の質入れ

新株予約権には，質権を設定することができ（267条1項），その対抗要件（268条），新株予約権原簿への記載（269条），当該記載事項を記載した書面の交付（270条），登録質権者に対する通知等（271条），質入れの効果（272条）については，株式に対する質権の設定と概ね同様である（147～151条。**第3章9(1)を参照**）。

(4)　自己新株予約権の取得

株式会社は，一定の事由が生じたことを条件として，会社がこれを取得する旨の新株予約権（236条1項7号）を発行した場合，これを取得することができる。自己新株予約権の取得は，自己株式とは異なり，会社資産の払戻しという性格が相対的に弱いことから，そのための財源規制は存在しない（もっぱら，役員の善管注意義務の問題となる）。これを処分する場合でも，特に募集新株予約権の発行手続による必要はなく，その意味で募集株式の発行の場合とは異なる。

あらかじめ定めた一定の事由が発生した場合，会社は，その事由が生じた日に取得条項付新株予約権を取得する（275条1項）。なお，一定の事由が発生した場合に新株予約権の一部のみを取得するとしていた場合（236条1項7号ハ），別段の定めがない限り，どの新株予約権を取得するかを株主総会普通決議（取締役会設置会社の場合は取締役会）により定めることになる（274条1項）。

また，株式会社は取得した自己新株予約権を消却できる（276条1項）。

5　新株予約権の行使

新株予約権者が新株予約権を行使した場合，その行使した日に株式を取得する（282条1項）。なお，新株予約権の払込等，あるいは権利行使に際し，

払込等が仮装された場合，株主としての権利は行使できない（282条2項）。この権利行使は，会社に対して，当該行使にかかる新株予約権の内容および数，ならびに権利行使の日を明らかにして行使しなければならない（280条1項）。

　仮に，新株予約権が行使条件に違反して行使された場合，当該権利行使に基づいて発行された株式は無効となる（最判平24・4・24民集66巻6号2908頁［百選29］）。また，新株予約権証券が発行されている場合，権利行使に際し，当該証券を株式会社に提出しなければならない（280条2項）。

　新株予約権を行使するに当たり，金銭を出資の目的とするときは，新株予約権者は権利行使日に会社が定めた銀行等の払込取扱場所において，出資すべき価額全額を払い込むことによって行われる（281条1項）。金銭以外の財産が出資の目的となる場合，原則として，検査役の調査を要するが，一定の場合は不要となる（284条）。

　その他に，払込みないし現物出資に関しては，募集株式発行の場合における規制とほぼ同様である（第4章3(3)を参照）。

6　募集新株予約権発行の瑕疵を争う手続

(1)　募集新株予約権発行差止請求権——事前の救済手段

　募集新株予約権の手続または内容に何らかの瑕疵があった場合，これを争う方法としては，募集株式の発行の場合と同様に，その効力が発生する前後で法的救済手段がそれぞれ設けられている。

　まず，効力発生前の手段として，株主には募集新株予約権発行差止請求権があり，次の要件を満たすと，権利を行使できる（247条）。①新株予約権の発行が法令・定款に違反すること（247条1号），もしくは著しく不公正な方法によるものであること（247条2号），その上で②当該新株予約権の発行により，株主が不利益を受けるおそれがあること（247条本文）である。

　この差止請求権は，募集新株予約権発行の場合を対象とする規定であるが，判例・通説は募集の手続によらない新株予約権無償割当のような場合でも，

株主利益の保護の観点から，必要な場合には類推適用を認めている（最決平19・8・7民集61巻5号2215頁［百選100]）。

　当該要件の詳細については，募集株式発行差止請求権（210条）の場合とほぼ同様であり，当該箇所の説明（**第4章5(2)**）を参照されたい。

　募集新株予約権の有利発行については，すでに述べたところであるが，著しく不公正な方法による発行か否かについては，原則として，募集株式の発行の場合と同様に，その発行の主たる目的が何か，その正当性・不当性によって判断される。しかし，募集株式の発行の場合は，資金調達の目的の有無が発行目的の正当性の判断において，その基準とされていたのに対し，募集新株予約権の場合は，必ずしも資金調達が主たる目的とは限らないので（インセンティブ報酬や企業提携の目的等），募集株式の発行においてとられている判断枠組みでは不十分である[3]。

　したがって，募集新株予約権の著しく不公正な方法による発行の判断においては，一般的には，当該募集新株予約権を発行することが，発行目的を実現するために，会社の事業遂行上の必要性を有し，および発行目的を実現するために相当な方法であることをもって，目的の正当性・不当性を判断すべきであると考えられている[4]。

(2)　募集新株予約権発行無効の訴え・募集新株予約権発行不存在の訴え——事後的手段

　新株予約権の効力が発生した後は，募集株式の発行と同様に，会社法上，経済的な不利益を受けた者がこれを回復する方法と瑕疵ある募集新株予約権の発行それ自体の効力を争う方法がある。

　経済的な不利益を受けた者の救済手段としては，①取締役と通じて著しく不公正な払込金額で新株予約権の引受けがなされた場合等において，その新株予約権を行使した新株予約権者の民事責任を追及する方法（285条），②価

3　藤田友敬「ニッポン放送新株予約権発行差止事件の検討(上)」商事法務1745号10頁(2005年)。
4　伊藤靖史・大杉謙一・田中亘・松井秀征『会社法〔第4版〕』88頁（有斐閣，2018年）。

額が新株予約権発行時の定めに著しく不足する現物出資財産の給付により新株予約権が行使された場合において，その職務に関与した取締役等に不足額を会社に補填する責任を追及する方法（286条），③新株予約権にかかる払込み等，あるいは権利行使に際しての払込み等を仮装した者等の責任を追及する方法（286条の2・286条の3）がある。

また，瑕疵ある募集新株予約権の発行それ自体の効力を争うには，募集新株予約権発行無効の訴え（828条1項4号），および募集新株予約権発行不存在の訴え（829条3号）をそれぞれ提起することができる。これらの詳細については，募集株式の発行と同様であるので，**第4章**4⑷⑸の説明を参照されたい。

◆コラム5-1──**募集新株予約権の効力発生**

会社法は，募集新株予約権の発行において，募集株式の場合と異なり，払込期日ではなく，割当日をもってその効力を発生するとしている（245条1項）。その理由は，もし，払込みにより新株予約権者となる制度であるとすると，たとえば取締役等にストック・オプションとして付与する場合，当該取締役等が払込みに相当する役務の提供（職務執行）を終了するまで，同人は新株予約権者ではないので，事業報告への記載（開示）も登記もなされないことになる。そこで，会社法は，割当日に効力を発生させ，新株予約権者とすることで，開示の対象となり（ただし，事業年度の末日に公開会社である株式会社に限る。会社則119条4号・123条），払込みは権利行使のための条件（246条3項）という取扱いをしている。

また，ストック・オプション会計において（ストック・オプション等に関する会計基準4～6参照），これを用いた取引が費用として会計処理される場合にも，権利が成立していることを前提に計上が可能となる。

1 権 限

(1) 機関としての株主総会

　株主総会は株主により構成される会議体であり，株式会社の最高機関である（295条3項参照）。機関とは自然人の器官に相当する。自然人にあっては，意思決定を頭脳，視覚を眼，嗅覚を鼻，聴覚を耳等の各器官が担う。しかしながら政策的に法律上の人格が認められる法人にすぎない株式会社では，そのような器官はそもそもあり得ない。そこで法人においては，自然人の器官に相当するものとして機関が想定される。機関として一定の地位にあるものの行為を，直接に当該法人のそれとする捉え方である。

　たとえばモノやカネを取引する場合，両当事者による意思表示の合致が不可欠であり，当該意思表示を適切になすべく，自然人では頭脳や視覚，聴覚等を働かせる。後日の紛争に備え，相手方へ出向いて契約書も取り交わす。これに対し株式会社では，頭脳や視覚，聴覚等は，それらを担う機関の働きとなる。典型的には，頭脳は株主総会や取締役会の働きであり，視覚や聴覚は代表取締役の働きである。株式会社の手や足の役割も代表取締役が担う。

　頭脳の働きは株主総会と取締役会が担うが，両者は担う頭脳の部位が異なる。例を挙げるなら延髄である。脳の一部たる延髄は自然人の生死を司る。自然人の生死に相当する株式会社の存否・消長を左右する機関が株主総会である。株式会社における解散事由の一つとして，株主総会の決議が定められているからである（471条3号）。この点に着目すれば，思考を司る大脳のみならず，自然人の生死を司る延髄の役割も株主総会は担っていると解されよ

う。

　なお株主総会に類するものとして種類株主総会がある。複数の構成員で形成される会議体であり，種類株主総会の招集や議事等については株主総会のそれを定めた規定が準用される（325条）。その意味で株主総会に類似するが，株主総会が会社の機関としての意義を有するのに対し，種類株主総会の意義は種類株主間の権利調整や利害調整である。それゆえ株主総会とは全く別の制度である。

◆コラム6-1──有 機 体 説═══════════════════════

　機関に関する本文の記述は，自然人の器官になぞらえたものである。法人をできるだけ自然人になぞらえて捉えようとする考え方を有機体説という。株主総会を自然人になぞらえ，大脳および延髄に準じて捉えるなら，計算書類作成（435条参照）の前提となるべき四則計算を行う取締役会（362条2項1号参照）は，頭頂葉の役割も担っていると考えられる。

　こうした有機体説的理解に立つ場合，株主の一人ひとりは，大脳や延髄を構成する脳細胞の一つひとつに相当する。しかしながら株主総会は会議体である。多数決により決議されるものの，反対票の存在は当然に想定される。有機体説的に捉える場合，反対票は脳細胞自体の自己主張であり，一つひとつの脳細胞がバラバラに活動する状況である。およそ自然人では想定し得ない状況だが，商法学者の田中耕太郎（1890-1974）は何とか説明しようと試みた。その成果が社員権否認論である。曰く，社員権なるものは存在せず，株主の権利と認識されているものは，実は権限であると。

　株主権の権利性を否定する点で田中の理解は少数説に止まる。しかしながら本文のような記述の他に，たとえば会社の設立について多数説的理解は，成立後の会社の前身たる胎児として設立中の会社を観念し，発起人を設立中の会社における機関と捉える。こうした捉え方は有機体説を基礎としたものであろう。有機体説で適切に説明されるわけではないが，有機体説なくして適切に説明されるわけでもないのが解釈論の状況である。

(2)　決 議 事 項

　株主総会は株式会社の最高機関であるが，万能機関とは限らない。所有と

経営の分離を反映して，取締役会の有無により株主総会の権限が異なるから
である。取締役会を置かない会社において株主総会は，会社法に規定する事
項および株式会社の組織，運営，管理その他株式会社に関する一切の事項に
ついて決議をすることができる（295条1項）。株主総会の万能機関性である。
もっとも株主総会に加え少なくとも1人の取締役を置かなければならず（326
条1項），当該取締役が株式会社の業務を執行する（348条1項）ので，所有
と経営が分離していないわけではない。

　これに対し取締役会設置会社において株主総会は，会社法の規定する事項
および定款で定めた事項に限り，決議をすることができる（295条2項）。経
営に関する意思決定の迅速性に鑑み，業務執行の決定は取締役会の決議事項
（362条2項1号）とされるので，株主総会は経営に関する事項を決議しない
のが基本となり，株主総会の決議事項はおよそ以下の4つとなる。

　①　**会社の基礎的変更に関する事項**　　出資者たる株主の出資目的に影
響を及ぼすような事項である。典型的には定款変更（466条），事業譲渡（467
条1項），解散（471条3号）および合併（783条1項・795条1項）等が挙げら
れる。

　②　**機関の選任・解任に関する事項**　　取締役，会計参与，監査役およ
び会計監査人の選任（329条1項）および解任（339条1項）である。機関が分
化した株式会社における株主総会の最高機関性の現れとも捉えられる。

　③　**株主の重要な利益に関する事項**　　剰余金の配当（454条1項）が典
型である。他に計算書類の承認（438条2項），株式の併合（180条2項）等も
このカテゴリーに入る。

　④　**他の機関に決定させるのが不適切な事項**　　典型は取締役が会社か
ら受ける報酬である（361条1項）。報酬額の決定は業務執行の一つと捉えら
れそうだが，お手盛りおよびそれによる株主と取締役間の利害対立の懸念を
伴うからである。

　以上の他に，定款で定めた事項が株主総会の決議事項である。取締役会の
決議事項も定款で定めれば株主総会で決議し得る。経営の効率性や迅速性が
損なわれても株主総会の決議事項を拡大したいと株主自身が考えるのであれ
ば，強行法的に禁止する必要まではないとの考えに基づいている。定款規定

次第では，取締役会を置いていない株式会社の株主総会と同様に，株主総会を万能機関とすることも可能である。

◆コラム6-2──並立機関説と派生機関説

取締役会設置会社において，定款規定により株主総会が万能機関になり得るとすれば，経営に関する権限は，デフォルトルールでは取締役会に帰属するものの，原理的には別の捉え方も可能である。すなわち，株主総会に一切の権限が帰属し，そのうち業務執行の決定（362条2項1号）に関する権限が株主総会から取締役会へ代理権として授権されたとの捉え方である。そして代表取締役の代表権（349条1項本文）行使が同時に業務執行の実行行為だとすれば，株主総会から取締役会へ代理権として授権された経営に関する権限のうち，さらに取締役会から代表取締役へ復代理として実行権限が授権されたとの考えもあり得る。このような考えを派生機関説という。すべての権限は原理的には株主総会に帰属し，機関の分化に伴って株主総会から権限が授権され，授権を受けた機関がさらに権限を授権するべく，別の機関が派生するとの理解である。派生機関説によれば，代表取締役は取締役会から派生した機関と捉えられる。

これに対し，会社代表と業務執行は観点の相違にすぎず，代表取締役は代表権と業務執行の実行権限を有するので，経営に関する権限は，意思決定の取締役会と実行行為の代表取締役という2つに帰属するとの理解も唱えられている。並立機関説の理解である。この説では取締役会は意思決定機関にすぎず，それゆえ実行権限は取締役会からの授権ではなく本来的に代表取締役に帰属するとの理解となる。

両説の直接的な相違は，代表取締役の位置づけである。しかしながら他にも相違がある。派生機関説では機関の権限がすべて株主総会を淵源とするのに対し，並立機関説ではそのように解さない。監査役設置会社である取締役会設置会社にて，監査役が置かれているのに取締役会に監督権限（362条2項2号）を担わせるべき理由について，派生機関説が復代理から説明するのに対し，並立機関説ではそのような説明ができない。両説のこうした相違点は，株主総会の万能機関性に関する理解の相違に起因すると考えられる。

なお復代理に関して，平成29年改正前民法105条1項は，復代理人の選任および監督について，代理人の本人に対する責任を規定していたが，改正により同条項は削除された。しかしながら復代理人の監督に関する代理人の責任が否定されたわけではなく，むしろ逆である。改正前は代理人の責任が復代理人の選任・

1

権
限

監督に制限されると解する余地があり，責任制限の根拠が不明とされていた。そこで選任・監督以外にも代理人が本人に対して債務不履行責任を負うものとして扱うべく，改正前民法 105 条 1 項が削除された。こうした改正の経緯に照らせば，同条項が削除されても，代理人による復代理人への監督は当然に肯定されよう。

2 招 集

　一般に会議体で何らかの事項を決定しようとすれば，一定の日時に一定の場所に構成員が集まって多数決で決定することになる。ただし株主総会の決議は，会社の最高機関における会社意思の決定である。多数で広範囲に分散する株主による会社意思の形成を適切に行うべく，招集手続の多くが厳格に法定されている。株主総会出席の機会，判断に必要な情報および検討に必要な時間を株主に提供するためである。こうした株主の保護を目的とする手続に違反すると決議の効力に影響が及ぶこともある。

(1) 株主総会の種類

　株主総会は招集の時期により定時株主総会と臨時株主総会に分けられる。前者は毎事業年度の終了後一定の時期に開催されるものであり（296 条 1 項），計算書類の報告・承認が行われる（438 条・439 条）。取締役の選任をはじめとするその他の事項を定時株主総会で決議することも構わない。わが国では株式会社の多くが 3 月末を事業年度の終了日とし，基準日を事業年度の終了日と一致させる実務がとられていることから，基準日から 3 か月以内（124 条 2 項括弧書き）である 6 月下旬に定時株主総会を開催するケースが多い。

　後者の臨時株主総会は，必要に応じていつでも招集できる（296 条 2 項）。定時株主総会で決議すべきと法定されている事項を除き，決議可能である。次の定時株主総会開催まで待てず，開催に必要なコストを費やしてでも株主総会決議を成立させたい場合に開催される。M＆Aの申し入れに応ずるか否かを判断するために開催するのが，臨時株主総会の典型である。

招集の時期ではなく招集手続の要否の観点から眺めると，通常の株主総会とは異なる種類として全員出席総会がある。株主全員の同意がある場合に，招集の手続を経ることなく開催することができる株主総会である（300条）。株主全員の同意が必要なので，実際に全員出席総会が可能となるのは株主数の少ない株式会社に限られる。反対に株主が1人のみの一人会社では，当該株主次第でいつでもどこでも株主総会を開催できる。

(2)　招集権者と招集事項

取締役会を置かない株式会社では，取締役が株主総会を招集する（296条3項）。取締役にこのように帰属する招集権限は，招集事項（298条1項各号）の決定も含む。取締役が2人以上の場合，招集事項は取締役の過半数で決定され（348条2項），招集事項の決定を各取締役へ委任することができない（348条3項3号）。

招集事項は以下の通りである。

① **株主総会の日時および場所**　　開催場所は本店所在地でなくても構わない。開催場所の変更も可能であるが，過去に開催した株主総会のいずれの場所とも著しく離れた場所であるときは，当該場所を決定した理由を招集通知に記載しなければならない（299条4項・298条1項5号，会社則63条2号柱書き）。もとより出席の見込まれる株主を収容可能で，不便でない場所でなければならない。著しく不便な場所で開催すると，招集手続の著しい不公正を理由に決議が取り消されるおそれを孕む（831条1項1号）。

② **株主総会の目的事項があれば当該事項**　　議題である。議題に関する具体的な提案内容たる議案とは，区別を要する。議題は株主総会の決議事項たることが前提のはずである。しかしながら近時は，たとえば上場会社が買収防衛策を導入するような場合に，株主の意思を確認するべく，株主総会の権限外である事項を株主総会で「決議」することがある。勧告的決議と呼ばれる。

③ **株主総会に出席しない株主が書面によって議決権を行使できることとするときはその旨**　　書面投票制度である。招集通知とともに会社から

117

送られてくる議決権行使書面（301条1項）に，賛否を記して会社へ提出する方法がとられる（311条1項）。株主による議決権行使の容易化が制度の目的であり，株主数が1,000人以上の会社では，書面投票制度の導入が義務化されている（298条2項）。

④　**株主総会に出席しない株主が電磁的方法によって議決権を行使できることとするときはその旨**　　電子投票制度である。書面投票制度と同様に，株主による議決権行使の容易化が制度目的である。電子投票制度の採用は株主総会ごとに決められるので，厳格な定足数要件が加わる事項を決議するべく，流会を防ぎたい場合にのみ電子投票制度を採用することも可能である。

⑤　**法務省令（会社則63条）で定める事項**　　①に記した株主総会の開催日が，前事業年度における応当日と著しく離れた日である場合や，公開会社において他の公開会社の株主総会開催集中日を開催日とした場合には，その理由が招集事項とされる。他に代理人による議決権代理行使の場合における代理権の証明方法（310条1項）や，取締役会設置会社において議決権を不統一行使する場合の通知方法（313条2項）等も招集事項となる。

　以上の招集事項を，取締役会設置会社においては取締役会の決議で決定する（298条4項）。取締役会設置会社の株主総会は株主総会の目的事項以外を決議できない（309条5項）ため，取締役会が何を議題とするかは株主にとって少なからぬ意味をもつ。株主にとって関心や利害のある事項が株主総会に付議されるか否かが，取締役会で左右されるからである。

　株主が自ら総会に議題を付議する方法は大別して2つある。一つは後述の提案権行使であり，もう一つは株主総会招集請求権（297条）の行使である。総株主の議決権の100分の3以上の議決権を6か月前から引き続き有する株主に認められる少数株主権であり，株主総会の目的である事項および招集の理由を示して，株主総会の招集を取締役に対し請求することができる。公開会社でない株式会社では100分の3の持株要件のみとなり，6か月前からの継続保有要件は排除される。いずれの要件も定款で緩和できる。請求にもかかわらず遅滞なく招集手続が行われない場合や，請求があった日から8週間以内の日を開催日とする招集通知が発せられない場合には，請求した株主自らが，裁判所の許可を得て株主総会を招集できる。

⑶ 招 集 手 続

① 招集通知・株主総会参考書類・議決権行使書面　　招集手続の基本
となるのは招集通知の発送である。株主総会への出席機会を株主に確保する
べく，取締役は株主総会の日の2週間前までに株主に対して招集通知を発し
なければならない（299条1項）。2週間の期間は株主相互間の緊密性次第で
短縮される。公開会社でなければ1週間となる。さらに公開会社でなく，か
つ取締役会設置会社でない会社では，定款で1週間を下回る期間を定めるこ
ともできる。

　通知の方法は架電や口頭も想定し得るが，書面投票制度または電子投票制
度を採用する場合および取締役会設置会社である場合には，書面で通知しな
ければならない（299条2項）。ただし株主の承諾があれば，書面でなく電磁
的方法に代えることができる（299条3項）。これらの書面および電磁的方法
による通知には，招集事項を記載・記録しなければならない（299条4項）。

　招集事項の記載された通知により，株主は株主総会の日時，場所および議
題を知ることになる。ただし議案や提案理由は招集通知から知り得ない。株
主間の緊密性が高ければそれでも問題なかろう。けれども緊密性が低い場合，
通知受領後・株主総会前に議題の賛否を検討しておこうと試みても，議案も
提案理由も不明なままでは検討がかなわない。また緊密性の低い状況では，
個々の株主にとって株主総会への出席意欲がそれほど高くない。議決権行使
も低調となりかねない。こうした不都合の改善を図るのが株主総会参考書類
および議決権行使書面の制度である。

　この制度は書面投票制度を採用した会社に適用される。招集の通知に際し
て取締役は，株主に対し，議決権の行使について参考となるべき事項を記載
した書面である株主総会参考書類，および株主が議決権を行使するための書
面である議決権行使書面を交付しなければならない（301条1項）。株主総会
資料として2つの書類が招集通知とともに株主へ送られてくることとなる。
ただし招集通知の発送を電磁的方法によることを承諾した株主に対しては，
2つの書類に記載すべき事項を取締役は電磁的方法で提供することができる
（301条2項）。もっとも株主からの請求があれば，2つの書類を交付しなけれ

ばならない。

　他に電子投票制度を採用する会社でも，類似の扱いが定められている。株主総会参考書類の交付が義務化され（302条1項），また招集通知の電磁的方法による発送を承諾した株主に対しては，株主総会参考書類に記載すべき事項を電磁的方法で提供することが認められている（302条2項）。株主からの請求があれば書類を交付しなければならない点も同様である。

　②　電子提供措置　　　　株主総会資料の電磁的提供は，令和元年会社法改正でさらに手厚くなった。電子提供措置制度の新設である。この制度は，株主総会資料をウェブサイトに掲載し，株主に対してそのアドレス等を書面で通知する方法により，株主総会資料を株主に提供できるものである。株主の個別の承諾を不要とする点で，それを必要としていた従前の電磁的方法による提供よりも，会社にとって好都合となる。株主総会資料の印刷や郵送に要する時間や費用等が削減されるからである。のみならず従前と比べてより早期に株主に対し株主総会資料が提供されるので，株主による議案等の検討期間が従前よりも長く確保され，内容の充実した株主総会資料の提供も期待される。

　電子提供措置の対象となる株主総会資料は，株主総会参考書類，議決権行使書面，計算書類および事業報告ならびに連結計算書類である。電子提供措置を利用するには，これらの資料の内容である情報について，電子提供措置をとる旨を定款で定めることから始まる（325条の2）。電子提供措置とは，電磁的方法により株主が情報の提供を受けることができる状態に置く措置であり法務省令で定めるものと定義される。定款には，電子提供措置をとる旨を定めれば足りる。

　上場会社にあっては，こうした定款の定めが義務化されている（振替159条の2第1項）。電子提供措置の実質的強制であり，新規上場に際しては電子提供措置をとる旨の定款変更が必要となる。これに対し既存の上場会社については，改正法の施行日に電子提供措置をとる旨の定款の変更の決議をしたものとみなされる（会社法の一部を改正する法律の施行に伴う関係法律の整備等に関する法律10条2項）。

　定款に電子提供措置をとる旨の定めがある会社の取締役は，招集事項とし

て書面投票もしくは電子投票によることができる旨を定めた場合または当該会社が取締役会設置会社である場合には，電子提供措置をとる義務を負う。電子提供措置の期間は株主総会の3週間前の日または招集通知発送日のいずれか早い日から，株主総会の日後3か月を経過するまでである。電子提供措置をとるべき情報は，電子提供措置の対象として先に記した資料の情報の他に，招集事項に係る情報も含まれる（325条の3第1項）。

電子提供措置の開始日から株主総会まで，少なくとも3週間が確保される。この間に株主は，ウェブサイトにアクセスして内容を閲覧する。株主総会資料の内容はこうして提供されるが，招集通知の発送は別に必要である。招集通知は株主総会の日の2週間前までに発送が必要であり，電子提供措置をとらない会社では1週間前または定款で定めた期間の前まで短縮可能だったが，電子提供措置をとる会社では短縮が認められない（325条の4第1項）。

ただし上場会社を含め，電子提供措置をとる会社にあっては，株主からの書面交付請求があれば，取締役は書類を交付しなければならない（325条の5第1項）。電子提供措置をとらずに書面投票制度や電子投票制度を採用する会社において，招集通知の電磁的発送を承諾した株主から請求があれば，株主総会参考書類や議決権行使書面を交付しなければならないのと同様の対処である。

3 議　事

⑴　株主提案権

株主総会に付される議題および議案は，取締役または取締役会が決定・提案するのが通常である。株主は提案を検討し賛否の投票をするのみとなり，会社の意思決定にそれほど主導的な位置を占めない状況となる。株主提案権の制度は，こうした状況の改善を図るべく，会社側の招集する株主総会に株主から議題および議案を提出する機会を与えるものである。これにより株主は，株主総会における意思決定の主導権を自らがとる機会を確保し得る。ま

121

た提案権行使により，株主の意見や希望が経営者や他の株主に開示されるので，株主と経営者間および株主相互間の意思疎通にも寄与し得る。株主提案権と総称される議題提案権，議案提案権および議案通知請求権の３つは，いずれもこのような意義を有する。

　もっとも株主総会に限らず広く会議体一般に，質疑応答を重ねる中で出席者からの提案がなされる。そうだとすると会社法が定めるルールとは別に，不文ではあるものの広く会議体一般に妥当するルールの存在が認められよう。こうしたルールは会議体の一般原則と呼ばれる。株主総会には会社法のルールと会議体の一般原則の両方が適用される。２つのルールが併存する点に留意されたい。

　① **議題提案権**　　　株主が取締役に対し，一定の事項を株主総会の議題とするように請求できる権利である。機関設計（詳しくは**第７章**で改めて解説する）に応じて，権利行使の要件は３つの場合に分類される。

　①　取締役会設置会社でない会社では，提案事項が，当該株主が議決権を行使できる事項であれば足りる（303条１項）。権利行使の時期に制約はない。事前の請求のみならず，総会の議事において行使してもよい。また取締役会設置会社でない株式会社の株主総会は万能機関なので（295条１項），提案権行使は株主総会決議事項に関する制約も受けない。

　②　公開会社でない取締役会設置会社では，①の他に，総株主の議決権の100分の１以上の議決権または300個以上の議決権の保有が要件に加わる。さらに株主総会の８週間前が提案権行使の期限となる（303条２項・３項）。取締役会設置会社では会議の目的たる事項以外の事項を決議できない（309条５項本文）のが原則なので，提案権の行使は８週間前までの事前行使に限られる。また株主総会の決議事項に制約を伴う（295条２項）ので，提案できるのは会社法または定款で株主総会の決議事項とされるものに限られる。なお，100分の１，300個および８週間の要件は，定款の定めにより緩和することができる。

　③　公開会社では，②の他に，６か月前からの継続保有が要件に加わる。６か月前の要件も定款により緩和可能である。

　② **議案提案権**　　　株主が株主総会において，株主総会の目的である

事項につき議案を提出することのできる権利である（304条）。単独株主権である。会議体一般における動議に他ならず，議案提案権自体は会議体の一般原則でも同様と考えられるため，わざわざ条文で定める必要は乏しい。その意味で304条については，議案を提出できる事項が当該株主が議決権を行使できるものに限られる点，および同条但書で消極要件を定める点に同条の意義が存する。

　消極要件とは，議案が法令または定款に違反すること，または泡沫提案の採決から3年を経過していないことのいずれにも該当しないことである。泡沫提案とは，実質的に同一の議案につき株主総会において総株主の10分の1以上の賛成を得られなかった提案である。10分の1の要件は定款の定めにより緩和することができる。

　③　議案通知請求権　　株主が取締役に対し，議題について当該株主が提出しようとする議案の要領を株主に通知することを請求する権利である（305条）。議案提案権自体は株主総会の議事において行使されるが，通知請求権は株主総会の日の8週間前までに行使されなければならない。また取締役会設置会社では，議題提案権と同様に，総株主の議決権の100分の1以上の議決権，300個以上の議決権および6か月以上の継続保有も要件となる。さらに議案提案権と同様の消極要件も加わる。

　令和元年改正により，議案数制限が設けられた（305条4項）。1人の株主が著しく多数の議案を提案し，株主提案権が濫用的に行使される事例が近時発生したことへの対応として，株主が提案できる議案を10までとする制限である。正確にいえば，取締役会設置会社において，株主が議案通知請求権を行使して同一の株主総会に提案することができる議案の数を10とする制限である。したがって議題提案権には制限は及ばない。また議場における議案提案権を行使して提案できる議案の数についても制限されない。

　議案数10の上限を超えた場合，10を超えた数の議案については議案通知請求権が否定される。具体的には，10を超える部分の議案について，議案通知請求権の名宛人たる取締役は，当該請求権の行使を拒絶できることになる。端的にいえば，株主による議案通知請求権行使の会社による拒絶である。議案数制限の効果はこのように理解されるので，拒絶するか否かは会社の判

断に委ねられる。会社が拒絶しないことも構わない。拒絶しなくても株主総会決議は違法とならない。

議案数の数え方については，2つのルールが定められている。

①　役員等の選任に関する議案，役員等の解任に関する議案および会計監査人を再任しないことに関する議案は，当該議案に関する役員等の数にかかわらず，いずれもそれぞれが1つの議案とみなされる。役員等とは取締役，会計参与，監査役または会計監査人を指す。役員等の選解任議案については，たとえば「Aを取締役に選任する件」や「Bを監査役に選任する件」について，それぞれが議題の具体的な内容なので1候補1議案とされるが，議案数制限の局面では1つの議案とみなされる。

②　定款変更に関する2以上の議案については，当該2以上の議案について可決・否決の異なる議決がされたならば当該議決の内容が相互に矛盾する可能性がある場合には，これらは1つの議案とみなされる。具体例としては「監査等委員会の設置」と「監査役および監査役会の廃止」に関する定款変更議案が想定される。これら2つの議案は，いずれも可決されるか，またはいずれも否決される必要がある（327条4項参照）。一体性の強い複数の議案なので，まとめて1つの議案として数えられる。

このように数えられる議案の数が10を超える場合，10を超える数に相当する議案は取締役が定める（305条5項）。ただし議案通知請求をした株主が，議案通知請求と合わせて当該株主が提出しようとする2以上の議案の全部または一部について，議案相互間の優先順位を定めているならば，取締役は当該優先順位に従わなければならない。株主の定めた優先順位に従うならば，10を超える数に相当するか否かは会社で決定できるとの理解である。

◆コラム6-3──株主提案権の濫用━━━━━━━━━━━━━━━━━━━━━━

　株主提案権により株主が提案できる議題および議場にて提案できる議案の数には制限がない。令和元年改正により新設された議案数制限は，議案通知請求権を行使して同一の株主総会に提案できる議案数の制限である。新設の背景には株主提案権を濫用的に行使して多数の議案を提案する事例が見受けられた。その一例として東京高判平27・5・19金判1473号26頁がある。被告会社の株主であった原告が，会社および同社の取締役・執行役らを被告として損害賠償を請求したこ

の事件では，原告による提案の全体が権利の濫用に当たると判断された。

　原告が提案権行使に関する損害賠償の請求理由としたのは，3期に及ぶ定時株主総会である。①最初の株主総会では，当該総会で退任する取締役に関する解任を議題提案した。②次の株主総会では114個の議案を提案した。③最後の株主総会でも68個の議案を提案した。これらのうち①について，判決では，会社の新規事業開発について原告の行った調査結果を不採用とする結論に関与した取締役の解任を求める議題提案について，退任取締役の再任議案を会社は提出しないので招集通知に記載しなかったのは正当と判断した。

　議題提案に至るこうした背景を認定した上で，裁判所は，原告の提案権行使には家庭内の問題における不満や疑念の矛先を，提案権行使という形を利用し会社を通じて追及する意図が含まれていたと判示する。その上で②の議案提案については，提案件数の数を競うような提案であり，会社を困惑させる目的があったと判断する。また会社との協議で114個の提案は最終的に20個まで削減されたが，20個の中になお家庭内の問題に起因する提案が含まれる点を指摘し，②の議案提案は個人的な目的のため，あるいは会社を困惑させる目的のためと判示する。114個という非現実的な数の提案を会社との協議を経て20個にまで減らした経過についても，株主の提案が正当な権利行使ではない旨を述べる。会社側の対応についても，株主総会の運営として対応可能な程度に提案数の絞り込みを求めることには合理性があると判示した。

　②における原告の提案権行使を権利の濫用と判断するまでに，裁判所はこうした詳細な説示を踏まえた。③の提案については，②のそれについて説示した議案提案の経緯や目的に加え，68個という現実的でない数の提案や，提案内容には②で泡沫提案となったものが再提案されている点も指摘して，同じく権利の濫用と判断した。114や68という非現実的な数が注目されそうだが，数だけで権利の濫用となるわけではない。通説的理解によれば，株主権の行使を権利濫用と主張するには，株主であることと関係のない利益のために権利が行使され，それにより会社の利益が侵害されることが要件とされる。こうした理解に立つと，提案数の多さは，株主であることと関係のない利益のためである旨を主張・立証するための例証の一つである。

⑵　議　長

　一般に会議体では，議事を主宰・進行させるべく議長を設ける。株主総会

も同様であり，株主総会の議長は，当該株主総会の秩序を維持し，議事を整理する。議長の命令に従わない者や株主総会の秩序を乱す者を退場させることもできる（315条）。こうした議長の権限は会議体の一般原則に他ならない。その意味で同条項は注意的規定であるが，条文で規定されると，議長権限の不行使や不適切行使は法令違反となり得る。後述する株主総会決議取消しの訴えにおいて，決議方法の法令違反という取消事由に該当する（831条1項1号）ので，条文で規定されていない場合と比べて要件事実が異なる。

　株主総会の議長は定款で定めておくのが通例である。事故あるときに誰が議長となるかについても定めておく。もっとも会議の開会に先立ち議長を選任するための仮議長を選任し，当該仮議長の下で議長が選任され，選任された議長の開会宣言により会議が始まるとのプロセスを会議体一般のルールと捉えるなら，定款で定めておく扱いは，会議体一般ではなく株主総会に関する一般的ルールと解される。

　なお，定款の定めが適用されるのは取締役・取締役会が招集する株主総会であり，少数株主が招集した株主総会（297条）では議事の適切な運営を図るべく，定款での定めが適用されないと解する余地もある。その場合には会議体一般のルールに立ち返ることとなる。もっとも定款の定めによる者であれ会議体一般のルールにより選任された者であれ，議長の権限はいずれも同じである。

　議長は議事整理権を有するが，延期または続行については議事整理権の範囲を超え，株主総会の決議が要求される（317条）。延期とは総会の成立後，議事に入らず会日を後日に変更することである。また続行とは議事に入ったものの何らかの理由で審議が終了せず，審議未了のまま総会を後日に継続して行う場合である。延期または続行により後日行われる株主総会では，招集事項決定や招集通知発送等の手続は不要となる。

(3) 説明義務

　株主総会の議事は各議題について提案理由の説明から始まり，その後に質疑応答へと移行する。このうち提案理由の説明は，会社法では何も定めがな

いが，会議体の一般原則として要求されるものである。提案理由の説明がなければ，その後の質疑応答への円滑な移行が困難となりかねないためである。

これに対し質疑応答における説明は，取締役等の説明義務として定められている（314条本文）。株主からの質問に対し取締役等が説明すべき旨の314条の定めは，会議体の一般原則に他ならない。もっとも条文で規定されているので，説明義務の違反は法令違反となる。議長権限の不行使や不適切行使と同様に，決議取消しの訴えにおいては決議方法の法令違反として決議取消事由となり得る。

条文の規定が積極的な意義を有するのは，314条但書の定める説明拒絶事由である。説明を求められた事項が議題に関しないものである場合，説明により株主共同の利益を著しく害する場合，および法務省令（会社則71条）で定める場合が説明拒絶事由である。法務省令では説明拒絶事由の一つとして，質問に対する説明のために調査を必要とする場合が定められている。ただし株主が株主総会の日より相当の期間前に質問事項を会社に通知した場合は説明拒絶事由から除外されている。そこで実際の株主総会では，取締役等が株主総会にて調査を理由とした説明拒絶をできないようにするべく，数多くの質問を記した質問状を株主が会社へ事前に送付することが行われる。

送付を受けた会社側は，株主総会を円滑に進行するべく，質疑応答に先立ち，事前に送られてきた質問に対し一括して回答をすることがある。一括回答と呼ばれる実務対応である。こうした一括回答は説明義務の履行に該当するか。実際に総会の場で質問されていない以上，説明義務自体が発生していない（東京地判平23・4・14資料版商事328号64頁）。発生していない義務の履行はあり得ず，それゆえ一括回答は説明義務の履行には該当しない。

説明義務が発生するのは，一括回答後の質疑応答で質問された時点である。この時点で説明義務が発生するので，質問に対する説明が必要となる。すでに一括回答で述べたからと考えて何も説明しないでおくと，説明義務違反に問われる。もっとも具体的な質問次第であるが，仮に質問状に記載の質問と同じ内容の質問だったならば，すでに一括回答しているので，「先に一括回答の中で述べたとおりです」の一言を説明すれば足りるとも考えられる。

説明義務の程度はどうか。質問権との対応関係を想定するならば，抽象的

127

な質問には抽象的な説明，詳しい質問には詳しい説明となりそうである。けれどもそのように考えた場合，執拗な質問には執拗に説明しなければならず，質問する株主が満足するまで会社側は説明を尽くさなければならない事態となりかねない。この点については判例は，平均的株主を基準に用いる。平均的な株主が会議の目的である事項の合理的な理解および判断をするために，客観的に必要と認められる事項を説明すれば足りる旨の判断である（東京地判平16・5・13金判1198号18頁）。

◆コラム6-4──説明義務のバリエーション══════

　株主総会における説明義務については，質疑応答としての説明義務（①）の他に，本文で言及したように提案理由の説明義務（②）がある。また，募集株式の発行等が有利発行である場合，特に有利な金額で募集することを必要とする理由を取締役は株主総会で説明しなければならない（199条3項）。有利発行の説明義務（③）である。これらの3つの説明義務にはどのような異同があるか。

　①は会議体の一般原則の条文化である。条文化により決議取消しの訴えにおいては，決議方法の法令違反が取消事由となる。②も会議体の一般原則である。けれども条文化されていない。そのため提案理由の説明義務違反の場合，決議取消しの訴えにおける取消事由について，決議方法の法令違反には該当せず，したがって決議の方法が（少しではなく）著しく不公正となる場合に限られる。提案理由の説明義務違反の場合には決議取消請求が認められにくくなりそうだが，質疑応答の段階で株主が，提案理由に相当する内容の説明を求めて質問すれば足りる。

　③は条文で規定されなければ，必ずしも認められるとは限らない説明義務である。その意味では会議体の一般原則に由来しておらず，条文の規定により認められる義務である。また①のように質問権の行使に対応する説明義務ではない。むしろ質疑応答に先立って提案理由の中で行われる説明である。もっとも条文化されているので，説明義務違反の効果として，決議方法の法令違反が取消事由となり得る。199条3項の他に，795条2項や同条3項等でも同様の説明義務が規定されている。

(4) 総会検査役

　株主総会での賛否拮抗が予想される状況では，招集手続や決議方法に混乱

の生ずる可能性もあり得る。そのような場合に備える制度の一つが総会検査役の制度である。株主総会に先立って会社または株主が裁判所に総会検査役の選任を申し立て，選任された総会検査役が招集の手続や決議の方法を調査し，調査結果を総会検査役は裁判所に報告するのが制度の概要である。これにより招集手続や決議方法の適正化を図り，決議の成否に関する証拠を保全し，紛争を未然に防止することが目的とされる。

選任を申し立て得る株主は，総株主の議決権の100分の1以上の議決権を有する株主である（306条1項）。公開会社ではさらに6か月以上の継続保有要件が加わる（306条2項）。検査役は調査結果を書面または電磁的記録で裁判所に報告し，会社に書面の写しまたは電磁的記録に記録された事項を提供する（306条5項・7項）。総会検査役の選任申立てが株主からなされた場合には，当該株主にも提供する。報告を受けた裁判所は，報告内容を明瞭にし，またはその根拠を確認するために必要があれば，報告した総会検査役に対し，さらに報告を求めることができる（306条6項）。

また報告を受けた裁判所が必要と認めるときは，一定期間内の株主総会招集または株主への調査結果通知のいずれか1つまたは2つ全部を取締役に対し命じなければならない（307条1項）。この命令により招集された株主総会では，総会検査役による調査結果が開示される（307条2項）。また当該株主総会にて取締役および監査役は，総会検査役による調査結果の報告内容を調査した結果を報告しなければならない（307条3項）。

(5) 議 事 録

株主総会の議事については，法務省令で定めるところにより議事録が作成される（318条1項，会社則72条）。会社は作成された議事録を，株主総会の日から10年間本店に備え置かれなければならない（318条2項）。支店にも議事録の写しを5年間備え置かなければならないのが原則であるが，議事録が電磁的記録で作成されている場合には一定の例外が認められている（318条3項）。

備え置かれた議事録について株主および債権者は，会社の営業時間内であ

ればいつでも閲覧・謄写を請求することができる（318条4項）。さらに親会社の株主その他の社員も閲覧・謄写を請求できるが，請求に際しては，親会社の株主その他の社員の権利を行使するために閲覧・謄写が必要であること，および裁判所の許可を得ることが要件となる（318条5項）。

4 議 決 権

(1) 一株一議決権原則とその例外

　株主は株主総会において，その有する株式1株につき1個の議決権を有する（308条1項本文）。これを一株一議決権原則という。株主平等原則（109条1項）が議決権の局面で具体化した原則であり，例外は法定された以下の8つである。

　① **単元未満株式**　　単元株式制度を採用する会社では一単元一議決権となる（308条1項但書）。そのため単元未満株主は議決権をもたない。

　② **議決権制限株式**　　株主総会の決議事項の全部または一部について議決権が否定される（108条1項3号）。

　③ **自己株式**　　会社は自己株式について議決権を有しない（308条2項）。会社支配の公正を確保するためである。

　④ **相互保有株式**　　B社株式の4分の1以上をA社が保有する場合，B社の保有するA社株式については議決権が否定される（308条1項括弧書き）。会社支配の公正を確保するためである。4分の1以上の保有によりA社がB社を実質的に支配する。この状況で議決権が認められるならば，A社の取締役が，A社のB社に対する支配力を利用して，B社の保有するA社株式の議決権行使の判断を左右し，A社における自己の影響力を維持・強化する可能性があるためである。仮にB社が他の会社を吸収合併してA社株式の4分の1以上を保有するに至ったような場合，A社の保有するB社株式についても議決権が否定される。

　⑤ **基準日後取得株式**　　会社が基準日を定めた場合，基準日におけ

る株主名簿上の株主に株主総会の議決権を認めることになる（124条1項）。基準日から権利行使日までの期間は最長3か月である（124条2項）。それゆえ基準日後に株式を取得した株主には，最長3か月間，議決権が認められない。もっとも会社の側から，当該基準日後に株式を取得した株主に対し，基準日株主の権利を害さない限り，議決権行使を認めることは構わない（124条4項）。

⑥　**属人的種類株式**　　公開会社でない会社にて認められている。議決権の数や行使できる事項を属人的に定款で定められた株式である（109条2項）。定款の定めにより，議決権の否定のみならず，頭数多数決や複数議決権株式の導入も可能である。

⑦　**取締役・監査役の選任に関する種類株式**　　種類株式の一つである（108条1項9号）。指名委員会等設置会社および公開会社では当該種類株式を発行できない。当該種類株式を発行すると，取締役または監査役は，当該種類株式の種類株主を構成員とする種類株主総会にて選任される。それゆえ当該種類株式でない種類株式の種類株主は，取締役または監査役の選任に際して議決権が否定される。

⑧　**譲渡制限株式を当該株式の株主の請求により会社が買い取る場合または特定の株主からの自己株式取得の場合**　　いずれも株主総会の決議を必要とする（140条2項・156条1項）。当該決議に際しては，会社への株式譲渡人たる株主は議決権を行使できない（140条3項本文・160条4項本文）。

(2)　議決権行使の態様

株主による議決権行使は，招集事項として決定された日時に，同じく決定された場所へ出向いて総会に出席して賛否を示すのが基本形である。ただし各株主の事情により出席・投票のかなわない場合は少なくない。そのような場合に，基本形とは異なる議決権行使の態様が想定されている。

①　**代　理　行　使**　　代理人による議決権の行使であり，議決権行使の機会を保障することが目的である。本人が代理人に議決権行使を委任するので，委任の基礎となる信頼が本人と代理人間に欠かせない。一方で信頼が不

十分だと，本人の意に反した行使となる可能性を孕む。また本人と代理人間の問題なので，会社との関係では議決権行使の効力に影響を及ぼさないと解される余地もある。他方で信頼が十分なら，議場で提出された議案への動議に対しても適切な対処が期待できる。

　代理行使に際しては，代理権を証する書面を，株主総会ごとに会社へ提出しなければならない（310条1項・2項）。会社の承諾を得たならば，書面の提出に代えて電磁的方法による提供も可能である（310条3項）。毎回の提出・提供が要求されるのは，仮に長期に及ぶ代理権授与が可能だとすれば，株主の意思が適切に反映されない懸念が生ずるとともに，議決権のみの実質的な譲渡となるおそれを伴うためである。提出された書面や提供された電磁的記録は，株主総会後3か月間は本店に備置され，株主の請求により閲覧・謄写に付される（310条6項・7項）。

　議決権行使の機会保障を目的とするので，会社が代理行使を排除することや，代理行使に一定の理由を要求することは認められない。ただし会社は株主総会に出席できる代理人の数を制限できる（310条5項）。議論があるのは，代理人資格を株主に制限する定款規定の効力である。判例は，第三者による株主総会の攪乱を防止し，会社の利益を保護する合理的理由があるとして，そのような定款規定も310条1項に違反せず有効と解する（最判昭43・11・1民集22巻12号2402頁）。

　代理人が株主に限られると，法人株主が非株主である当該法人の使用人を代理人とすることや，病気の株主が非株主である親族を代理人とすることも認められないようだが，判例はそのようには解さない（前者について最判昭51・12・24民集30巻11号1076頁，後者について大阪高判昭41・8・8下民集17巻7＝8号647頁）。攪乱のおそれがなく，また代理人を出席させる必要性が高いからとの理由である。こうした理由付けによれば，杓子定規的に代理人が株主か否かで判断するのではなく，代理人による攪乱の可能性や代理人に代理行使させる必要性が判断の要素になっていると理解されよう。

　もっとも代理行使による利益は，株主のみに帰するわけではない。定足数要件を伴う議案では，定足数不足による流会という会社の不都合を防ぐべく，代理行使が利用されている。流会防止は合理的な目的であろう。ただし不合

理な目的のために利用される可能性もある。取締役が白紙委任状を勧誘するような場合である。代理行使が悪用され，取締役の支配権維持に利用されかねないからである。

　こうした弊害を防ぐべく，上場会社は委任状勧誘に際して金融商品取引法の委任状勧誘規制を受ける（金商194条）。具体的な規制の内容として，委任状用紙および代理権の授与に関する参考書類の交付が定められている（金商令36条の2第1項）。また委任状用紙については，取締役や監査役の選任に関する議案について参考書類に記載すべき事項や，議案ごとに被勧誘者が賛否を記載する欄を設けるべき旨等も定められている（金商令36条の2第5項，上場株式の議決権の代理行使の勧誘に関する内閣府令21条・23条・43条）。

◆コラム6-5──モリテックス事件

　代理人による議決権行使の一形態として委任状勧誘がある。本文で記したように委任状勧誘は株主の利益に資するのみならず，流会を防ぎたい会社の利益にも寄与する。もっとも経営者が委任状を勧誘すれば支配権維持・自己保身の道具ともなる。反面で，この道具を経営者と敵対する大株主が活用するなら，支配権争奪の手段となる。モリテックス事件は取締役および監査役の選任に関する株主提案権行使と相俟って，委任状勧誘が支配権争奪の手段として用いられた事例である（東京地判平19・12・6判タ1258号69頁）。

　この事件は株主総会決議取消請求事件である。原告の大株主が取締役8名選任の件を議題とするように提案権を有効に行使するとともに，他の株主へ委任状を送付して議決権の代理行使を勧誘した。当該委任状には株主提案の取締役候補8名について賛否の欄が設けられていた。これに対し上場会社である被告会社は，株主提案の8名とはすべて異なる8名を会社提案として，取締役8名選任の件を議題として記した招集通知を有効に発送した。

　株主総会では株主提案と会社提案が一括で審議・採決された。採決に際して被告会社は，原告への委任状に係る議決権数を，会社提案については出席議決権数に参入せず，株主提案についてのみ出席議決権数に算入して集計した。これにより結果は会社提案の8名全員が選任とされた。しかしながら会社提案についても出席議決権数に算入したならば，選任とされた8名中の2名は，出席議決権の過半数の賛成は得られていなかった。この点を決議方法の法令違反（831条1項1号）として提起されたのが本件である。

本判決では，まず①取締役選任の件という1つの議題について16の議案が付議されたと扱われた。候補者1名ごとに1個の議案とする扱いである。この点について，議案通知請求を伴う議案提案権行使における議案数制限（305条4項）との関係では，複数の議案が提案されても議案数は1つと数えられる。扱いの相違に注意されたい。

次に②本件で選任すべき取締役は8名であり，株主提案に賛成して委任状を送付した株主は，会社提案に賛成する余地がなく，したがって白紙委任という委任状の記載は，会社提案に賛成しない趣旨と解するのが相当とされた。こうした理解から，原告への委任状に係る議決権数を会社提案についても出席議決権数に算入すべきと判断された。

さらに③委任状には会社提案について賛否の記載欄がなく，会社提案の候補者に関する参考書類も交付されていないが，以下の理由により委任状勧誘規制の趣旨に反しないと判断された。(ⅰ)原告株主が会社提案に反対の議決権代理行使をすることは，株主による代理権授与の趣旨にかなう。(ⅱ)もし会社提案に賛成したいなら代理権授与を撤回すればよい。(ⅲ)株主総会の8週間前までの提案権行使と定められている（303条2項）にもかかわらず，2週間前までの招集通知発送により，会社提案を踏まえた委任状勧誘が必要だとすれば，委任状勧誘は招集通知受領後となってしまい，会社と株主の公平を著しく害する。これらの理由から，金融商品取引法が定める委任状勧誘規制の違反と代理権授与の私法上の効力を分けて捉える理解を示した。

---

②　書面投票・電子投票　　　代理行使と同様に，株主総会に出席しない議決権行使方法である。ただし代理行使が代理人による議決権行使なのに対し，書面投票および電子投票は株主自身による議決権行使である。そのため書面投票および電子投票による賛否の記載・記録を会社が無視すると，出席株主の議決権行使を無視したのと同様となり，決議方法の法令違反として株主総会決議の取消事由となる。これに対し代理行使では，代理人が本人の意思に反した議決権を代理行使しても，基本的に本人と代理人間の問題として処理され，したがって決議の効力には原則として影響が及ばない。

書面投票とは書面による議決権行使であり，招集事項として採用を決定することができる（298条1項3号）。のみならず株主数が1,000人以上であれば採用しなければならない（298条2項）。採用した場合には招集通知に際して，

議決権の行使について参考となるべき事項を記載した株主総会参考書類，および株主が議決権を行使するための議決権行使書面を，株主に対して交付する（301条1項）。招集通知を電磁的方法で発送することを承諾した株主に対しては，株主からの請求がない限り，株主総会参考書類および議決権行使書面の交付に代えて，これらの書類に記載すべき事項を電磁的方法で提供することができる（301条2項）。

　実際の書面投票は，必要な事項を記載した議決権行使書面を株主が会社へ提出して行う（311条1項）。提出された書面は，株主総会の日から3か月間会社の本店に備置され，株主の閲覧・謄写に付される（311条3項・4項）。令和元年改正で濫用的な閲覧・謄写請求に対する拒絶事由が定められた（311条5項）。

　電子投票とは電磁的方法による議決権行使であり，招集事項として採用を決定することができる（298条1項4号）。書面投票とは異なり，株主数に応じた採用の義務化は定められていない。書面投票との併用も可能である。招集通知を電磁的方法で発送することを承諾した株主に対しては，招集通知に際し，議決権行使書面に記載すべき事項を電磁的方法により提供しなければならない（302条3項）。また当該株主に対しては，株主からの請求がない限り，株主総会参考書類の交付に代えて，参考書類に記載すべき事項を電磁的方法で提供することができる（302条2項）。これに対し招集通知の電磁的発送を承諾しない株主については，当該株主から株主総会の1週間前までに議決権行使書面に記載すべき事項の電磁的方法による提供の請求があったならば，直ちに当該株主に対し，当該事項を電磁的方法により提供しなければならない（302条4項）。

　実際の電子投票は，議決権行使書面に記載すべき事項を電磁的方法により会社へ提供して行う（312条1項）。提供された電磁的記録は，書面投票と同様に，備置および閲覧・謄写に付される（312条4項・5項）。濫用的な閲覧・謄写請求に対する拒絶事由についても，書面投票と同様に，令和元年改正で定められた（312条6項）。

　③　**不統一行使**　　投資信託や従業員持株会の制度では，株主名簿上の形式的な株主は信託会社や持株会である。けれども実質的には，投資信託

の委託者たる投資家や持株会に参加する従業員が株主である。信託会社や持株会は他人のために株式を保有する者なので，複数の他人から異なる内容の指図を受けたような場合，信託会社や持株会は指図に従い議決権を不統一に行使する必要に迫られる。議決権の不統一行使（313条1項）は，本来は統一的に行使されるべき議決権について，こうした事情に鑑みて認められるものである。

それゆえ株主が他人のために株式を有する者でないときは，会社は不統一行使を拒むことができる（313条3項）。また取締役会設置会社では，議決権を不統一に行使する株主は，不統一に行使する旨およびその理由を株主総会の3日前までに会社へ通知しなければならない（313条2項）。取締役会設置会社では多数の株主が頻繁に入れ替わることもあり得るので，会社に対し，議決権の集計をはじめとする株主総会に向けた準備の便宜を図るためである。反対に取締役会設置会社でない会社では，頻繁な入れ替わりが想定しにくく，会社の便宜を特に図る必要が乏しいため，事前の通知は必要ない。

5　決議方法

株主総会の決議方法は，多数決の要件により3つに分けられる。普通決議，特別決議および特殊決議の3つである。

(1)　普通決議

定足数要件や決議要件に関する特別の要件が法律または定款で定められていない場合の決議である。定足数要件は議決権を行使することができる株主の議決権の過半数を有する株主の出席であり，決議要件は当該出席株主の議決権の過半数である（309条1項）。定足数要件は定款で軽減・排除できるので，多くの会社は普通決議の定足数要件を排除する旨を定款で定める。この場合，単に出席株主の議決権の過半数が多数決要件となる。

ただし例外として取締役，会計参与および監査役の選任または解任に関す

る決議は，多数決要件が厳格化される。定款による定足数要件の排除が認められず，3分の1以上まで軽減できるに止まり，また決議要件を引き上げ，過半数を上回る割合を定款で定めることもできる（341条）。こうした例外は，公開会社において支配株主の移動をもたらす募集株式の発行等（206条の2第5項）や，募集新株予約権の発行（244条の2第6項）についても同様である。

なお，累積投票で選任された取締役の解任または監査等委員である取締役もしくは監査役の解任は，後述の特別決議事項であり，多数決要件がさらに厳格化される。

(2) 特 別 決 議

一定の重要事項の決議である（309条2項）。定足数要件は議決権を行使することができる株主の議決権の過半数を有する株主の出席であり，決議要件は当該出席株主の議決権の3分の2以上に当たる多数決である。これを基本として，定款で要件の軽減および加重が認められる。定足数要件については定款の定めにより3分の1まで軽減することができる。これに対し決議要件は，加重して3分の2を上回る割合を定款で定めることができるのみならず，一定数以上の株主の賛成を要する旨その他の要件を定款で定めることもできる。

一定数以上の議決権数でなく株主数を要件とする多数決は，資本多数決に対し頭数多数決と呼ばれる。一株一議決権原則ではなく，選挙における一人一票の扱いである。それゆえ定款規定次第により特別決議は，定足数要件1/3超×決議要件2/3 ＝ 2/9超で可決のケースもあれば，資本多数決では圧倒的多数であるにもかかわらず頭数多数決で否決のケースもあり得る。特別決議はそれだけ定款自治の余地が大きいと考えられる

(3) 特 殊 決 議

特別決議よりも多数決要件の厳格な決議である。2種類あり，頭数多数決が法定されているのが特徴である。一つは議決権を行使できる株主の半数以

137

上で，かつ当該株主の議決権の3分の2以上であり（309条3項），もう一つは総株主の半数以上で，かつ総株主の議決権の4分の3以上である（309条4項）。半数，3分の2および4分の3については，定款の定めにより加重は可能だが，軽減は認められない

(4) みなし決議

　取締役または株主が株主総会の目的である事項について提案した場合において，当該提案につき株主の全員が書面または電磁的記録により同意の意思表示をすると，当該提案を可決する旨の株主総会の決議があったとみなされる（319条1項）。実際には株主総会において決議されていないが，決議があったとみなされるので，みなし決議と呼ばれる。同意の意思表示が問われる株主は，提案された事項について議決権を行使できる株主に限られる。

　決議があったとみなされるので，その後は実際に成立した決議と同様に扱われる。議事録は作成されないが，同意の意思表示をした書面または電磁的記録は，株主総会の決議があったとみなされた日から10年間，本店に備置される（319条2項）。議事録の備置と同様の扱いである。株主および債権者による閲覧・謄写請求や，裁判所の許可を得た親会社社員による閲覧・謄写請求も，議事録と同様の扱いである（319条3項・4項）。

　みなし決議と類似の制度としてみなし報告がある（320条）。株主総会に報告すべき事項を取締役が株主全員に通知し，当該事項の株主総会への報告を要しないことにつき株主全員が書面または電磁的記録により同意の意思表示をした場合，当該事項の株主総会への報告があったものとみなされる。実際に株主総会へ報告されるならば，その後に質疑応答が続く点に照らすと，みなし報告における同意の意思表示は，質疑応答の割愛を株主が了解することとも捉えられる。

　みなし決議とは異なり，みなし報告では書面や電磁的記録の備置や閲覧・謄写が法定されていない。決議の場合，当該決議による会社の意思決定およびその後の会社の行為が想定され，それゆえ決議の瑕疵について株主や債権者の関心も高い。しかしながら報告の場合，すでになされた意思決定や行為

の報告なので，株主や債権者の関心はそれほど高くない。備置や閲覧・謄写が法定されないのはこうした理由に基づく。

6　反対株主の株式買取請求権

(1)　買取請求の意義

　一般に多数決は，多数派と少数派の利害対立状況において，多数派の利益が優先され，反面で少数派の利益が劣後する結論を導く。団体の構成員間における利益のこうした優先劣後状況の招来を，多数決は原理的に内包する。多数派は多数決による結論にそれほど異論なかろう。しかしながら少数派は，多数決の結論に不満が残る。損なわれる利益が小さければ，多数決を採用する以上やむを得ないと考えられそうだが，投下資本の回収困難をはじめ，損なわれる利益が大きければ少数派が被る不利益を解消・軽減する措置が求められる。

　株主総会決議も多数決を採用する以上，少数派の利益をどのように，どれだけ保護するかが問われる。保護する方策は3つに大別される。議決権の濫用，株主総会決議の効力を争う訴訟，および反対株主による株式買取請求である。議決権の濫用は権利濫用（民1条3項）の一形態である。株主総会決議の効力を争う訴訟は後に記す。ここでは株式買取請求権の制度について記す。この制度が多数決の原理的不都合を軽減するために認められたものである点を，はじめに確認しておく。

(2)　買取請求の要件

　買取請求権を規定する条文は会社法に散在する。買取請求の認められる主要な株主総会決議は5つある。①発行するすべての株式を譲渡制限株式にするための定款変更（116条1項1号）等，②株式の併合により一株に満たない端数が生ずる場合（182条の4第1項），③事業譲渡等（469条1項），④吸収合

併等（785条・797条），および⑤新設合併等（806条）である。

　これら5つの事項において，買取請求できる反対株主は，株主総会の決議が必要な場合と必要でない場合で区別される。決議が必要な場合，買取請求できるのは基本的に，①乃至⑤の事項を決議する株主総会決議に先立って会社に反対の旨を通知し，かつ，当該株主総会にて実際に反対した株主である。もとより当該株主総会において議決権を行使することができる株主に限られる。他に当該株主総会において議決権を行使することができない株主は，決議に先立つ反対通知や株主総会での反対がなくとも買取請求が可能である（116条2項・182条の4第2項・469条2項・785条2項・797条2項・806条2項）。

　これに対し事業譲渡等や組織再編において略式手続が行われると，株主総会の決議は必要でない。この場合，事前の反対通知や株主総会での反対がなくとも，特別支配株主を除くすべての株主が買取りを請求できる（469条2項2号・785条2項2号）。ただし簡易手続の場合には買取請求権が認められない（469条1項2号・785条1項2号・797条1項但書・806条1項2号）。

(3)　買取請求の効果

　買取請求の効果は，会社による公正な価格での買取りである。公正な価格については，主として2つの論点が存する。一つは合併や会社分割をはじめとした組織再編行為における公正な価格の意味である。平成17年（2005年）の商法改正までは「決議ナカリセバ其ノ有スベカリシ公正ナル価格」と定められていた（平成17年改正前商法408条ノ3第1項）。この価格はナカリセバ価格と呼ばれる。同年の改正はナカリセバ価格を公正な価格に改めた。改めた目的は，組織再編によりシナジーという協働的効果が生じた場合に（**第13章1参照**），当該シナジーを反対株主にも分配する点にあった。それゆえ現行法における公正な価格は，シナジーを織り込んだ企業価値を反映したものが求められる。

　もう一つは株式の評価である。買取請求の他に，譲渡制限株式の売買価格決定（144条3項）や募集株式の発行等において有利発行か否かの判断（199条3項）においても，等しく問われる論点である。この点について，上場会

社であれば基本的に市場価格が公正な価格とされる。しかしながら，投機的思惑その他の人為的要素により企業の客観的価値を反映せず異常に騰落するような場合には，必要に応じて修正が加えられる（東京高判昭48・7・27判時715号100頁）。

　非上場会社の場合はどうか。株式評価の方法は複数ある。純資産を発行済株式総数で除する純資産方式，企業のフローとしての収益または利益に着目する収益方式，企業のフローとしての配当に着目する配当還元方式，さらに業種や規模等が類似する会社または業種の平均を比準する比準方式等が，代表的な評価方法である。もっとも各方式には一長一短の側面がある。たとえば純資産方式では，企業の静的価値が表され理解もしやすいが，継続企業としての将来の利益成長が表されない。また収益方式では，組織体としての動的価値が表されるが，将来収益の予測という不確実な要素が算定過程に入り込む。近時多用されるDCF（Discount Cash Flow）方式も，収益方式の一つなのでこのような性質をもつ。そのため実際に株式評価を行う際には，複数の方式が併用されることも少なくない。

7　決議の瑕疵

　株主総会の決議が成立するまでには，提案権行使や招集事項決定から始まり審議・採決に至るまで，いくつものプロセスをたどる。そのためプロセスに瑕疵がある場合，瑕疵により不利益を被った株主を保護しようとすれば，決議の効力を否定する必要もあろう。ただし決議の効力は，会社債権者をはじめとする利害関係者に多大の影響を及ぼす。瑕疵の態様や程度は様々なことも鑑みるなら，瑕疵があるとの一事のみで決議の効力を否定するわけにもいかない。不利益を被った株主の保護と利害関係者が期待する法的安定性の両者を調和させるべく，決議の効力を争う訴訟は3つが法定されている。取消しの訴え，無効確認の訴え，および不存在確認の訴えの3つである。

(1)　決議取消しの訴え

　株主総会決議取消しの訴えは，決議から3か月以内に提起しなければならない（831条1項）。当事者適格，取消事由，認容判決の効果等が法定されている。

　①　当事者適格　　被告は会社，原告は株主等である（834条17号・828条2項1号）。株主等とは株主，取締役または清算人が基本であり，機関設計次第で監査役や執行役にも原告適格が認められる。株主は提訴時から取消判決確定時まで株主でなければならず，訴訟継続中に株主資格を失うと原告適格を失う。提訴後の譲渡による譲受人に原告適格は認められないが，相続のような包括承継であれば認められる。他の株主に対する取消事由を理由として決議取消しの訴えを提起することも可能である。決議が取り消されれば地位を回復できる者にも原告適格が認められる。典型例は解任決議（339条1項）により解任された取締役である。

　②　取消事由　　取消事由は以下の3つに大別される。

　①　**招集手続または決議方法の法令違反もしくは定款違反または著しい不公正**　　招集手続と決議方法は，いずれも決議の手続を問うものである。反面で決議の内容は問われない。招集手続の法令違反から決議方法の著しい不公正に至るまで，全部で6つの取消事由である。定款違反を除く4つのうち，招集手続の法令違反の例としては，招集通知期間の不足や定時総会における計算書類等の不備置等が，著しい不公正の例としては，取締役会設置会社でない会社において招集者が議題を一部株主のみに隠して教えないことが挙げられる。また決議方法の法令違反の例としては説明義務違反や定足数不足が，著しい不公正の例としては出席困難な日時・場所への招集や不公正な議事運営が挙げられる。

　②　**決議内容の定款違反**　　定款所定の員数を超える取締役の選任が典型例である。決議の内容が問われるようだが，違反となる定款の内容は定款変更により左右し得る。それゆえ定款変更という手続を踏まえれば違反は生じなかったにもかかわらず手続を踏まえなかった点に瑕疵があると捉えられるので，①と同様に，決議の内容ではなく手続が問われることとなる。

③ **特別利害関係人の議決権行使による著しく不当な決議**　特別利害関係人の例としては，退職慰労金支給決議において，役員として支給を受ける株主またはその相続人がある。当該株主と会社間の利益相反が特別利害関係の基礎である。もっとも利益相反的議決権行使があれば特別利害関係が認定されるわけではない。その意味で利益相反的議決権行使は，特別利害関係の必要条件であり十分条件ではない。なお著しい不当性については，多数決濫用と理解されている。

③ **認容判決の効果**　　取消事由のある決議も取り消されるまでは有効である。取消しを命ずる判決が確定して初めて決議は効力を失う。既存の法律状態の変更を招来するので，決議取消しの訴えは形成訴訟に分類される。また既存の法律状態の変更は多数の利害関係者に影響を及ぼし，明確性や画一性が求められるので，決議の取消しは決議取消しの訴えによらなければならないとされる。

画一的処理の要請に基づき，認容判決には対世効が認められる（838条）。また，認容判決には遡及効も認められる（839条）。認容判決の確定により，決議の時点に遡って当該決議は効力を失う。取締役の選任決議に取消事由があり，選任された取締役が取締役会で代表取締役に選定され（362条2項3号），当該代表取締役が会社を代表して取引した後に選任決議の取消しを認める判決が確定した場合，取引の効力はどうなるか。判例によれば，決議取消しの効果を認めつつ，表見代表取締役に関する規定を類推して取引相手方の保護を図る（最判昭44・11・27民集23巻11号2301頁）。決議取消しの効力とは別に，表見代理（民109条）や即時取得（民192条）等の諸規定を駆使することで，取引の安全を図る対処である。

もっとも軽微な手続的瑕疵については裁量棄却（831条2項）もあり得る。取消事由の①のうち，招集手続または決議方法の法令・定款違反であり，違反の事実が重大でなく，かつ決議に影響を及ぼさない場合，裁判所は裁量により請求を棄却することができる。もっとも取消事由が②または③であれば裁量棄却は認められない。①のうち招集手続または決議方法の著しい不公正が取消事由の場合も認められない。

(2)　決議無効確認の訴え

　決議無効確認の訴えとは，決議の内容が法令に違反することを理由として，決議が無効であることの確認を求める訴えである（830条2項）。決議取消しの訴えは既存の法律状態の変更を招来する形成訴訟に分類されるが，決議無効確認の訴えは確認訴訟である。したがって決議は当初から無効だとの理解を前提とする。決議内容自体が法令違反であり，それだけ瑕疵の程度が著しい状況である。

　決議の当初から無効である以上，決議無効の主張は決議無効確認の訴えによらずとも可能である。決議無効の訴えについても提訴期間や提訴権者の制限はない。確認の利益があれば，いつでも誰でも原告として訴えを提起できる。被告は会社である。訴えによるか否かで異なるのは対世効である。画一的処理を図るべく，決議無効確認の訴えの請求認容判決には対世効が認められる（838条）。

(3)　決議不存在確認の訴え

　決議不存在確認の訴えとは，決議が存在しないことの確認を求める訴えである（830条1項）。株主総会を開催していないにもかかわらず議事録の体裁だけが整っている場合が典型である。他に株主による会議は実際に開催されたが，招集手続または決議方法の瑕疵が著しいため，会社の機関により会社の意思が形成されたと法的に評価できない場合も決議不存在に該当する。招集手続または決議方法の瑕疵は決議取消事由であるが，瑕疵の程度が軽微なら決議取消しの訴え，著しいなら決議不存在の訴えという区別である。

　確認の訴えなので，決議無効と同様に，訴えによらずとも決議不存在の主張は可能である。訴えによる場合でも提訴期間や提訴権者の制限がない点，訴えの利益があればいつでも誰でも訴えを提起できる点，被告が会社である点，および対世効が認められる点等は，いずれも決議無効確認の訴えと同様である。

◆コラム6-6──不存在の連鎖と訴えの利益━━━━━━━━━━━━━━━

　株主総会が開催されたと法的に評価できない場合の一つとして，取締役会決議を欠き，かつ無権限者により招集された場合の決議がある。判例によれば当該決議は不存在とされ（最判昭45・8・20判時607号79頁），不存在とされた決議が役員選任決議であれば，不存在の連鎖となる可能性を孕む。具体的には，不存在とされた株主総会決議での被選任者を構成員とする取締役会で選定された代表取締役が，その後に当該取締役会の招集決定に基づいて招集した株主総会において，取締役を選任する旨の決議がされた場合の当該決議の効力である。判例によれば，全員出席総会においてなされたなどの特段の事情がない限り，後行の当該株主総会決議は不存在とされる（最判平2・4・17民集44巻3号526頁）。

　不存在の連鎖に帰着するこのような判例の立場を訴えの利益の観点から眺めると，後行決議がなされても先行決議の訴えの利益は原則として失われず，特段の事情があれば例外的に失われると解されていることになる。ただし訴えの利益について原則維持・例外消失との理解は，不存在の連鎖をめぐっては妥当するが，他でも常に妥当するわけではない。むしろ原則と例外の逆転も見受けられる。その例は吸収説と併存説の議論である。

　両説は，取消し・無効・不存在という決議の瑕疵を攻撃する訴えと，会社の組織に関する行為の無効の訴え（828条）の関係をめぐる見解である。たとえば新株発行における株主総会決議の瑕疵を攻撃する訴えと，新株発行無効の訴え（828条1項2号）との関係である。前者が後者に吸収されると解する考え方を吸収説，吸収されずに存続するとの考え方を併存説という。吸収説では決議の瑕疵を攻撃する訴えの利益が消失すると捉えるのに対し，併存説では当該訴えの利益は維持されると捉える。

　判例および通説は吸収説に立つ。新株発行に際してなされた株主総会決議の効力を争う訴えの係属中に新株が発行された場合，当該新株発行を無効とするには，新株発行無効の訴えを提起しなければならないとされる（最判昭40・6・29民集19巻4号1045頁）。株主総会決議の効力を争う訴えの利益は消失し，新株発行無効の訴えに吸収されるとの理解である。

　しかしながら吸収説については，不都合を抱える点も指摘されている。その具体例は，組織再編行為の無効の訴えとの関係である。組織再編行為の無効の訴えは将来効のみで遡及効が認められていない（839条）。そのため株式移転の完全子会社のように株主等を排除した会社においては，株式移転計画を承認する株主総会決議（804条1項）の瑕疵を主導した者が何を行っても，吸収説によれば株主等は対処する方策のない事態となる。

こうした不都合に鑑み通説からは，原則として吸収説をとるべきだが，例外的には併存説もあり得る旨が唱えられている。訴えの利益の観点に立てば，原則消失・例外維持との理解であり，不存在の連鎖をめぐる訴えの利益の扱いと比べると，原則と例外が逆転する。そうだとすれば訴えの利益の消長は，不可疑自明的に決せられるわけではなく，他の行為や訴訟との関係でも左右されると解されよう。

■ 第 7 章 ■
取締役・取締役会

1 株式会社における取締役・取締役会

　株式会社において，①取締役会設置会社においては，取締役全員で取締役会を構成し，取締役会が会社の業務執行その他株主総会の権限以外の事項について，会社の意思を決定する。この場合取締役は，取締役会の構成員である。②取締役会非設置会社では，原則的に，各取締役が業務を執行し，単独で会社を代表する。

　また取締役会設置会社では，①監査役もしくは監査役会，②監査等委員会，または③指名委員会・報酬委員会・監査委員会（以下3委員会という）のいずれかが必要である。それぞれ，①監査役会設置会社，②監査等委員会設置会社，③指名委員会等設置会社と呼ばれ，③では，執行役が置かれる。②，③については，**第8章**で説明する。

　取締役会は，すべての取締役らで組織される機関であり（362条1項），会社の業務執行に関する決定を行い，取締役の職務の執行の監督を行う。さらに日常の業務執行のため，代表取締役の選定・解職を行う（362条2項）。

　ちなみに会社法上「職務」とは，会社法が会社の機関（取締役等）に権限を与え遂行を求めている行為，「業務」とは，定款所定の目的を実現するために企業が遂行すべき行為をいうことが多い。

2 取締役

(1) 資格

　取締役は，自然人でなければならず（331条1項1号），成年被後見人や会社法等の罪を犯したもの等は取締役になれない（欠格事由）。仮に欠格事由あるものを取締役に選任した場合には，選任決議は無効である（830条2項）。

　定款で，取締役となり得るものを株主に限るという規定は，公開会社では無効である（331条2項）が，非公開会社では有効である。

(2) 員数・任期

　取締役会設置会社では，取締役は3名以上必要である（331条5項）。非取締役会設置会社では，1名以上いればよい。定款で上限・下限を定めることができる。近時上場会社では，役員の数を絞っている例が多い。

　取締役の任期は原則2年（選任後2年以内に終了する事業年度のうち最終のものに関する定時総会終結まで）であるが（332条1項），例外は，①非公開会社では，定款規定により10年まで延長でき（332条2項），②監査等委員会設置会社，指名委員会等設置会社，および会計監査人設置会社で，定款で剰余金配当の権限を取締役会に与えた会社の取締役は1年となる。ただし，監査等委員会設置会社の監査等委員である取締役の任期は2年である。なお，役員等の義務および責任については，**第9章**で扱う。

(3) 選任

　取締役は，他の役員等（会計参与，監査役，会計監査人等）と同じく，株主総会の普通決議で選任される（329条1項）。定款による定足数の引き下げは，総株主の議決権の3分の1を下限とするが（341条），引き上げることも可能である。役員が欠けること，または定足数を満たさなくなる場合に備えて，

補欠取締役を選任することができる（329条3項）。

選任された取締役は，他の役員等と同じく，会社と委任関係に立つ（330条）。なお，取締役人事部長などのように，使用人（従業員）兼務取締役になっている場合，委任契約の他，雇用契約（従業員部分）を結んでいることもある。

◆コラム7-1──登記の効力と表見責任との関係────────

　法律上の制度ではないが，実務上，執行役員制度を設けていることがある。なお，これは前述の指名委員会等設置会社における執行役とは，別の制度である。立場上は，執行役員は従業員であるが，経営幹部社員に対して，執行役員の肩書きを与えて，意思決定を速やかに行うことを目的に，業務執行機能の一部を与えるものである[1]。

　中には，常務執行役員や専務執行役員という呼称を用いる例もあり，上場企業の半数が，執行役員制度を検討したことがあるという調査がある。

(4)　終　任

　①　**終任事由**　　取締役が地位を失うことを終任といい，任期満了・辞任・解任・死亡の場合等がある。取締役と会社の関係は委任契約であり（330条），上記の他，そのものの成年被後見（民653条），資格喪失，会社の解散によっても，地位を失う。一方会社の破産に関しては，取締役は，破産手続開始決定が出されても，当然には地位を失わず，役員の選任・解任といった会社組織に係る行為については権限を行使し得る（最判平21・4・17判時2044号74頁［百選A13]）。

　②　**解　任**

　①　株主総会は，いつでも，普通決議により取締役を解任することができる（339条1項）が，正当な理由なく解任された場合，取締役は会社に損害賠償を請求できる（339条2項）。最高裁は，病気で代表取締役を辞任した取締役を解任した事案について，正当な理由を認めたが（最判昭57・1・21判時

1　江頭憲治郎『株式会社法〔第7版〕』147頁（有斐閣，2017年）。

1037 号 129 頁［百選 44]），その場合の賠償額について，通常は残存任期の報酬額が基準となろう。

②　取締役の職務執行に不正の行為（会社財産の使い込みなど）または法令・定款に違反する重大な事実があったにもかかわらず，株主総会が解任議案を否決した場合（使い込みをした取締役らの持株数が多い場合等），少数株主（この場合総株主の議決権の 100 分の 3 または発行済株式の 100 分の 3 以上の株式を保有する株主）は，30 日以内に，会社と当該取締役の双方を被告として（855 条），解任の訴えを提起できる（854 条）。この場合の「重大な事実」とは，株主総会で解任する場合の「正当理由」より，狭いと解されている。

③　欠員が生じた場合（たとえば取締役会設置会社では 3 名の取締役が必要だが，そのうち 1 名が欠けた場合等），任期満了または辞任により退任した取締役は，後任者が就任するまで，引き続き取締役としての権利義務（取締役権利義務者）を有する（346 条 1 項）。その地位は，取締役と同じである。なお解任の場合には，346 条は適用されない。

取締役に欠員が生じた場合（特に解任の場合），利害関係人の申立てにより裁判所は仮取締役（一時取締役ともいう）を選任することができる（346 条 2 項）。なお取締役権利義務者の地位を失わせるためには，解任の訴えではなく，仮取締役の選任を申し立てることが必要である（最判平 20・2・26 民集 62 巻 2 号 638 頁［百選 45]）。

④　取締役の選任決議について，無効確認，不存在確認，取消しの訴えおよび解任の訴え（830 条・831 条）が提起されても，判決が確定するまでは，その地位に影響はない。しかし訴えの提起があった場合にその取締役にそのまま職務執行を認めることが適切でない場合がある。そこで，民事保全法上の仮の地位を定める仮処分（民保 23 条 2 項）により，訴えの提起後または提起前でも，急迫な事情がある場合には，裁判所は，当事者の申立てにより，取締役の職務執行の停止をすることができ，また職務代行者の選任も可能である。取締役職務代行者の権限は，仮処分命令に別段の定めがある場合を除いて，会社の常務（日常行われるべき普通の業務）に限定される（352 条 1 項）。なお，取締役の解任を目的とする臨時総会の招集は，常務に当たらないとされる（最判昭 50・6・27 民集 29 巻 6 号 879 頁［百選 47]）。

(5) 社外取締役

① 定義　社外取締役とは，株式会社の取締役であり，以下の①ないし⑤要件のいずれにも該当するものをいう（2条15号）。①現在，その株式会社またはその子会社の業務執行取締役・執行役・支配人その他使用人（以下業務執行取締役等という）でなく，かつ就任前10年間その株式会社または子会社の業務執行取締役等でなかったもの，②社外取締役に就任する前10年間のいずれかの時点で，その会社または子会社で取締役・会計参与・監査役であったことがあるものの場合には，その役職に就任する前の10年間，その会社または子会社で業務執行取締役等であったことがないこと，③現在，その会社の大株主（自然人），親会社の取締役・執行役・支配人その他の使用人でないこと，④現在，その会社の兄弟会社（親会社の子会社等）の業務執行取締役等でないこと，⑤その会社の，「取締役・執行役・支配人その他の重要な使用人・大株主（自然人）」の「配偶者・2親等内の親族」でないこと，である。

なお，社外取締役が業務執行行為を行えば，「社外性」を失うが，その範囲が問題とされている。上場会社においては，さらに「独立役員」（独立社外取締役または独立社外監査役）をおいて，取引所に通知する。「独立性」とは，雇用関係・親族関係・取引関係（経済的利害関係）の不存在をいうが，社外性に関し，過去の雇用関係の要件が緩和され（上記要件②，③），10年間の空白期間があれば，社外取締役に就任可能である。

> ◆コラム7-2──ソフト・ローとコーポレート・ガバナンス════════
>
> 　**第1章4**でも説明したように，近年コーポレート・ガバナンスの分野では，会社法や金融商品取引法といった制定法（ハード・ロー）だけでなく，上場規則や各種行動規範（ソフト・ロー）が重要性を増している。ソフト・ローは，ハード・ローとは異なり，裁判所や国家による法の強制（エンフォースメント）が保証されていない。
>
> 　具体的には，平成26年（2014年）金融庁は，「『責任ある機関投資家』の諸原則《日本版スチュワードシップ・コード》」を公表し，平成29年（2017年）に改正した。また金融庁と東証等が中心となって，「コーポレートガバナンス・コー

ド」が公表された。実務では，これらのコードは，「Wコード」等と呼ばれ，前者は採択を宣言した機関投資家，後者は上場企業が名宛人となり，いずれも一律義務づけを行わず，名宛人がその規範に従わない場合，その理由を開示させる（遵守または説明：comply or explain）方策を採用している。名宛人らは，Wコードの規範に従わない場合，その理由の開示等を要請されるため，エンフォースメントが保証されていなくても，事実上その規範を遵守することが多い。

②　設置強制　　従前は，会社法レベルで社外取締役には設置義務はなく，社外取締役を置いていない場合にはその理由を開示することになっていたが（改正前327条の2），コーポレートガバナンス・コードにおいて，上場企業（この場合には1部および2部市場）は独立社外取締役を2名以上定めることを原則としたため，上場企業において，社外取締役は増加していた。

これらの状況を踏まえ，令和2年（2020年）改正後327条の2において，監査役会設置会社（公開会社であり，かつ，大会社であるもの）であって，金融商品取引法24条1項の規定により，発行する株式について，有価証券報告書を提出する会社は，社外取締役を設置する義務があるとされた。なお，令和3年（2021年）のコーポレートガバナンス・コード改訂版は，優良企業が集まるプライム市場（東京証券取引所の区分再編により令和4年（2022年）4月に開設）の上場会社は独立社外取締役を3分の1以上選任すべきことなどを求めている。

◆コラム7-3──**有価証券報告書提出会社**

金融商品取引法に従い，有価証券報告書（事業年度ごとに作成する外部への開示資料）を提出する義務のある会社の大部分は，上場会社であるが（金商24条1項），過去に募集または売出しに当たり有価証券届出書または発行登録追補書類を提出した有価証券所有者数が1,000人以上の株券，および所有者数が500人以上のみなし有価証券等を発行して，多額の資金調達をした会社もそれに当たる。

有価証券報告書は，「企業内容等の開示に関する内閣府令」に基づき，記載される書類で，**EDINET**というサイトで閲覧することができる。様々な財務情報が記載されており企業の経営状況が正確に理解できるが，中でも「経営方針，経営環境および対処すべき課題」は，経営者自身による課題分析が記載されており，これから就職活動する学生諸君にも，大変参考になる情報だと思われる。

③　社外取締役の活用等　　マネジメント・バイアウト（経営陣による株式買収）の場面や親子会社間の取引の場面など，株式会社（指名委員会等設置会社を除く）と取締役との間に利益相反関係があるとき，または，その他取締役がその会社の業務執行をすることにより株主の利益を損なうおそれがあるときは，当該株式会社は，その都度，取締役会の決議により，当該株式会社の業務執行を社外取締役に委託できるとされる（348条の2第1項）。

指名委員会等設置会社の場合には，その会社と執行役との利益が相反する場合，その他執行役が指名委員会等設置会社の業務執行をすることにより株主の利益を損なうおそれがあるときは，取締役会決議により，その指名委員会等設置会社の業務執行を社外取締役に委託することができる（348条の2第2項）。

この場合，その社外取締役が業務執行行為等をすることになるが，そのときでも「社外性」の要件は失わないとされる（348条の2第3項本文）。ただし，その社外取締役が，他の業務執行取締役または執行役の指揮命令により委託された業務を執行した場合には，その限りでない（348条の2第3項但書）。

(6)　報　酬

①　株主総会による規制　　取締役は報酬（職務執行の対価）を受けるが（委任契約自体は無償が原則であるが（民648条1項），通常は有償である），その額の決定を取締役会に任せると，お手盛りの弊害があるので，定款または株主総会の決議で以下の内容を定める（361条）。

株主としては，会社からどれだけの資金が流失するかが関心の対象なので，①金額が決まっているときはその額，②金額が確定していないものについては，その算出方法，③金銭でないもの（後述するストック・オプション等）は，その具体的な内容である。通常，個人のプライバシーもあるので，各個人の取締役の報酬は開示する必要はなく（金融商品取引法等で，1億円以上の報酬を得る場合には個別開示が要求される），最高限度額を決めて株主総会で決議すれば（実務上，枠の決議という），その額を超えない限り，当該決議は有効であるとされる。最高限度額を上限として，各取締役の報酬は，取締役会の決定，

または取締役会から代表取締役に一定の算出方法に従うことを明示して，一任することも可能である。賞与についても，職務執行の対価であれば，361条の規制に服する。

なお上場会社等の取締役会は，原則として取締役の個人別の報酬の内容について決定するための方針を決めなければならない（361条7項）。

退職慰労金に関しては，在職中の職務執行の対価である限り，報酬規制に服する。実務上「会社が定める支給基準に従い，具体的な金額・支給期日・支払方法を，取締役会に一任する」等の決議がなされることが多い。判例は，明示的または黙示的に支給基準を明示して，具体的な金額をその基準に従い定めることを取締役会に一任する趣旨の決議は，会社法の規制の趣旨に反しないとしている（最判昭39・12・11民集18巻10号2143頁［百選61］）。使用人兼務取締役（取締役営業本部長等）には，取締役報酬の他，使用人としての給与が会社から支払われる。この分の給与には，361条は適用されない。

②　ストック・オプション等　業績連動型報酬の一つとして，取締役に新株予約権（2条21号）が付与される場合，その新株予約権はストック・オプションと呼ばれる。ストック・オプションを受け取った取締役は，その後業績が上がり，株価がどれだけ上がっても，あらかじめ定めた行使価格で新株予約権を行使して，株式を取得できる。したがって取締役らは，会社の業績が上がり，株価が上がれば，自らの報酬額も増えるという動機（インセンティブ）が与えられるので，業績連動型報酬の一つとされる。

ストック・オプションも職務執行の対価として，会社から受け取る財産上の利益であり，361条の適用がある。他の業績連動型報酬の一つとして，自社株を受け取る株式報酬などもある。この場合，361条によるお手盛り防止だけでなく，インセンティブ報酬の規制もするべきだという指摘がある[2]。

なお，取締役の報酬等について，①当該会社の募集株式，②新株予約権を付与する場合の決議事項を見直し（361条7項），上場企業については金銭の払込みを必要としない，とした（202条の2・205条3〜5項・209条4項・236条3項・同条4項）。これらは，取締役等への適切なインセンティブの付与の

---

[2]　伊藤靖史「株式報酬と会社法」商事法務2138号4頁（2017年）・2139号12頁（同年）など参照。

一環とされる。

　　③　**報酬の未払い等**　　　定款または株主総会の決議なく，取締役に対し報酬を支払うことはできない。その場合，取締役から会社に対し，報酬の支払を請求できない（最判平 15・2・21 金判 1180 号 29 頁［百選 A17］。通常取締役は有償と考えられるが，361 条の要件を満たして初めて報酬請求ができる）。しかし，事後的に無効な報酬支払を追認することはできる（最判平 17・2・15 判時 1890 号143 頁）。株主全員の同意があれば，株主総会決議に代わる効果が認められる。

　　また退職慰労金などについて，総会決議があったが，取締役会が不支給を決議した事例で，未支給が不法行為になる場合がある。定款や株主総会決議（一任された取締役会の決定）により，取締役の報酬が具体的に決定された場合には報酬額は確定されるため，その後株主総会が無報酬とする決議をしても，当該取締役が同意しない限り，報酬請求権は失われない（最判平 4・12・18 民集 46 巻 9 号 3036 頁［百選 62］）。

3　取締役会・代表取締役

(1)　業務執行と監督

　　取締役会設置会社において，すべての取締役で組織される取締役会は，業務執行の決定と取締役の職務執行の監督を行う機関である（362 条 1 項）。取締役会は，取締役の中から，代表取締役を選定し（362 条 2 項・3 項），代表取締役は業務の執行をし，対外的に会社を代表する。

　　指名委員会等設置会社においては，上記と異なり，取締役は業務執行をすることができない（監督と執行の分離）。この場合，取締役会の権能は，主に監督機能となり，基本的事項の決定と業務執行の監督となる。詳しくは，**第8章**で扱う。

　　監査等委員会設置会社も，取締役会設置会社であるが，原則として，取締役会が会社の業務執行を決定する。ただし社外取締役が過半数の場合等は，監督と執行を分けることも可能だが，これも**第8章**で後述する。

① **業務執行と業務執行の決定**　　会社の業務に関する意思決定を業務執行の決定，その実行行為を業務執行という。取締役会設置会社では，業務執行の決定は取締役会が行うのが原則だが（362条2項1号），重要事項以外は，取締役に委任することができる（362条4項）。なお特別取締役を設けて，重要財産の処分・譲り受け，多額の借財など，迅速な意思決定が必要な事項については，特別取締役の決議を取締役会決議とすることを認める（373条1項・2項）。

多くの場合，取締役会決議で，○○業務分掌などと，黙示の委任が行われる。また取締役は，さらに，使用人（日常用語では従業員）に委任することも多い。軽微な事項について，与えられた権限内で決定が使用人らにより，日常的に行われている。

業務執行については，取締役会ではなく，権限ある取締役が行う。会社が，会社の重要な財産である不動産などを譲渡する場合，決定は取締役会で行うが（362条4項1号），相手方との交渉や契約書の作成，さらに契約の締結などは，代表取締役らが行う（もちろん，実際には使用人らが準備することが多いだろう）。

◆コラム7-4──**特別取締役とモニタリングモデル**════════════

迅速な意思決定を行うため，従前認められていた重要財産委員会制度を，会社法では特別取締役による取締役会決議という制度に変更し，規制を緩和している。具体的には，大規模な会社で取締役が6名以上いる会社で，あらかじめ3名以上の特別取締役を選定しておき，特別取締役が重要財産の処分・譲り受けと多額の借財の決定権限を有する。この場合，意思決定が特別取締役に委任されるため，1名以上の社外取締役を含む取締役会では監督機能の強化が図られている。

取締役会による監督については，近時経営者の監視（モニタリング）が重要視されている。具体的には，経営戦略の決定や経営者の業績の測定などについて，社外取締役が中心となって，取締役会がモニタリング機能を果たすことが期待されている。そのため，監査役会設置会社では，社内取締役を特別取締役として意思決定の迅速化を図り，取締役会は社外取締役らを中心にモニタリング機能を果たすというモデルが注目されている。

② **業務執行と会社代表**　　業務執行には，①対外的な業務執行（会社

の代理・代表行為）と，②対内的な業務執行（予算編成，会計帳簿作成など）がある。①は代理と代表をいい，代理人の行為は本人に帰属し，代表は代表取締役により行われ，代表権のある機関による行為は，法人の行為となる。代表取締役は，会社の業務に関する包括的な代表権限を有する（349条4項）。また取締役会や代表取締役は，特定の事項について，取締役や使用人に代理権を与え，対外的な業務執行を行わせることもできる（11条・14条・15条参照）。

②は，代表取締役または取締役会により選定された業務担当取締役が行う（363条1項）。通常，業務執行権をもつ取締役の中で業務分担（営業本部長など）や職制（専務，常務など）を定めることは可能である。業務担当取締役は，実務上，会長，社長，副社長などと肩書きが付けられ，役付取締役とも呼ばれる。肩書きと代表権の所在は，一致しないことがある（表見代表取締役という）。

代表取締役，取締役会により選定された業務執行する取締役，および事実上業務執行を行った取締役を，業務執行取締役といい，社外取締役とはなれない（2条15号）。

③　**取締役会による監督**　　取締役会は，取締役の職務執行を監督する（362条2項2号）。取締役会で意思決定した事項は，代表取締役等の業務執行権限を有する取締役が執行する。この場合，業務執行をする取締役らが取締役会の決定に反する可能性もあるので，取締役会は代表取締役らの業務執行を監督する権限がある。最も強力な監督は，代表取締役等を解職する権限である（362条2項3号）。取締役会の職務執行に対する監督は，職務執行の適法性だけでなく，妥当性にも及ぶ。これは，監査役の監査権限と比較される。監査役は，後述する通り，取締役会に出席して，必要なときに意見を述べる義務を負っている（383条1項）。また，取締役の不正行為，そのおそれ，法令・定款違反の事実，著しく不当な事実がある場合，監査役はこれを遅滞なくこれを取締役会に報告しなければならない（382条）。そのために，必要があれば，監査役は招集権者に取締役会の招集を求め，招集されないときは監査役自ら招集することもできる。これは，監査役が適法性監査を行うためである。

取締役は，会社に著しい損害を与える可能性があるおそれのある事実を発見したときは，その事実を株主，または監査役会に報告しなければならない

（357条）。報告を受けた監査役等は必要に応じて差止めをする必要がある。

(2)　取締役会の運営

　取締役会は，業務執行の決定，取締役の職務執行の監督，代表取締役の選定・解職を行う（362条2項）。しかし取締役会は，常設の機関ではなく，必要に応じて開催される。

　①　招　集　　取締役会は原則として，個々の取締役に招集権があるが（366条1項），定款の規定に従い，招集権者が個々の取締役・監査役に通知して招集する（通常は代表取締役が招集権者とされている。368条1項）。この場合でも，全員が同意すれば招集手続なしで招集できる。また招集権者でない取締役は，招集権者に招集を請求でき，それでも招集されない場合には，請求者が取締役会を招集できる（366条2項）。

　取締役会を招集するためには，会日の1週間前までに，各取締役らに収集通知を発するのが原則である。しかし招集期間は定款で短縮できる。また取締役（場合により監査役）全員の同意がある場合には，招集手続は不要であり（368条），仮に全員の同意で定めた定例日に開催する場合には，その都度の招集手続は不要である。招集通知は，書面である必要はなく，口頭でも，電子メール等でも構わない。基本的に取締役にとって，取締役会出席は義務であり，株主総会における株主の出席とは異なる。

　②　決　議　　取締役会の決議は，定款・取締役会規程等に従い，頭数多数決（一人一議決権）で行われる。したがって，原則は，他人に議決権を委任して，代理行使することは認められない。取締役会の議決は，議決に加わることができる取締役（後に説明する特別利害関係を有する取締役らを除く）の過半数が出席し，出席取締役の過半数の賛成で決議される（369条1項）。定款により，加重することは可能だが，緩和はできない。

　（ア）**書面決議**　　定款で定めれば，決議に加わることができる取締役全員の同意があり，監査役が異議を述べない場合には，提案を可決する取締役会決議があったこととする書面決議を認める（370条）。

　（イ）**特別利害関係**　　特別利害関係を有する取締役（たとえば，会社と利益相

反取引をする取締役など）は，決議の公正を期すため，決議に加わることができない（369条2項）。

基本的に，その取締役が影響力を行使しないように，意見を述べたり，在席することも制限される場合がある。

代表取締役の選定については，対象候補者（取締役）が特別利害関係人に当たらないことは争いがない。しかし解職の場合には，判例によると，当該取締役が構成に議決権を行使することが期待できないため，特別利害関係人に当たると解している（最判昭44・3・26民集22巻3号645頁［百選66］）。上記判例の事例では，AはX株式会社の代表取締役であったが，Aを解職する議案が付議され，出席した4名の取締役（A，B，C，D）のうち，C，Dは賛成，A，Bは反対した。解職には過半数の決議が必要となるので，Aが定足数に入れば，過半数には至らず，定足数に入らなければ3分の2で解職は成立する。

しかし最判平28・1・22民集70巻1号84頁は，取締役会決議が，仮に特別利害関係人が加わってなされたとしても，当該取締役を除外しても，決議に成立に必要な多数が存在する場合には，その効力は否定されないとする。つまり，甲会社の財産を，取締役Aに譲渡することを承認する決議で，Aを含む4名全員が取締役会に出席し，全員が決議に賛成の場合，Aを除外しても，残り3名が賛成しているから，決議は有効と解している。しかしAの意向が強く働くような会社だと，Aが決議に加わるだけで，他の取締役に圧力をかけることとなるので，疑問がある[3]。

　(ウ)　**株主間契約**　　株主間で代表取締役の地位や報酬などを約定することがあり（株主間契約），その中に株主総会および取締役会における議決権の行使についての合意も散見される（議決権拘束契約）。その拘束力については，公開会社・非公開会社，契約後の年数など，個別に判断される（東京高判平12・5・30判時1750号169頁［百選A14］参照）。

　(エ)　**取締役会決議の瑕疵**　　株主総会の場合と異なり，会社法は，取締役会決議の瑕疵について，特別の規定を置いていないため，一般原則に従うし

---

[3]　田中亘『会社法〔第2版〕』225頁（東京大学出版会，2018年）参照。

かない。すなわち，原則として，瑕疵ある決議は無効となり，その無効はいつでも誰からでも主張できる。

　瑕疵の例として，招集手続違反（招集権者・招集期間），定足数不足，特別利害人の参加などがあり，その場合瑕疵ある決議となる。しかしその場合，すべての事例において決議が無効となるわけではなく，欠席取締役が出席しても決議の結果に影響がないと認めるべき特段の事情がある場合等瑕疵が軽微な場合には，決議が有効となる場合がある（最判昭44・12・2民集23巻12号2396頁［百選65］）。また仮に決議が無効であっても，後述する通り，当該決議に基づく代表取締役の行為が当然に無効になるわけではない（最判昭40・9・22民集19巻6号1656頁［百選64］）。

　(オ)　**議 事 録**　　取締役会の議事については，議事録を作成し，出席した取締役・監査役等は，署名または記名押印しなければならない（369条3項）。この記録および署名については，電磁的な方法でも可能である（369条4項）。議事録は10年間本店に据え置きされる（371条1項）。株主・債権者は，必要があるときは，裁判所の許可を得て，議事録の閲覧謄写をすることが可能である（371条2項・4項）。裁判所は会社，親会社・子会社に著しい損害を及ぼすおそれがあるときには許可することができない（371条6項）。地方公共団体による株主提案のため，閲覧謄写を求めることは権利行使の必要性がありと判断された事例がある（大阪高判平25・11・8判時2214号105頁［百選A15］）。

　決議に反対した取締役は，議事録に異議を留めておかないと決議に賛成したものと推定される（369条5項）。この場合，反対の証明も可能であるが，証明に失敗すると（実際上議事録に異議・反対した旨などを記載しないで，反対したことの立証はかなり困難だろう），責任追及の場合等に不利益が生じる。

　③　**権 限**　　取締役会は，業務執行の決定，取締役の職務執行の監督，代表取締役の選定・解職を行う（362条2項）。

　業務執行の決定については，重要な業務執行以外は委任できるが，①重要な財産の処分・譲受け，②多額の借財，③支配人その他重要な使用人の選任および解任，④支店その他重要な組織の設置・変更・廃止，⑤社債の募集，⑥内部統制システムの概要，⑦定款に基づく取締役等の責任の一部免除，⑧

その他重要な業務執行の決定は，必ず取締役会で行わなければならない（362条4項）。

　会社財産の売却が，①に当たるか否かは，「当該財産の価額，その会社の総資産に占める割合，当該財産の保有目的，処分行為の態様および会社における従来の事情」等を総合して判断される（最判平6・1・20民集48巻1号1頁［百選63］）。「重要」または②「多額」に該当するか否かは，ケースバイケースであるが，概ね総資産額の1％程度が基準となってきた（上記判例参照）。さらに各会社の内規で，それより小さな金額を定めることはよくある。

◆コラム7-5──内部統制システム

　大会社では，取締役会決議でリスク管理体制または内部統制システム（両者は，ほぼ同義である）を決定しなければならない。大きな会社であればあるほど，取締役個人が隅々まで目を光らせるのは困難である。そこで，そのような会社では，①会社の計算および業務執行が適切に行われ，企業経営の効率的な運用を目的とし，同時に②不祥事の防止（特に近時はコンプライアンス（法令遵守）が叫ばれている）するために，人的な組織を可視化し，手順を決めて，集団で業務に対応しようとする体制が作られている。この体制を内部統制システムという。

　このような内部統制システムの決定は，取締役会決議事項であるが（362条4項6号），会社法施行規則100条1項等が詳細を定めている。具体的には，①取締役の職務執行にかかる帳簿の保管，②損失の危険の管理，③取締役の職務執行が効率的に行われることを確保するための体制，④使用人の職務執行が法令および定款に適合することを確保する体制，⑤親会社・子会社からなる企業集団における業務の適正性を確保するための体制などである。

　金融商品取引法は，上場会社等に対し，財務諸表その他書類の適正性を確保するための体制（適正な財務情報のための内部統制システム）が整っているか評価した内部統制報告書を提出することを義務づけた（金商24条の4）。

(3)　代表取締役

　代表取締役とは，取締役会設置会社において，会社を代表する取締役であり，教務執行を行い，対外的に会社を代表する（47条1項）。代表取締役は，取締役会により選定され・解任される（362条2項3号）。なお，非公開会社

161

において，定款で株主総会の決議でも，代表取締役を選任することができるという規定は有効である（最判平 29・2・21 民集 71 巻 2 号 195 頁）。代表取締役が取締役の地位を失えば，代表取締役の地位も失う。他方，代表取締役を解職された場合には，平の取締役となる。

代表取締役は，会社内外の業務執行をし（363 条 1 項 1 号），株主総会・取締役会の決議を遵守し，日常の業務執行を行う。法的には，取締役会設置会社では，取締役会の下部組織であり，取締役会の指揮・監督に服する（実際上は，代表取締役の人事権などを通じ，事実上取締役会が代表取締役の指揮下にあることはよくある。しかし代表取締役は，取締役会の指揮監督に従うのが会社法の原則である）。

① 代表権　代表取締役は，会社の業務に関する一切の裁判上または裁判外の行為をする権限を有する（349 条 4 項）。伝統的な法人理論によると，代理行為の効果は本人に帰属するが，代表権ある機関（代表取締役）の行為は，法人の行為そのものとなる。しかし，以下のような場合には，代理に準じて処理される。

①　取締役会規程（内規）により，代表取締役の権限が制限されていたが，取締役会の承諾を得ずに，内規を超えて，多額の借入れをしたような事例（たとえば，10 億円以上の借入れには取締役会の承認が必要だが，その承認を得なかった）では，内規の効力は善意の第三者（銀行などがこの内規を知っていなかったこと）には対抗できない（349 条 5 項）。

②　代表取締役が内規には従ったが，自分のために取引した場合（上記借入れを，別の会社の借入れの返済に使った等），これを権限濫用という。つまり代理権の範囲内だが，会社のためではなく個人のために取引したような場合である。この取引の効力が会社に及ぶ（会社が返済しなければならない）だろうか。

最高裁は，相手方に悪意または過失があったときは，民法 93 条 1 項但書（心裡留保。判決時には 93 条だが，現在では 107 条（代理権の濫用）が新設された）類推適用により，取引は無効となる，とする（最判昭 38・9・5 民集 17 巻 8 号 909 頁）。学説には，第三者が悪意または重過失の場合に，取引が無効と解する説が多い（信義則説）。

③　代表権がないのに，会社が社長，副社長など会社を代表すると一般に

162

認められる名称を付した場合，その取締役（表見代表取締役）のなした行為は，本来会社に帰属しないが，会社は善意の第三者には責任を負わなければならない（354条。従前，専務取締役，常務取締役という名称が，表見代表取締役に含められていたが，会社法制定時に削除された）。なお判例には，取締役でないもの（使用人）に，代表取締役と認められる肩書きを与えていた場合にも，354条の類推適用を認めたものがある（最判昭35・10・14民集14巻12号2499頁）が，限定的であろう。また第三者に重過失がある場合，悪意と同視され，会社は表見代表取締役の行為に責任を負わない（最判昭52・10・14民集31巻6号825頁［百選48］）。

④　会社・取締役間の訴訟については，代表取締役に代表権はない（353条）が，取締役会設置会社においては，その決議で代表者を定めることができる（364条）。

②　**取締役会決議を欠く代表取締役の行為**　　代表取締役の行為が，株主総会・取締役会決議を欠いたまま，行われた場合に，その効力はどうか。

判例は，原則的に，これらの行為は有効であるが，相手方が取締役会の決議を経ていないことを知り，または知ることができた場合，無効と解している（最判昭40・9・22民集19巻6号1656頁［百選64］）。なお，取締役会決議が必要な新株発行を，取締役会決議を経ないで，代表取締役らが行った場合でも，新株発行は無効とならない（最判平6・7・14判時1512号178頁［百選102］）。株主総会決議が必要な新株の有利発行を，株主総会決議を経ずに，代表取締役が行った場合も，新株発行無効にはならない（最判昭46・7・16判時641号97頁［百選24］）。

なお，会社法が重要な業務執行の決定を取締役会の決議事項と定めたのは会社の利益保護が目的であるから，取締役会の決議を経ていないことを理由にする取引の無効は，原則として会社のみが主張できる（最判平21・4・17民集63巻4号535頁）と理解すべきである。

⑷　取締役会非設置会社

会社法は，従前の有限会社の規制を引き継いだため，公開会社，監査役会

設置会社，または監査等委員会・指名委員会等設置会社でない場合，取締役会を設置しないことができる（以下，取締役会非設置会社という。327条1項）。

①　**株主総会**　　　取締役非設置会社では，株主総会はすべての会社の意思を決定する万能の機関である（295条1項）。競業取引や利益相反取引も，株主総会が承認する（356条）。しかし取締役会設置会社では，株式総会の意思決定の権限は，原則として，法定事項に限られる。

②　**取締役**　　　非取締役会設置会社では，取締役は1名以上いればよい（326条1項）。仮に取締役が2名以上いても，各取締役に業務執行と会社代表の権限がある（348条1項・349条1項本文。各自代表，各自執行）。取締役が2名以上いる場合には，業務執行の決定は取締役の過半数で決する（348条2項）。348条3項各号に記載された事項（支配人の選解任，支店の設置等）以外について，各取締役に業務執行の決定を委任することは可能である。

　取締役が2名以上いる場合，各自代表が原則だが，代表者を定めることもできる。この場合，代表者に選任されなかったものは，代表権がない（349条2項1号）。取締役の中から，代表取締役を定めるには，定款，定款に基づく取締役会での互選，株主総会決議による（349条3項）。

■ 第 8 章 ■
監査役・監査役会

1 株式会社における監査の担い手

株式会社において，誰が，監査を行うかは，大きな問題である。取締役会設置会社においては，株主総会は常設の機関ではないため，代わりに，会計監査，業務監査（適法性監査・妥当性監査）を誰が行うかは，コーポレート・ガバナンスの重要課題である。

取締役会設置会社では，①監査役もしくは監査役会，②監査等委員会，または③指名委員会・報酬委員会・監査委員会（以下3委員会という）のいずれかが必要である。それぞれ，①監査役会設置会社，②監査等委員会設置会社，③指名委員会等設置会社と呼ばれる。

①は，常設の機関として監査役が置かれ，基本的に業務執行の監査（適法性監査等）および会計監査を行う。また②および③以外の大会社であり，公開会社である会社は，監査役会を置かなければならない（328条1項）。同時に，①で大会社，②③は，会計監査人を置かなければならない。会計監査人は，会社の計算書類等の会計監査を行うものである。2019年7月時点で全上場企業（約3,700社）のうち，約7割（約2,500社強）の企業が①を採用する。

②は，取締役会設置会社であり，取締役会が会社の業務執行等，株主総会の権限以外の事項について，会社の意思を決定する。この場合，代表取締役が会社の業務執行を行い，対外的に会社を代表する。②には，監査役は置かれず，取締役会の中で，監査等委員が監査等委員会において監査を行う。この場合，監査等委員は取締役であるので，業務監査のうち妥当性監査も行うことができる。

社外取締役が過半数である場合，または定款で定めた場合には，監督と執

165

行を分け，取締役会の権限を基本事項の決定に限定し，一定事項を除き業務決定の権限を取締役に委譲することができる。このような形態をモニタリングモデルという。上場企業のうち，②の形態をとる企業数は，2019 年 7 月時点で 1,000 社を超えたという。

　③は，取締役会設置会社であり，監査役は置かずに，取締役会内部の監査委員会が業務監査（妥当性監査を含む），会計監査を行う。取締役は，法令に別段の定めのある場合や執行役を兼務する場合等を除き，業務執行をすることができない（監督と執行の分離）。取締役会の機能は，3 委員会を中心とした，監督が中心となるため，取締役会の権限も，基本的事項の決定，委員会メンバーの選定・解職，執行役の選定解職，および報酬の決定等に限定され，業務決定の権限を執行役に委譲することができる。取締役会は基本的事項の決定と業務執行の監督を行い，執行役が業務を執行し，代表執行役が会社を代表する。③は，2019 年 7 月時点で全上場企業のうち 78 社程度という。

2　監査役および監査役会設置会社

(1)　監　査　役

　監査役は，取締役（および会計参与）の職務執行の監査をする。監査とは，業務執行者等（取締役および委任を受けた使用人等）とは別に，法令・会計基準などに照らして，その行為の適否を判断することである。監査役は，会計監査および業務監査を行うが，非公開会社では定款で監査役の監査範囲を会計に関するものに限定することができる（389 条 1 項）。

　①　員数・任期　　監査役の欠格事由については，取締役と同じく，監査役は，自然人でなければならず（335 条 1 項・331 条 1 項他），成年被後見人や会社法等の罪を犯したもの等は監査役になれない（欠格事由）。監査役は業務執行者を監視監督することが主な職務であり，監査役が業務執行者を兼ねたり，業務執行者の指図を受ける地位を兼ねることができない（兼職禁止）。また子会社の取締役業務執行者，会計参与，執行役にもなることができない

166

（335条2項）。

なお，弁護士の資格をもつ監査役が特定の訴訟事件について，会社から委任を受けて訴訟代理人となることは禁止されない（最判昭61・2・18民集40巻1号32頁［百選74］）。

監査役の任期は4年（選任後4年以内に終了する事業年度のうち最終のものに関連する定時株主総会の終結時まで）である（336条1項）。独立性を担保するためであり，定款・総会決議でも短縮できない。なお非公開会社では，10年まで任期を伸張できる。補欠監査役も，選任可能である。

② **選任・終任**　監査役は株主総会の普通決議で選任される（329条1項）。定足数については取締役と同様の規制があり（341条），累積投票はないが，非公開会社では種類株主総会による選任制度を用いることができる（108条1項柱書但書・9項他）。

監査役選任議案には，取締役会決議が必要だが，株主総会に提出するには，監査役（または監査役会）の同意（事実上の拒否権）が必要である（343条1項）。逆に監査役は特定の候補を選任する監査役選任議案を株主総会に提出するように請求できる（341条2項）。

監査役の終任（任期満了・辞任・解任）については，取締役とほぼ同じである。ただし，独立性担保のため，株主総会での解任には特別決議が必要である（309条2項7号）。仮に業務執行取締役等と意見を異にし，再任されない場合等，監査役は，選任・解任・辞任について株主総会で意見を述べることも可能である（345条4項・1項）。また辞任した元監査役は辞任後最初に招集される株主総会に出席し，辞任した旨およびその理由を述べることができる（345条4項・2項）。

③ **監査権限**　監査役の監査や業務の大きなものは，(ア)会計監査と(イ)業務監査である。

(ア) **会計監査**　計算書類と附属明細書を含む会計に関する書類（計算書類。第11章3参照）を含む会計に関する監査を会計監査という。その目的は，会社が開示する会計情報の適正性を担保することである。この場合の監査とは，対象となる書類が会社の状況を適正に表示しているかどうかについて，意見を形成し，その意見を監査報告で表明することである。監査役は事業年

167

度中に調査をし（期中監査），書類が作成された後それをチェックする（期末監査）。

　監査の結果は，監査報告および会計監査報告にまとめられる。監査報告では，計算書類，事業報告，それらの附属明細書が適正に作成されているかについて，監査役は意見を表明する。

　会計監査人が設置されていない会社では，計算書類，事業報告，それらの附属明細書について，監査役の監査を受けなければならない（436条1項）。なお，監査役の権限を会計監査に限るという定款の定めがある会社は監査役には事業報告を監査する権限はないとされている（会社則129条2項参照）。

　会計監査人設置会社では，事業報告とその附属明細書について監査役（監査等委員会，監査委員会）の監査を受けなければならない（436条2項2号）。計算書類と附属明細書の監査は，主に会計監査人が行うが（会計監査報告），監査役は会計監査人の監査方法または結果が相当でないと認めたときは監査役等が監査を行う。

　(イ)　**業　務　監　査**　　監査役による**業務監査**とは，取締役の職務執行が法令・定款に適合しているかどうかをチェックすること（**適法性監査**）である。業務執行の妥当性を監査すること（**妥当性監査**）には，監査役の権限が及ばないと考えるのが多数説である（少数説は，著しく不当な場合には，善管注意義務違反となるので，監査役の監査は及ぶとする[1]）。ただし，取締役が重要な業務執行の決定を行う際，判断材料・議論が不十分なまま決定をするようなおそれがある場合には，監査役は取締役会に出席し意見を述べることができる（取締役会出席・意見陳述の義務。383条1項）。また取締役会における監査役の発言は，業務執行の妥当性についても，制約されない。

　なお複数の監査役がいる場合でも，各自が独立して監査権限を行使し（独任制。390条柱書但書），監査役会が置かれても，この原則は同様である。

　◆コラム8-1──**監査役の日常業務**━━━━━━━━━━━━━━━━━━━

　　監査役は，監査の結果の要約として監査報告を作成する（381条1項）。そのために，監査役はいつでも，取締役・会計参与・支配人その他の使用人に対して，

1　神田秀樹『会社法〔第21版〕』244頁（弘文堂，2019年）。

事業の報告を求め，自ら会社の業務・財産の状況を調査する権限を有する（381条2項）。また監査役はその職務を行うため必要があるときは，子会社に対して事業の報告を求め，子会社の業務および財産状況の調査ができるが，子会社は正当な理由があるときは調査を拒むことができる（381条3項・4項）。

監査役は，職務を行うに際して，取締役の不正の行為，または法令定款違反を発見したときは，遅滞なく，その旨を取締役会に報告しなければならない（382条）。監査役は取締役と協調して経営者の監視監督が求められるため，取締役会において出席義務，意見陳述義務を負い，招集請求権をもつ（383条1～3項）。

監査役は取締役が株主総会に提出しようとする議案・書類などを調査する義務を負い，法令違反等があるときは，株主総会に報告する義務を負う（384条）。

監査役は，取締役が会社の目的範囲外の行為，その他法令定款違反の行為をしまたはそのおそれがある場合，その取締役に対し行為の差し止めを請求することができる（385条1項）。株主の違法行為差止よりも，緩やかな要件である。

④ **報酬および費用**　　監査役の報酬等（報酬，賞与等職務執行の対価として会社から受け取る財産上の利益）は，取締役と同様に定款または株主総会の決議で決定する（387条1項）。監査役が2名以上いるときは，各監査役の報酬は，定款または株主総会決議で具体的に定まっていない場合，その範囲内で監査役の協議により定める（387条2項）。また監査役は株主総会で，報酬等について意見を述べることができる（387条3項）。

監査役が職務を執行する際にかかる費用について，会社に対し，費用の前払い，支出した費用および利息の償還，負担した債務の債権者への弁済を請求でき，会社がそれら費用が監査役の職務に不要なことを証明した場合を除き，支払を拒否できない（388条）。この場合，判例で問題となったのが，訴訟の遂行費用である。監査役による取締役の責任追及訴訟に関し，請求棄却された場合でも，会社の利益第一に提訴したものである場合には，不当な目的とされなかった事例がある（東京高判平24・7・25判時2268号124頁）。

⑤ **会社代表**　　取締役と会社が反対当事者となって訴訟をする場合（たとえば，会社が取締役に貸し金返還などを請求する場合），その訴えについて監査役が会社を代表する（386条1項1号）。この場合，仮に他に代表取締役がいても，取締役間で温情等が働き，手心が加えられる可能性があるから

169

である。

　その他，後述する株主代表訴訟（**第10章**参照）等で，(i)株主が会社に対して取締役の責任追及等の訴えを起こすとき（847条1項），(ii)株主から株主代表訴訟の訴訟告知を受けるとき，(iii)代表訴訟の和解について通知・催告（850条2項）を受けるとき，監査役が会社を代表する。

(2) 監　査　役　会

　公開会社でかつ大会社である会社は，前述の通り，①監査役会設置会社，②監査等委員会設置会社，③指名委員会等設置会社のいずれかを選ばなければならない（328条1項）（②③は後述する）。

　① 社外監査役　　上記①監査役会設置会社（2条10号）では，監査役は3名以上で，かつその半数以上（4名ならば2名以上）は，社外監査役でなければならない。

　社外監査役（2条16号）とは，(i)監査役に就任する前10年間，その会社または子会社等で取締役・会計参与・執行役支配人その他使用人でなかったこと，(ii)社外監査役に就任する前10年間のいずれかの時点で，その会社または子会社で監査役であったことがあるものは，その就任の前10年間，会社または子会社等で取締役・会計参与・執行役支配人その他使用人でなかったこと，(iii)現在その会社の大株主（自然人），親会社の取締役・監査役・執行役・支配人その他使用人でないこと，(iv)現在その会社の兄弟会社（同一の親会社をもつ会社）の業務執行取締役でないこと，(v)その会社の取締役・支配人その他重要な使用人・大株主の配偶者・2親等内の親族でないこと，いずれにも該当しないものをいう。

　② 監査役会の構成・運営　　監査役会は，すべての監査役で組織し（390条1項），監査報告の作成，常勤監査役の選定・解職，監査の方針に関する事項の決定を行う（390条2項）。

　1名以上の常勤監査役を置くことが必要であるが，会社法上常勤の定義はないので，実務上フルタイムの勤務がその基準の場合が多い。

　監査役会は，前述の通り，監査役は独立して監査権限を行使する（独任制）。

そのため，監査役会で会社の業務・財産状況の調査の方法，その他監査役の職務の執行に関する事項について各監査役の分担を決めることはあるが（390条2項3号），この決定は各監査役の権限を妨げない（390条2項）。なお監査役会設置会社では，監査役会が監査報告を作成するが（390条2項1号），個々の監査役の監査報告も必要である。

監査役会は，各監査役が招集する（391条）。監査役会を招集するためには，監査役は1週間前まで（それを下回る期間を定款で定める場合にはその期間）に，通知を発しなければならない（392条1項）。ただし，全員の同意がある場合には，その手続を省略できる。

監査役会の決議は，監査役の過半数で決する（393条1項。特別利害関係の制度は規制されていない）。代理は認められていない。その後監査役会は，法務省令に従い，議事録を作成し，10年間保管しなければならない（394条1項）。

(3)　会計監査人

大会社および監査等委員会設置会社，指名委員会等設置会社は，会計監査人を置かなければならない（328条）。会計監査人は，公認会計士，または監査法人（5名以上の公認会計士を社員として設立される法人）でなければならない（337条1項）。監査法人が会計監査人となる場合には，具体的に会計監査人の職務を担うものを選定し，会社に通知する（337条2項）。被監査会社からの独立性を維持する目的で，欠格事由が設けられている（337条3項）。

◆コラム8-2──会計監査人の独立性と無限定適正意見────────

上場企業等は，財務諸表について，公認会計士または監査法人の監査証明を受けなければならない（金商193条の2）。通常上場会社は，会社法上の会計監査人と金融商品取引法上の会計監査人について，同一のものを選任することが多い。

公認会計士法平成15年改正で，大会社に対する監査証明業務で，継続的監査の制限（原則7年インターバル2年），単独監査の禁止などが法定され，公認会計士の独立性が強化された。現在継続監査期間5年，インターバル5年に短縮されている。

監査証明について，何も留保がついていない意見書を，無限定適正意見（監査

171

法人等の監査の結果，財務諸表等が適正に作成されていることを会社の財務状態および経営成績を適正に表示していると認めたもの）という。東芝などでは，無限定適正意見が当時の監査法人からなかなか出なかったため，いろいろ問題が生じた（2017 年）。その背景には，粉飾決算等において，監査証明を出した場合の監査法人等の責任が法定・強化され（金商 21 条他），株主等から責任追及がなされたことなどがある。

① **選任・終任**　会計監査人は，株主総会の普通決議で選任される（329 条 1 項）。会計監査人の独立性を担保するため，会計監査人の選任・解任議案は監査役（監査役会設置会社の場合には，監査役の過半数）が決定する（344 条 1 項）。会計監査人の任期は 1 年であるが，翌年の定時総会で別段の決議がなされないときは，再選されたものとみなす（338 条 1 項・2 項）。

　会計監査人の終任（任期満了，辞任，解任）については，取締役と同様で，委任の規定に従う。欠員の場合には 346 条 4 項に従い，監査役は一時会計監査人（の職務を行うもの）を選任しなければならない。さらに，監査役（または監査（等）委員）の全員の同意により，一定の場合に（職務上の義務に違反するとき，職務を怠ったとき，会計監査人としてふさわしくない非行があったとき等），会計監査人を解任することができる（340 条 1 項）。会計監査人は，選任・解任または辞任について，株主総会で意見を述べることができる（345 条 5 項）。

② **権限・義務**　会計監査人は，会社法上，会社の計算書類（435 条 2 項），およびその附属明細書を監査し（396 条 1 項前段），会計監査報告（前述の通り，監査証明との相違に注意）を作成する（396 条 1 項後段）。

　会計監査人は，会社に対し善管注意義務を負い（330 条，民 644 条），取締役らに対する報告聴取権（396 条 2 項・6 項）を有する。その調査権は，子会社にも及ぶ。

　会計監査人は不正行為を発見したときは，遅滞なく監査役（会），監査（等）委員会らに報告しなければならない（397 条）。会計監査人が，計算書類等が法令定款に適合するかについて，監査役（会），監査（等）委員会らと意見を異にするときは，定時株主総会に出席して，意見を述べることができる（398 条）。

③ **報酬等**　会計監査人の報酬については，定款・株主総会決議で定める必要はないが，取締役がそれを定める場合には監査役等（2名以上いる場合には過半数，監査役会設置会社では監査役会，委員会型では監査（等）委員会）の同意を得なければならない（399条）。

⑷　会計参与

　会計参与は，通常任意設置の機関であり，取締役と共同で計算書類を作成する（374条1項）が，公認会計士・監査法人または税理士・税理士法人でなければならない（333条1項）。中小規模の会社における計算の適正化を促進するという制度である。

　① **選任・終任**　会計参与は，公認会計士・監査法人または税理士・税理士法人でなければならないが，その会社または子会社の取締役・監査役・執行役・支配人その他の使用人は，会計参与になることができない（333条3項1号）。会計参与の任期・選任・解任・欠員の処理等は，取締役の任期の規定が準用されている（ほぼ同じ規制である。334条1項）。会計参与は，監査役と同じく，会計参与の選任・解任・辞任について，株主総会で意見を述べることができる（345条1項・2項）。

　② **権限・義務**　会計参与は，取締役と共同して，計算書類を作成する（374条1項）。そのために，会計参与には，会計帳簿閲覧権，取締役に対する報告聴取権（374条2項）がある。不正行為を発見した場合には遅滞なく株主，監査役，監査（等）委員などに報告する義務がある（375条）。計算書類の作成について，取締役と意見を異にする場合には，株主総会で意見を述べることができる（377条）。

3 監査等委員会設置会社

(1) 業務執行と監督

　大会社・公開会社は，取締役会を設置し，監査役を置くか，または3委員会もしくは監査等委員会を置かなければならない。

　前述した通り，取締役会は，業務執行の決定と取締役の職務執行の監督を行う機関である（362条1項）。取締役会は，取締役の中から，代表取締役を選定し（362条2項・3項），代表取締役は業務の執行をし，対外的に会社を代表する。監査役は，会計監査および業務監査（適法性監査）を行い，取締役会が取締役の監督を行う。

　指名委員会等設置会社においては，監査役を置かず，取締役会の中に3委員会（指名委員会・報酬委員会・監査委員会）を設置する。取締役は業務執行をすることができない（監督と執行の分離）。この場合，取締役会の権能は，主に監督機能となり（モニタリングモデル），基本的事項の決定と業務執行の監督となる。3委員会を同時に設置することで，社外取締役らに強力な権限を付与することとなり，上場企業の2%程度にとどまる。この場合，業務執行は，執行役が行う。

　監査等委員会設置会社も，取締役会設置会社であるが，監査役・執行役を置かず，監査等委員会を取締役の中に設置する。上記の3委員会強制設置ではなく（任意で類似の委員会を置き，諮問機関とする例もある），取締役の一部が監査等委員となり，監査業務に当たる。この場合，取締役会は教務執行の決定を行い，取締役らの監督業務も行う。その結果，監査等委員会は，取締役として，妥当性監査も行うこととなる。業務執行は，代表取締役（および選定取締役）がこれに当たる。このように，監査等委員会設置会社は，いわば，監査役設置会社，指名委員会等設置会社の中間形態であり，社外取締役の任用を促進するという目的を果たした。ただし社外取締役が過半数の場合等は，モニタリングモデルの機能をもたせ，監督と執行を分けることも可能である。

　このように，監査等委員会設置会社は，監査役設置会社と，指名委員会等

図-4　監査等委員会設置会社

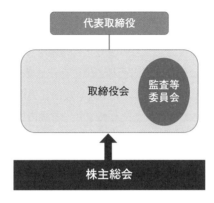

設置会社の特徴をもつガバナンス形態として，令和元年（2019年）7月時点で1,000社を超える上場企業が，採用することとなった。

(2)　取 締 役 会

　監査等委員会における取締役会は，監査役設置会社とほぼ同じく，経営の基本方針の決定，内部統制システムの概要，その他業務執行の決定を行うとともに，取締役の職務執行を監督し，代表取締役の選定・解職を行う（393条の13第1項・3項）。原則として取締役会は，重要な業務執行の決定を取締役に委任することができない（399条の13第4項）。

　しかし，取締役の過半数が社外取締役の場合，またはその旨の定款規定を置いている場合には，取締役会決議により，多くの事項の決定を取締役に委任できる（モニタリングモデル）。なお，上記の場合の他，特別取締役（あらかじめ選定した3人以上の取締役）による取締役会制度を利用することが可能である（373条）。

(3)　監査委員会

　監査等委員は，取締役でなければならない（399条の2第2項）。監査等委員

となる取締役は，他の取締役と区別して選任され（329条2項），任期は2年である。他方その他の取締役の任期は1年であり，これらのことからみると，監査等委員は取締役だが，監査役に取締役の地位を与え，取締役会における議決権と妥当性監査をする権限を与えたとも理解できる。

監査等委員である取締役は，当会社その子会社で業務執行取締役や使用人を兼務できず（331条3項），3名以上で過半数は社外取締役でなければならない（331条6項）。ただし，監査役と異なり，常勤の監査等委員を置く必要はない（全員社外取締役でもよい）。

監査等委員の報酬は，監査等委員の独立性を確保するため，それ以外の取締役と区別して，定款または株主総会決議で定められる（361条2項）。監査等委員である取締役個別の報酬が定められていない場合には，監査等委員の協議で決められる（361条3項）。

監査等委員は，他の監査等委員の選任・解任・辞任について，株主総会で意見を述べる権利があり（342条の2第1～3項），監査等委員である取締役選任議案の同意見（344条の2）や監査等委員である取締役の報酬について株主総会で意見を述べる権利（361条5項）もある。

(4)　監査等委員会

監査等委員会は，すべての監査等委員である取締役から構成される。監査等委員会は，取締役・使用人などに対して報告聴取権・業務財産状況調査権を有する（監査役・指名委員会等設置会社設置会社における監査委員会と共通）。しかし独任制の監査役とは異なり，委員会が選定する委員のみが上記権限を有するということと，選定された委員は委員会の議決に従う必要があるという制限がある。

費用償還請求権（399条の2第4項），取締役会への報告義務（399条の4），違法行為の差止め（399条の6）は，監査委員会・監査役と共通する。株主総会に対する報告義務は，監査役と同様である（399条の5）。取締役と会社との訴訟の代表権（399条の7）については，監査等委員が当事者である場合は取締役が定めるものの，それ以外は監査等委員会が選定した監査等委員が会

社を代表する。

　選定された監査等委員は，株主総会において，監査等委員でない取締役の選任等について，および監査等委員でない取締役の報酬等について，監査等委員会の意見を述べることができる（342条の2第4項・361条6項）。これらの権限は，監査等委員のみであり，監査役には与えられていない。これは，指名委員会等設置会社では指名委員会・報酬委員会により果たされる経営評価機能を，監査等委員会設置会社では監査等委員会と株主総会が代替することによる[2]。

　なお，規制緩和として，監査等委員でない取締役と会社との間の利益相反取引について，監査等委員会の承認があったときは任務懈怠の推定（423条3項）が生じない（423条4項）。この規定の目的は，監査等委員会設置会社の利用推進と思われる。

4　指名委員会等設置会社

　取締役会の主たる機能を，経営の意思決定ではなく，監督に求めるような考え方を，前述のようにモニタリングモデルといい，取締役会の中に社外取締役を一定数選任し，3委員会（指名委員会・報酬委員会・監査委員会）等を通じて経営者を評価するというシステムであり，欧米では広く採用されている。

　わが国では，平成14年商法改正で導入された制度であるが，取締役会の中に，3つの委員会を設け，社外取締役らに，会社経営に関する評価・決定を行わせるものである。具体的には，①取締役候補者の人選を指名委員会が，②会社の業務執行の監査を監査委員会が，③取締役・執行役の報酬決定を報酬委員会が行う（404条）。監査等委員会設置会社と区別するために，指名委員会等設置会社と呼ばれている。わが国では，社外取締役に人選，報酬決定，監査機能を任せることに抵抗が強く，上場企業の2％ほどしか採用しておらず，採用企業数も増えていない。

2　伊藤靖史・大杉謙一・田中亘・松井秀征『会社法〔第4版〕』214頁（有斐閣，2018年）。

図-5　指名委員会等設置会社

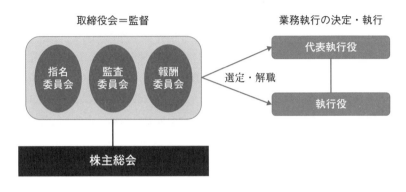

(1) 監督と執行の分離

　監査役制度において，原則的には，会社の重要な業務執行は取締役会により決定され，取締役は取締役会を通じ他の取締役の職務執行を監督し，監査役は職務執行の監査（会計監査，業務監査）の適法性監査を行う。しかし，実際上，多くの企業では，取締役間でも上下関係があり，一番年次が上の代表取締役が取締役らの人事を事実上決定し，取締役会による監督は十分に機能していない例が多い。そのような背景で，企業の粉飾決算などの不祥事が相次いだ。

　他方，諸外国では，取締役会は社外取締役が過半を占め，社外取締役は，経営者から独立して監督するという実務慣行が成立している（法制度は各国で異なる）。わが国では，指名委員会等設置会社として，社外取締役が委員会において過半数を占めるように設計され（400条3項），各委員会に強い権限が法律レベルで認められている（404条）。前述の通り，社外の役員に，人事・報酬・監査を委託する指名委員会等設置会社は，70社ほどと採用する会社はそれほど多くなく，わが国の制度は実務上抵抗があるようにみえる（もっとも，近時監査役設置会社や監査等委員会設置会社においても，任意の諮問機関として，報酬委員会や指名委員会類似の機関を置く例も散見される）。そのため，監査等委員会設置会社が増えていることは，前述の通りである。

指名委員会等設置会社において，取締役は，執行役と兼務しているものを除き，業務執行をすることはできず（415条），業務執行は執行役が行う（418条）。代表行為は，代表執行役が行う（420条）。逆に指名委員会設置会社では，監査役や監査等委員会（指名委員会等設置会社では監査委員会）は設置できない（327条4項・6項）。制度上，指名委員会等設置会社では，取締役会で決議する事項は監督業務に限られ，執行役は執行の決定と執行について権限委譲されている（416条1項・3項・4項）。

(2) 取締役・取締役会

① **任期・兼務**　　指名委員会等設置会社において，取締役の任期は1年（選任後1年以内の最終の事業年度に関する定時株主総会まで）である（332条6項）。法令に別段の定めある場合を除き，監督と執行を分離し，取締役は業務執行をすることができない。しかし，社外取締役でない取締役は，執行役を兼務することができ，執行役の資格で業務執行を行うことはできる（取締役会議長および代表執行役CEO等という肩書きがつくことがある）。取締役は執行役を監視・監督する立場にあり（416条1項2号），執行役の監督を受ける使用人等を兼務することはできない（331条4項）。

② **取締役会の機能**　　指名委員会等設置会社の取締役会は，各委員会の委員を選定・解職し（400条2項・401条1項），執行役を選定・解職し（402条2項・403条1項），代表執行役を選定・解職する（420条1項・2項）。また，取締役会は，会社の基本方針の決定や内部統制システムにかかるその他重要事項を決定し，執行役・取締役等（会計参与が設置されていれば会計参与も含む）の職務執行を監督する（416条1項）。

指名委員会等設置会社も，業務執行の決定は原則として取締役会で行う（416条1項1号）が，執行役に委任できる場合（新株発行や重要財産の譲渡等）がある。ただし委任の決議が必要である（416条4項柱書）。そのため，指名委員会等設置会社では，執行役による迅速な経営が可能となる。

このように指名委員会等設置会社においては，会社にかかわる多くの権限が3委員会や執行役に委譲されるため，取締役会の意義が不明確になる可能

性がある。取締役会は，各委員会や執行役を実効性をもって，監督すること
が求められる。

(3) 3委員会の権能

　指名委員会等設置会社の取締役会は，取締役の中から各委員会の委員を選
定する（400条2項）。それぞれの委員会は，3名以上の取締役（委員）で構成
され，各委員会の過半数（半数ではない）は社外取締役でなければならない（400
条1項・3項）。また監査委員会委員は，業務執行取締役等（執行役，会計参与，
使用人）との兼任が禁止される。各委員会の運営については，招集，決議，
議事録について取締役と類似のルールが定められる（410～413条）。また各
委員会の活動に必要な費用の償還請求なども同様である（404条4項）。

　取締役会は，執行役を選任し（402条2項），また執行役の中から代表執行
役を選定し（420条1項），解職することができる（420条2項）。

　委員会は取締役・執行役に委員会への出席・必要事項の説明を求め，選定
された委員は取締役会の招集権限をもち，委員会の費用等は会社に請求でき
る。他方選定された委員は，その委員会の職務執行の状況を取締役会に報告
しなければならない。社外取締役は，各委員会の委員として，指名委員会等
設置会社の経営に関して，大きな影響力をもつ。

　① **指名委員会**　　指名委員会は，株主総会に提出する取締役（および
会計参与）の選任および解任議案の内容を決定する権限を有する（404条1項）。
取締役会には，上記権限はない（416条4項5号）。

　② **監査委員会**

　①　監査委員会は，執行役等（執行役，取締役，そしていれば会計参与）の職
務執行を監査する権限を有する（404条2項）。監査委員は取締役であり，取
締役会の一員として執行役（代表執行役）等の選任解任（選定・解職）にも関
与するので，監査委員会の権限は適法性監査だけではなく，妥当性監査にも
及ぶと解されている。しかし監査委員会の監査は，独任制である監査役とは
異なり，集団監査であり，報告聴取権・業務財産状況調査権，監査報告の内
容は多数決で決せられる（405条参照）。

② 監査委員会は，株主総会に提出する会計監査人の選任・解任および会計監査人を再任しないことに関する議案を決定する（404条2項2号）。

③ 会社と執行役・取締役の間の訴えにおいて，訴訟当事者が監査委員であれば取締役会で定めたものが会社を代表する（株主総会で定めた場合はそちらが優先する。408条1項）。訴訟当事者である取締役が監査委員でなければ，監査委員会が選定する監査委員が会社を代表する（408条2項）。

③ **報酬委員会** 報酬委員会は，執行役等が受ける個人別の報酬額を決定する方針を決定し（409条1項・2項），報酬の種類（確定額の報酬，不確定額の報酬，金銭でない報酬）を含め，格別に報酬を定める（409条3項）。執行役が支配人その他使用人を兼務しているときには，使用人としての報酬の内容についても，報酬委員会が決定する（404条3項）。上記の通り，報酬委員会は，社外取締役が過半を占め，執行役等の個別の報酬を決定する。

(4) 執 行 役

① **選任・終任** 指名委員会設置会社においては，取締役会の決議により，1名または2名以上の執行役（他の種類の会社における「執行役員」とは異なる。執行役員は任意の役職で，使用人である）が選任される（402条1項2号）。指名委員会等設置会社では，必ず執行役を設置しなければならない（必要的機関）。

執行役は自然人でなければならず，取締役と同様の欠格事由が定められている（402条4項。331条1項の準用）。執行役は取締役を兼務できるが（402条6項），監査委員および会計参与は兼務できない（400条4項・333条3項1号）。執行役の任期は1年（選任後1年以内に終了する事業年度のうち，最終のものに関する定時株主総会後招集される取締役会の終結時まで）である（402条7項）。

執行役は，いつでも取締役会決議で解任され得る（403条）。なお執行役が複数いる場合に，執行役会という会議体を設けて（会社法では規定がない），業務を遂行することは問題がない[3]。

---

3 神田秀樹『会社法〔第21版〕』257頁（弘文堂，2019年）。

② **権　限　等**　　執行役は，取締役会決議により委任を受けた会社の業務執行の決定（416条4項）を行い，会社の業務執行を行う（418条）。執行役が2名以上いる場合の職務分掌等は，取締役会が決定する（416条1項1号ハ）。

執行役は会社との間で，委任に関する規定に従い（402条3項），執行役は会社に対して善管注意義務を負う（民644条）。また忠実義務を負い，競業取引・利益相反取引について取締役会の承認を得る必要がある（419条2項）。

執行役は，取締役会の招集権を有し，取締役会への報告義務を負い，取締役の要求があったときには取締役会に出席し，報告する義務がある（417条2項・4項・5項）。また執行役は，指名等委員会設置会社に著しい損害を及ぼす可能性がある事実を発見したときには，監査委員に報告しなければならない（419条1項）。

執行役の違法行為差止請求権は，各監査委員が有する（407条）（より厳しい要件で株主も同様の権限を有する。422条）。

③ **代表執行役**　　執行役が2名以上いる場合には，取締役会決議により，代表執行役を選定する必要がある。もし執行役が1名の場合は，当該執行役が当然に代表執行役となる（420条1項）。また取締役会は，いつでも決議により代表執行役を解職できる（420条2項）。

代表執行役は，会社の業務に関する一切の裁判上・裁判外の包括的な代表権を有する（420条3項）。そのため，表見代表執行役の規定もある（421条）。

指名委員会等設置会社における執行役は，業務執行の決定と業務執行を行い，さらに代表執行役は会社の代表権を有する。もし当該代表執行役が取締役会議長等を兼職する場合には，非常に大きな権限が集中することになる。

■ 第 9 章 ■
役員等の責任

1 役員等の責任

　会社法は，423条1項にいう役員等（取締役，会計参与，監査役，執行役，会計監査人）の行為の任務懈怠（義務を履行しないこと）により，会社に損害が生じた場合に，役員等が賠償責任を負うと定める。

　役員等と会社の関係は委任契約なので，役員等は会社に善管注意義務を負う（330条，民644条）。

　役員等の責任は，役員等が会社に負っている義務に違反する場合（423条）と役員等が第三者に責任を負う場合（429条）がある。いずれも，役員等の任務懈怠行為が，会社または第三者に損害を与えた場合の責任に関する規律である。

図-6　役員等の責任（会社関係図）

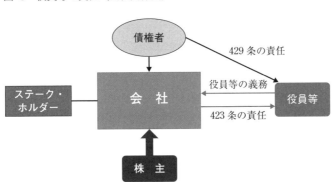

183

　会社では，様々な場面で，役員等の利益と会社の利益が反する場合がある。役員等は，自らの利益と会社の利益が衝突する場合に，本来会社の利益を優先させなければならない（忠実義務。355条）。

　しかし，役員等と会社の利害衝突が解消されない場合，会社は大きな損害を被ることとなる。そこで，会社法は，一般的な忠実義務を規定するだけではなく，さらに具体的な利益衝突の場面（利益相反取引，競業取引等）を規制している。この利益衝突も，役員等と会社の間の責任に関する問題となる。これらの問題は，会社法は，一般規定である任務懈怠責任とは別に，利害調整の規定を置いている。本章ではまず，役員等（特に取締役・執行役）と会社の利益衝突問題を説明する。

　役員等は会社に善管注意義務を負うが，役員等が適切にその義務を果たさない場合，義務違反は債務不履行となるが，任務懈怠責任とは，役員等の債務不履行責任とは別に，会社法が定める特別の責任である。しかし，考え方は債務不履行責任に基づく。すなわち，423条の任務懈怠責任の要件事実を考える場合には，基本的に債務不履行責任がベースとなっている（①任務懈怠，②会社の損害，③任務懈怠と損害の因果関係等）。その立証責任は，役員等の責任を追及する側が負う。

　また役員等は，第三者に対して，職務を行うについて，悪意または重過失ある場合，これにより第三者に損害を与えたときは，賠償責任を負う（429条1項）。これは，特別の法定責任（判例・通説）と理解されている。特に，わが国では，判例法上，会社が倒産した場合，役員等の責任について，役員等ではないもの（名目的取締役，辞任登記未了のものなど）についても，一定の範囲で，責任を認める。

　以上の通り，会社法は，役員等が会社，および第三者に対して負う責任について，義務に違反する任務懈怠責任として構成しており，株主代表訴訟（第10章参照）や会社が倒産した場合など，判例が多岐にわたって判示している。

　本章では，役員等の責任を，①利益衝突の回避，②会社に対する責任，および③第三者に対して負う責任に分けて，みていくことにしよう。

2　役員等の会社に対する利益衝突

(1)　会社法における利益衝突と責任

　役員等は，自己（または第三者）の利益より，会社の利益を優先させなければならない。これは前述した忠実義務であるが，実際のビジネスの現場では，会社とプライベートを分けていない経営者がいたりして，いうは簡単だが，行うことは難しい。たとえば，会社と役員個人の間で不動産取引をする場合や（利益相反取引），役員個人が会社の事業（たとえば家具の製造・販売）と同じ業務を行う（家具製造・販売を個人でも行う）場合である（競業取引）。

　役員等と会社の間の利害衝突は，複雑化する取引の中で，上記の場合に限られないが，役員等が自己の利益を優先することは，善管注意義務（330条・402条3項，民644条），忠実義務（355条・419条2項）に違反し（両者の義務の関係については，後述するが，判例は，忠実義務は善管注意義務を敷衍し，より一層明確にしたものとしている。最判昭45・6・24民集24巻6号625頁［百選2]），それらにより会社に損害が生じれば任務懈怠（423条1項）となる。すなわち，取締役・執行役以外の役員でも，利益相反取引・競業取引だけでなく，類似の利益衝突の場面では，任務懈怠の責任を問われる可能性がある。

◆コラム9-1──取締役（執行役）の忠実義務━━━━━━━━━━━

　本文でも述べた通り，もともと忠実義務は，アメリカ法を参考として導入された規定であるが，自己または第三者の利益を会社より優先させてはならない義務と解されている。そこで，善管注意義務と忠実義務は別であると考える説も有力である。

　英米法では，①善管注意義務は義務を負うものの過失が問題となるが，忠実義務は過失の有無は問題とならず（無過失責任），②責任の範囲は，善管注意義務は損害賠償だが，忠実義務は利益の吐き出し，とする。

　ただし，利益の吐き出しを可能とする規定はないため，あくまでも忠実義務違反は，任務懈怠となろう。ただし，利益相反の問題は，役員等に限らず，使用人の日常業務でも起こり得るため（出張費を自分のカードで決済してポイントをためたなど），読者の方も，考え方を理解することが重要であると思われる。

(2) 利益相反取引と競業取引

① **利益相反取引**　取締役・執行役が，会社と取引をすることは，業務執行の決定を自らが行う可能性があることから，一番典型的な利益相反取引である。たとえば，取締役が自己の有する不動産を，相場よりかなり高く売却するような行為は，会社が不当に高い値段で，目的不動産を買わされる可能性があるので，会社は不利益を被る。そこで会社法は，上記のように，取締役（356条1項2号・3号）・執行役（419条2項：準用規定）が，自己または第三者のために会社と取引するときや，同様の危険を有する行為（以下，利益相反取引行為とする）について，以下の規定を置く。

(ア) **直 接 取 引**　取締役・執行役が，自己または第三者のために（自己または第三者の名前でと理解する説が多数説）会社と取引をしようとするときは，直接取引（自己取引）といい（356条1項2号・365条1項），取締役会の事前承認が必要である。この場合，あらかじめ取引について重要な事実を取締役会（取締役会非設置会社の場合には株主総会）に開示し，その承認を受けたときには，民法108条の適用はない。

　具体的には，取締役・執行役が，会社から財産を譲り受けたり，会社から金銭を借り入れたり，会社に財産を譲渡する行為が挙げられる。

(イ) **間 接 取 引**　会社が，取締役・執行役が銀行に負う債務の保証するように，取締役・執行役以外のものと利益相反取引を行うことを間接取引という（356条1項3号）。この場合，仮に上記取締役・執行役が返済できない場合，会社が保証債務を履行し，結果的に会社が金銭を貸し付けた（直接取引）のと，同じ効果になるため，間接取引も規制される。

　同様に会社が取締役・執行役の債務を引き受けること，および担保提供することは，間接取引として，同様に規制される。問題は，その境界がどこかという点である。学説は，会社と第三者の取引であって，外形的・客観的に会社の犠牲で取締役に利益が生じる行為は規制対象とする[1]。判例は，2社の代表取締役を兼任する取締役が，A社の債務について，B社の代表取締役

---

[1]　江頭憲治郎『株式会社法〔第7版〕』446頁（有斐閣，2017年）。

として，債務を保証することは間接取引に当たり，B社の取締役会の承認が必要であるとする（最判昭45・4・23民集24巻4号364頁）。

逆に形式的には間接取引に当たるが，規制されない取引としては，会社が取締役から無利子無担保で貸付を受けること（最判昭38・12・6民集17巻12号1664頁）や普通取引約款に基づく取引は，会社を害するおそれがなく，間接取引に当たらない。また間接取引は，取締役・執行役とする会社，ひいては株主の利益を保護するためだから，一人株主の同意がある場合や株主全員の同意がある場合（最判昭49年9月26民集28巻6号1306頁［百選56］）などは，承認を要しない。

⑩ **承　認**　　直接取引や間接取引など利益相反取引において，利害が対立している取締役・執行役は，取引について重要な事実を開示し，事前に取締役会（または取締役会非設置会社では，株主総会）の承認が必要である（356条1項2号・3号）。

その際，利害関係がある取締役は，決議に参加できない（369条2項）。承認は原則事前に受けなければならないが（356条1項2号・3号）事後承認も有効となる余地があろう。

取締役会設置会社において，利益相反取引をした取締役・執行役は，取引後遅滞なく重要事実を取締役会に報告しなければならない（365条2項）。利益相反取引により会社に損害が生じた場合，承認の有無にかかわらず，当該行為を行った取締役・執行役は，任務懈怠責任を負う可能性がある。

⑩ **承認を受けない行為の効力**　　⑩の承認を受けないで行った取締役・執行役の利益相反取引の効力はどうなるか。判例は，承認を受けない直接取引の相手方に対し，会社は取引の無効を主張できるとするが，間接取引については，承認がないことについて相手方が知っていたこと（悪意）を会社が立証できて，初めて無効主張ができる（最判昭43・12・25民集22巻13号3511頁［百選58］）。これは相対的無効説と呼ばれる。この論理は，直接取引の第三者にも該当すると考えられる。ただし相手方からの無効主張は制限される（最判昭48・12・11民集27巻11号1529頁）。

②　競業取引　　取締役・執行役が会社の事業と競合する事業（たとえば電気通信事業と，通信機器販売等競業する分野がある事業）を行うことは，

取締役・執行役が会社の顧客などを奪う可能性が大きく，会社の利益を害する可能性が高い。取締役・執行役が個人で行う事業だけでなく，別の会社を代表して競業取引を行う場合も同様である。そこで，会社法は，取締役・執行役が自己または第三者（他社等）のために，会社の事業の部類に属する取引を行うとき（356条1項1号・419条2項），競業取引として，直接取引や間接取引等と同じく，利益相反取引として，事前に重要な情報を取締役会（取締役会非設置会社の場合は株主総会）に開示して，承認を受けなければならない（356条1項1号・365条1項）。

　他方，取締役・執行役が，会社の事業以外の事業を行うことを過度に制限することも妥当ではない。そこで，規制されるべき競業の範囲が問題となる。

③　競業取引の範囲等

　⑺　**会社の事業の部類に属する取引**　　会社の事業の部類に属する取引とは，会社が実際に実務で行っている取引（定款に記載されていても，実際に行っていない事業は除かれる）と，目的物と市場（地域・流通段階）が競合する取引である。この場合，会社が現に行っていなくても，新規に進出するため準備を進めているような事業については規制の対象となる（東京地判昭56・3・26判時1015号27頁［百選55］）。

　⑷　**自己または第三者のため**　　356条1項の自己または第三者の「ために」とは，計算（売上に上がり，決算処理される）でという意味である（通説：計算説）。判例は，A社の取締役が，競業するB社の株式を概ね買い取り，事実上の主宰者としてB社を経営することが競業取引に当たるとしたものがある（前掲・百選55）。

　⑼　**企業グループと利益相反取引**　　複数の会社が同じ企業グループに属しており，数社の取締役・執行役を兼務するものが，企業間で取引を行うと競業取引になる可能性がある。また子会社が上場している場合には，一般投資家も投資しており，たとえば競業のうち，1社に重点的に売上や利益を計上するような配慮がなされている場合は，深刻な利益相反問題を生じる。

　⑽　**競業取引と取締役の責任**　　競業取引は前述の通り，事前に情報を開示して，取締役会等の承認を受けなければならない。しかしもし承認を受けないで競業取引が行われた場合，その効力はどうなるか。

競業取引は，会社以外のものと取締役・執行役との取引なので，無効とならない。その場合，承認があっても会社に損害があれば，競業取引をした取締役・執行役は，任務懈怠責任を負う可能性がある。

(オ) **その他利益衝突事例** 日常業務でよくあるのが，会社の機会の奪取と従業員等の引き抜きである。前者は会社が購入する予定の土地を先に購入したり，先に新規事業を行って先行者利益を得たりすることである。これは，自分の利益よりも会社の利益を優先するという忠実義務に違反する。

後者は，退任後などに自分の事業を行うために，会社の使用人等を引き抜くことはよくある。そのような行為は，諸事情を考慮して，忠実義務違反と捉える判例もある（東京高判平元・10・26 金判 835 号 23 頁［百選 A16］）。しかし使用人等の職業選択の自由も検討される必要がある。

3 役員等の会社に対する責任

続いて，会社と役員との一般的な責任についてみていく。役員等は，会社と委任契約を結んでいるため，善管注意義務を負っている（330 条）。その義務等に違反する場合，役員等は会社に対し，任務懈怠責任を負う（423 条 1 項）。

任務懈怠責任は，前述の通り，債務不履行責任と類似しており，その要件事実も，同様である（①任務懈怠，②損害，③損害と任務懈怠の因果関係）。それらの立証責任は，責任を追及する側が負う。

役員等に任務懈怠があり，会社から責任追及される場合には，①法令・定款違反と②経営判断など役員の善管・忠実義務違反がある。①は，法令・定款違反が任務懈怠となり，②は善管・忠実義務から，役員等に一定の行為義務が課せられていたが，それを怠ったこと（経営判断ミスなど）が任務懈怠となる。①においては，過去の判例では，違反した法令定款違反の程度等（どのような法令に違反したか），および過失の有無が問題となった。②には，経営判断原則が認められ，判断の過程と手続に大きなミスがなければ，会社に損害という結果を生じさせても，多くの場合，免責される。以下，①②を，分けて説明する。

(1) 具体的法令違反

　業務執行の決定と執行をする取締役・執行役は，職務を行う際に法令を遵守しなければならないのは当然である（355 条・419 条 2 項）。この場合，取締役・執行役は，法令定款に違反すれば，もちろん任務懈怠となる。ただし，任務懈怠に該当する法令が何か，問題となる（たとえば，役員等が，個人として，業務と関係ない交通事故や軽犯罪法に違反した場合には，それが業務に影響を与えたなどを除き，任務懈怠とならないだろう）。

　① 取締役・執行役が守るべき法令　　法令違反が役員等の任務懈怠となるかについて，重要な判例がある。損失補填をめぐる証券会社取締役の責任が問われた事件である。すなわち，証券会社が，大口顧客である訴外 B 放送株式会社等に対し，損失補填（当時は金融商品取引法違反ではなかったが，不公正な取引方法として独占禁止法違反になるかが問われた）を行ったが，取締役は，会社法に規定する義務だけでなく，会社を名宛人とし，会社が守るべきすべての法律（たとえば独占禁止法など）の規定を遵守する義務を負う（最判平 12・7・7 民集 54 巻 6 号 1767 頁［百選 49］）とされた。その理由は，法令を遵守する経営をすることが，取締役・執行役を選んだ株主の合理的意思であるからと説明されている[2]。

　② 法令違反と過失責任　　さらに株式会社の取締役・執行役が，法令・定款に違反する行為をした場合，会社を名宛人とする法律の規定違反することを理由に賠償責任を追及するには，右法律違反について取締役等に過失があることを要する，とされている（最判昭 51・3・23 裁判集民 117 号 231 頁）。しかし前掲判例（百選 49）において，法令違反の認識を欠いたことに過失はないとされた。もしこれが，認識の対象が対象会社の業法（たとえば証券会社であれば，金融商品取引法など）違反についてであれば，役員等の過失が認められる可能性が高いだろう。

2　神田秀樹『会社法〔第 21 版〕』261 頁（弘文堂，2019 年）。

(2) 善管・忠実義務違反等

　前述の通り，役員等が会社を名宛人とする法律や定款に違反した場合，違反することに過失があれば任務懈怠となり，損害が発生し，損害と任務懈怠との間に因果関係があれば，賠償責任を負うこととなる。このような法令・定款違反が，423条1項の任務懈怠となることは，比較的理解しやすいのではないだろうか。

　一方，法令違反ではないが，明らかに過大な設備投資をして会社が倒産したり，自らが法令違反などをしていないが，判断ミスや取締役として他の役員等の任務懈怠行為を監督できなかった場合など，何が任務懈怠か明確でないケースも多い。具体的適用事例として，前者は経営判断が誤っていた事例，後者は取締役等の監視・監督義務違反となる。

　善管注意義務違反とは，注意義務違反であり，要件事実の検討においては過失の有無の検討とほぼ同義となり，法令違反と異なり過失は不要と解されている。以下詳しくみていこう。

① 経 営 判 断

　(ア)　**経営判断原則**　　業務執行は取締役会が決定し（362条2項1号），代表取締役や業務執行取締役らが業務執行行為を行う（363条1項・2項）が，事業にリスクはつきものであり，先のことは誰もわからないのであるから，会社に損害が生じたからといって，すべてを役員等に責任追及をするのは，妥当ではない。そのようなことをすれば，誰も役員等にならなくなって，会社経営などできないだろう。かといって，明らかに過大な設備投資や，いきなり新規業態に参入し失敗した事例など，経営の専門家として，善管注意義務に違反したと考えられる事例も少なくない。

　そこで問題は，どのような事例で，取締役等が経営判断のミスについて善管注意義務違反として任務懈怠となり，責任追及されるかである。いいかえると，どのような手続をすれば，仮に損害が生じたとしても免責されるかということにある。次の判例をみていこう。

　関連会社の株式購入価格が取締役の善管注意義務に違反するか争われた事例（最判平22・7・15判時2091号90頁［百選50］）では，取締役の経営判断が

善管注意義務に違反するかが問われた。すなわち，フランチャイズチェーンを営む会社が，加盟店に1株5万円で子会社の株式を引き受けてもらったところ，事業自体があまり芳しくなく，その後事業再編で子会社の株式を買い戻すこととなった。その際，加盟店に引き受けてもらった株式を買い戻すこととなり，その買取価格について，取締役の裁量が問題となった。すなわち，業績不振のため鑑定士等の評価は，1株6,500〜19,000円のところ，取締役等は今後のフランチャイズビジネスの維持のため，出資額の5万円で買い取った。それに対し，株主は買取価格は不当に高値であり，その判断は取締役としての善管注意義務に違反するとして，423条1項違反を理由に株主代表訴訟（第10章参照）を起こした事案である。

判旨は，「事業計画の策定は，将来予測にわたる経営上の専門的判断に委ねられていると解される。その決定の過程，内容に著しい不合理な点がない限り，取締役としての善管注意義務に違反しないと理解するべきである」として，本件取締役の判断は著しく不合理なものとはいえないので，善管注意義務に違反しない，とした。本件は，わが国における最高裁判決で，初めて経営判断原則（Business Judgment Rule）を認めた判決として評価される。

◆コラム9-2──経営判断原則

経営判断原則は，もともとアメリカで判例法から発展した法理である。アメリカでは，正式事実審理に入る前の手続で，取締役の判断につき，検討がなされていれば，事実審において裁判所からの判断内容の審査を排除するという原則を意味する。

これに対しわが国では，裁判所は取締役の判断内容を審査する。しかし以下の一定の要件を備えたときに，裁判所は事後的に経営者の判断内容には踏み込まないという原則を経営判断原則という。すなわち，①当該事項が経営上の専門的判断に委ねられた事項であること，②意思決定の過程に著しい不合理性がないこと，③意思決定の内容に著しい不合理性がないことである。

なお後述する整理回収機構による銀行取締役の責任追及訴訟は，裁判所は事後的に判断内容に踏み込んで，その当否を判断する。

(イ)　**銀行取締役の責任追及訴訟**　　(ア)で述べたように，取締役の善管注

意義務違反をめぐる責任追及訴訟には，経営判断原則の適用があり，判断の過程が適切で，結果が著しく不合理でなければ，裁判官は取締役の経営判断の当否に踏み込まないのが，判例だった。

しかし，銀行取締役の責任追及訴訟においては，その判例理論に該当しない判決群が集積する。それらの判決は，1990年代後半に銀行など金融機関（信用組合などの小さな金融機関が多い）が破綻したが，その経営を引き継いだ整理回収機構（RCC）が，元経営者に銀行を破綻させた融資審査をめぐる経営責任を追及したものである。これらの判決は，原告は整理回収機構，被告は元取締役であり，融資判断に関する資料はすべて原告の手元にあるという点に特徴がある。

その中で，拓銀（北海道拓殖銀行カブトデコム）事件（最判平20・1・28判時1997号148頁［百選51］）がある。破綻の原因となった融資の焦げ付きについて，裁判所は「巨額の融資を行うことは，特に慎重な判断を必要とし，融資の危険性を回避する方策を検討された形跡がない」「銀行取締役に一般的に期待されている水準に照らし著しく不合理といわざるを得ず，銀行取締役に一般に期待されている水準に照らし著しく不合理なものといわざるを得ず，被告等は銀行取締役としての忠実義務，および善管注意義務に違反する」と判示している。

このように，判決は銀行取締役の責任追及訴訟においては，銀行取締役の融資判断に裁判官が事後的に介入し，善管注意義務違反があるか，判断している。背景には，破綻した銀行の処理に，巨額の公的資金が使われたことがある（**コラム9–3**参照）。

◆**コラム9–3**──**銀行取締役の責任追及訴訟**

　銀行取締役の責任追及訴訟は，歴史的にみると，バブル経済の生成と崩壊に密接に関連する。すなわちわが国では，1990年代にバブル経済が崩壊すると，地価や株価が下落し，融資の担保が減少し，多額の不良債権が発生した。その結果多くの金融機関（銀行や信用組合など）が破綻し，その処理に特別法（預金保険法など）が制定され，何十兆もの公的資金が投入された。

　アメリカでも1930年代と1980年代にバブル経済が起き，その後崩壊に伴って，公的資金が投入され，整理回収機関（RTC）が設立され，同様の処理が行われた。

わが国法制は，アメリカの法制度の影響を受けている。

　その後わが国では，整理回収機構（RCC）が設立され，破綻した銀行の経営を引き継ぎ，整理回収機構を原告として旧経営者の責任追及訴訟が提起された。RCCには多くの弁護士が勤務しており，破綻した金融機関の処理の一環として，複数の責任追及訴訟が提起された。

　現在破綻した銀行の処理に関するスキームは整備され，さらに予備的な検査方法が確立して，金融機関の破綻が起きないような仕組みが確立しているので，同種の訴訟は提起されていない。本文で述べた判決群というのは，破綻した金融機関に複数の責任追及訴訟が提起され，判決が下されている状況を指す。

　それらの判決は民事事件であるが，公的な機関が原告となり，被告は旧経営者，証拠は概ね原告である金融機関の元にあるという特殊な事例である。その基準は，本文で述べたように，一般の取締役の責任追及訴訟とは異なり，より厳しい規範を定立し，事後的に融資を認めた判断内容にまで裁判官が踏み込んで判断している。この種の訴訟は，民事罰というか民事事件と刑事事件の中間的な意味合いをもつように思われる。

---

　②　監視・監督義務違反　　取締役会は，取締役の職務執行を監督する（362条2項2号）。取締役会の監督義務は広く，代表取締役の不正行為などについて，判例により，個々の取締役は取締役会に上程された事項だけではなく，代表取締役の業務執行一般について監視する義務を有すると理解されている（最判昭48・5・22民集27巻5号655頁［百選71］）。つまり，個々の取締役は，取締役会の構成員として，善管注意義務をもって，他の取締役の監視義務を負い，義務を尽くさなければ任務懈怠となる。

　監視の内容について，役員等はそれぞれ異なる職務範囲をもつため，監視義務の内容も異なる。たとえば，監査役・監査等委員・監査委員は，監査を職務とする（381条1項・399条の2第3項1号・404条2項1号）。会計監査人は会計監査を職務とする（396条1項）（**第8章**参照）。これらの役員等も，善管注意義務をもって，監査業務等に当たる義務を負う。

　代表取締役が会社の資金を流失させる予見可能性があった場合に，監査役は代表取締役の解職も助言勧告すべき義務があったものとする判例がある（大阪高判平27・5・21判時2279号96頁［百選A29］）が，監査役が公認会計士

であり，それまでの不正行為を熟知していたという事情があり，やや厳しい判断と思われる。

③ **内部統制システム構築義務違反**　　みてきたように，役員等は様々な義務を負っており，業務の多くは使用人（従業員）に委任されているため，自らですべてを監視・監督するのは不可能である。そこで，会社法は，役員等にリスク管理体制を含む，内部統制システムを整備し，法令遵守だけでなく，効率的な経営を行うことを求めている。どのような社内の内部統制システムを構築するかは，取締役の裁量が認められるべきである。

取締役は，他の取締役に対し直接の監視義務を負うが，使用人等の不正についてまで，監視義務違反により任務懈怠を認めるのは，損害と任務懈怠との間の因果関係も認めることは難しく，賠償責任を追及するのは困難だろう。しかし，繰り返し同様の不正が社内で行われていた場合には，社内体制を整備し，不正行為が起きないような体制に整備することが求められる。これを法定化したものが内部統制システム構築義務であり，会社法上はさらに効率的な経営をするために，業務フローをチャートにするなどして，事後的にどこが問題か確認できる体制が求められる。

実際に，従業員の不正行為（架空売上の計上）に関して，取締役らの内部統制システム構築義務違反が問われた事件で，最高裁は「Y会社は通常想定される架空売上計上等の不正行為を防止しうる程度の管理体制は整えていた」と認めた（最判平21・7・9判時2055号147頁［百選52］）。その上で最高裁は，Y社の代表取締役らは，本件不正行為を防止するためのリスク管理に違反したとはいえない，とした。

なお役員等の中で，監査役は取締役の職務執行を監査するので，取締役会の内部統制システムの整備についても，監査しなければならない。もちろん会計監査の観点から，たとえば粉飾決算など，会計監査人も会計に関する内部統制の監査については，内部統制システムの監視義務もあるだろう。

4 役員等の第三者に対する責任

　会社法は，役員等に，会社に対する責任だけでなく，第三者に対して損害賠償責任を負う場合を定める（429条）。役員等が職務を行うについて，悪意または重大な過失があったときは，これにより第三者に生じた損害を賠償する責任を負う（429条1項）。本条に規定する第三者責任は，裁判例が非常に多い（会社が倒産した場合に，債権者が役員個人の責任追及をする事例が多いため）が，有限責任との関係で，あまり諸外国に類似の規定の例は多くなく，その法的性質が問題となる。

　また429条は，第2項で，計算書類などの虚偽記載や虚偽の登記・公告について，役員等は第三者に責任を負うとしている（429条2項）。複数の役員等が責任を負う場合には，それらの者の責任は連帯責任となる（430条）。

(1)　429条1項の法的性質

　本来会社の役員等は，直接の不法行為（たとえば職務中の交通事故など）を除き，直接第三者に責任は負わないはずである。しかし，429条1項は，役員等が職務を行うについて悪意または重過失あるときは，これにより第三者に損害を生じさせた場合に，その役員等は損害賠償責任を負うと規定する。この規定は，どのような要件をもっているだろうか。

　最高裁は，429条1項の法的性質について以下のように説示する（多数説。最大判昭44・11・26民集23巻11号2150頁［百選70］）。すなわち，第三者保護の見地から（法定責任説），①取締役において悪意または重過失により，善管および忠実義務に違反し，これにより第三者に損害を被らせたときは，②役員等の任務懈怠行為と第三者の損害の間に相当因果関係がある限り，③直接損害（直接第三者が役員等から損害を被った場合）か間接損害（会社が損害を被り，その結果第三者が損害を被った場合）かを問わず（両損害包含説），当該取締役は直接第三者に損害賠償責任を負う。

　最高裁の多数説は，上記のように理解し，さらに，④役員等が職務を行う

について，故意または過失により直接第三者に損害を加えた場合において，一般不法行為との競合を妨げるものではないが，⑤第三者としては，任務懈怠について取締役の悪意または重過失を立証すれば，自己に対する加害につき，故意または過失あることを主張・立証する必要はない，とする。これが法定責任説である。

　他方最高裁の少数説（特に著名なのは松田裁判官の少数説である）は，①取締役の悪意重過失は，対外関係について存在することを要し，任務懈怠において，生じるものではない，②不法行為について，429条1項は，不法行為の特則であり，民法709条の適用を排除する，つまり軽過失の場合の責任を免除し，③対象は直接損害のみで間接損害は対象に含まれない，④本条は第三者に対し不法行為により直接損害を与えた取締役の責任に関する規定である，とした（不法行為特則説）。

　理論的には，特に上場企業の役員等のように，不特定多数の第三者と関係する可能性もあるため，不法行為特則説のいうように，429条1項は，直接損害に限り，存在すると理解する方が理論的だろう。しかし，429条1項がこれまで，中小企業の倒産に際して，経営者の責任追及のために使われてきたこと（間接損害）を鑑みると，多数説（法定責任説）のように，解するべきだろう。

(2)　具体的適用事例

　　① **直接損害事例**　　前述の通り役員等による直接の任務懈怠行為（役員等による交通事故の事例を挙げた）により，第三者に直接損害を生じさせた場合が，直接損害事例である。判例では，代表取締役が，手形不渡りの可能性があるのに，仕入れ代金を約束手形を振り出し，支払に充てた事例で，相手方が手形の不渡りで損害を被った場合がこれに当たる（手形が不渡りになることで相手方に損害を与えることを知りながら（悪意），手形の不渡りで直接相手方に損害を与えて，任務懈怠行為と損害の間に因果関係がある）。

　注目すべき判例として，従業員の過労死について，労働者の安全に配慮する体制を構築すべき義務を怠ったとして，429条1項に基づき，取締役が直

接労働者等に責任を認められた事例がある（大阪高判平23・5・25・労判1033号24頁［百選A23]）。判決の中で，裁判所は「基本給の中に時間外労働80時間分を組み込んだ給与体系を取っており，恒常的に1か月80時間を超える時間外労働に従事する者が多数である」ことを認識していたか，容易に認識できたのに，是正をしなかったため，取締役等は悪意・重過失で任務懈怠をしたとして，その責任を認めた。

直接損害事例では，第三者に株主も含まれると理解されている（後掲コラム9-4参照）。

② 間接損害事例　間接損害事例とは，甲会社の取締役Yが，善管注意義務に違反して，関連会社である乙会社に回収の見込みもないのに資金を貸し付けた（任務懈怠行為）が，回収できなかったため，甲会社自体倒産（債務超過）となり，甲会社の債権者であるXの債権が焦げ付いたため，XがYに429条1項の責任追及するような事案である。このように，間接損害事例は，役員等の悪意・重過失により会社が損害を被り，その結果（会社の倒産等で）第三者も損害を被った場合である。

429条1項の任務懈怠行為と423条1項の任務懈怠責任は，ほぼ同様に考えてよいが[3]，429条1項は役員等に悪意・重過失があることが必要である。役員等の善管注意義務・忠実義務（基本的には過失責任）は，会社に対する義務だからであり，役員等は第三者に対し直接の義務を負っていないからである。

この場合，別事業に対する出資（大手の通信会社がファンドを組成し，対象会社が赤字となり，減損された事例）とは異なる。当該投資に対し適切に分析し，著しく不当な判断でない限り，経営判断原則の適用があり，善管注意義務違反とはならない可能性がある（直接損害の事例では経営判断原則の適用はないと考える学説もある[4]）。

倒産の場合に類似して，よく問題となるのが役員等の任務懈怠行為により株価が下落した事例である。この場合，株主は第三者に含まれるだろうか。

3　伊藤靖史・大杉謙一・田中亘・松井秀征『会社法〔第4版〕』214頁（有斐閣，2018年）。
4　近藤光男「76経営判断の原則」浜田道代・岩原紳作編『会社法の争点』156頁（有斐閣，2009年）。

株主は，株式価値の下落分につき，第三者として役員等の責任を追及できないとするのが判例である（東京高判平 17・1・18 金判 1209 号 10 頁［百選 A22]）。この場合株主は代表訴訟（**第 10 章**参照）を提起すべきという学説がある[5]。

◆コラム 9-4── 429条 1項にいう「第三者」と株主══════════════

　直接損害事例において，対象会社の株主も第三者に含まれるというのが，多数説である。取締役等が株主に対し，直接の任務懈怠行為をした場合に，株主というだけで，他の要件も満たす損害に対する賠償が認められないとすると，むしろ酷な結果になるからである。

　このことは，特に，企業買収の場面で，問題となることが多い。たとえば，買収者と自社取締役等が，公開買付け，キャッシュ・アウト，組織再編について，交渉するとき，決定される株価は自社株主にとって，決定的に重要な影響を与える。学説は，このような場面で取締役等は株主の利益のために，善管注意義務をもって，交渉を行う義務があるとする[6]。なおアメリカでは，このような義務はレブロン（Revlon）義務（1986 年にデラウェア州で示された判例法理で，会社が売却状態になった場合には，取締役会の義務は，株主の利益のために会社の売却価値を最大化することにあるとする）と呼ばれる。

　判例は，上記の善管注意義務の内容として，取締役が株主に適切な情報を開示する義務（適正情報開示義務）を負っていると解している（東京高判平 25・4・17 判時 2190 号 96 頁［百選 54]）。もし仮に取締役が，株式の公正な価格に比べて不当に低額な対価（取締役の裁量を超えた株価。最判平 22・7・15 判時 2091 号 90 頁［百選 50］参照）で，買取価格を決定した場合には，429 条 1 項の損害賠償責任を負う余地があろう。

　間接損害の場合には，本文で述べた通り，原則株主は会社が損害を賠償請求すれば，損害はなくなるため，第三者には当たらない。しかし，次の場合には，株主も第三者に当たる可能性があるという学説が有力である。すなわち①非公開会社で，利益相反取引などにおいて，少数株主の保護を図る場合，②募集株式の有利発行において，代表取締役らが，株主総会の特別決議を経ずに，特に有利な価格で募集株式を発行した場合である。ただし，特に②の場合には，もし株式の価値が下がれば，直接損害と理解するべきとする意見もあり，その場合 423 条 1 項と 429 条 1 項の請求のいずれも可能と考えるべきとする。

5　伊藤靖史・大杉謙一・田中亘・松井秀征『会社法〔第 4 版〕』253 頁（有斐閣，2018 年）。
6　伊藤靖史・大杉謙一・田中亘・松井秀征『会社法〔第 4 版〕』389 頁（有斐閣，2018 年）。

(3)　責任を負う「役員等」の範囲

429条1項は，上述した通り，会社が倒産した場合に，わが国では債権者が旧経営者に損害賠償請求をする事例が多いため，訴訟数が多い。そのため，代表者以外にも，名目的な取締役や登記簿上の取締役など，資金力はあり，実際に代表取締役として経営をしていなかった役員等に対しても，債権者が責任追及する訴訟も多い。

①　**名目的取締役**　名目的取締役とは，取締役会設置会社では最低3名の取締役が必要なところ（かつては，取締役会設置強制であったので3名の取締役が必要だった），頼まれて（迷惑はかけないので，などと依頼されたので仕方なく）名前だけ貸しているが，職務執行をしていないものをいう。この場合，代表取締役であっても，他の取締役等に業務を任せきりにして，他の取締役等の不正行為を看過してしまったような場合，判例は，自らもまた悪意または重過失で任務を怠ったと解している（最大判昭44・11・26民集23巻11号2150頁［百選70］）。

さらに，判例は，「取締役会は，業務執行について監査をする地位にあるので，取締役会を構成する取締役は，取締役会に上程された事項だけ監視するだけでなく，代表取締役の職務執行一般について監視し，取締役会を通じて業務執行が適正に行われるようにする職務を負う」と判示し（最判昭48・5・22民集27巻5号655頁［百選71］），監視義務違反を理由に429条1項の責任を負うとされた。このように名目的取締役の責任はかなり広く認められてきたが，最近の事例で，仮に名目的取締役が監視義務を尽くしたとしても代表取締役の専横を抑えることができなかったときに，任務懈怠と損害の間に因果関係がないとして，否定する判例も多い。

②　**登記簿上の取締役**　前掲のように，かつて取締役が3名必要だった時代には，株主総会で選任されていなかったり，辞任したにもかかわらず辞任登記がなされずに，登記簿上取締役登記がなされている取締役（登記と事実が一致しない）が，429条1項の責任を問われた事例があった。

判例はそのような登記簿上の取締役について，不実登記の効力に関する908条2項を類推し，就任の登記に承諾を与えた者は，善意の第三者に対抗

できず，取締役の責任を負うとした（最判昭47・6・15民集26巻5号984頁）。しかし近時は，登記を承諾しただけで責任を認めることに慎重な事例がある。

　また判例は，いったん辞任したが，辞任登記未了だった事例で，不実の登記を残存させることに明示的に承諾を与えていたなどの特段の事情がある場合，908条2項の類推適用により，取締役としての責任を免れることができないと解するべきである，とした（最判昭62・4・16判時1248号127頁［百選72]）。

(4)　虚偽記載等による責任

　役員等は，計算書類（貸借対照表，損益計算書など）の虚偽記載や虚偽の登記・公告をしたときは，これにより第三者に生じた損害を賠償する責任を負う。ただし，役員等が注意を怠らなかったことを証明したとき（立証責任の転換）は，この限りでない（429条2項）。429条1項と比べ，役員等は軽過失でも責任を負うこと，さらに立証責任が役員等の側にあることを考えると，429条2項は役員等の責任を重くしているといえる。

　判例は，貸借対照表に虚偽記載をした取締役の責任を認めているが，会計監査人は「監査実施基準」に従い監査をしたことで，注意を怠らなかった（東京地判平19・11・28判タ1283号303頁［百選73]）としている。

■ 第 10 章 ■
株主代表訴訟

1 任務懈怠責任の追及と減免等

(1) 総 説

　第9章では，役員等（取締役，会計参与，監査役，会計監査人）が義務に違反した場合，任務懈怠責任が発生するが，その要件事実と責任内容をみてきた。本章では，具体的にその責任をどう追及するか，免責等は認められるかについて検討する。

　役員等が会社に対し任務懈怠責任を負う場合，逆にいうと会社はその役員等に損害賠償請求権を有するという意味になる。本来その請求権は会社が行使すべきであり，会社法にはその規定がある（386条1項1号・399条の7第1項等）。しかし通常役員間には同僚意識があり（銀行取締役の責任追及訴訟では新経営陣と旧経営陣には同僚意識はない。**コラム9-3**参照），本来提訴すべき事例を提訴しない可能もある。そのため会社法は，個々の株主に会社のために役員等の責任を追及する訴えをすることを認める。これを**株主代表訴訟**（単に代表訴訟という場合もある）という。

　また取締役・執行役が任務を怠り，会社に損害を与える可能性が高い場合，監査役等は差止請求をすることができる（385条・399条の6・407条）。この場合も，監査役が常に差止めをするとは限らないので，株主による事前の差止請求も認められる（360条・422条）。

　役員等の行為が任務懈怠責任を生じさせる要件を満たしたとき，取締役会決議に基づく行為の場合（利益相反取引など），決議に賛成したものも責任を負う（423条3項3号）。議事録に異議を留めない場合（議事録に反対の意思表示

をしない）には，決議に賛成したものと推定される（369条5項）。複数の役員等が任務懈怠責任を負う場合，その責任は連帯責任である（430条）。なお任務懈怠責任は民法166条1項（権利を行使し得ることを知ったときから5年，または行使することができるときから10年），遅延損害金は民法404条（法定利息は原則年3％だが，法務省令で3年に一度検討される）が適用される。

　以下，任務懈怠責任等の免責等からみていこう。

(2)　任務懈怠責任の免除

　①　**全部免除**　　役員等の任務懈怠責任は，総株主（議決権のない株主も含む）の同意がないと免除できない（424条）。そう規定しないと，単独株主権として，株主代表訴訟を認めたことと，整合性がとれないからである。

　なお，任務懈怠以外にも，利益供与に関する責任について総株主による免除が規定されている（120条5項）。

　②　**一部免除（軽減）**　　上述の通り，役員等の任務懈怠責任は，総株主の同意があれば，免責されるが，上場企業の場合には，多数の株主がいるため，事実上不可能である。あまり役員等に過大な責任を負わせると，誰も役員等にならなくなり，そこで，役員等の任務懈怠責任を制限するために，会社法は以下の3通りの一部免除（軽減）の方法を定めた。ただし，これらの一部免除は，役員等が善意無重過失の場合に初めて可能となる（425条1項・426条1項・427条1項）。

　すなわち①株主総会決議による一部免除，②定款の規定による一部免除，そして③責任限定契約である。なお重過失とは，当該役員等（監査役）の行為が，役員等として任務懈怠であることを知るべきであるのに，著しく注意を欠いたためそれを知らなかったことをいうと解するべき，とされる（大阪高判平27・5・21判時2279号96頁［百選A29］）。

　(ア)　**株主総会決議による軽減**　　役員等が任務懈怠行為により損害賠償責任が生じたときに，株主総会の特別決議（309条2項8号）により，以下にいう最低責任限度額を控除した額を限度として，任務懈怠責任を免除することができる。つまり，役員等に重過失がなければ，最低限度額（この場合最低

責任限度額）までは引き下げることができる。

　最低責任限度額とは，（i）役員等の報酬（425条1項1号，会社則113条）（代表取締役・執行役6年分，それ以外の取締役・執行役4年分，それ以外の役員等は2年分），プラス（ii）有利発行手続を経て付与された新株予約権行使の利益（425条1項2号，会社則114条）とされる（（i）プラス（ii）が最低責任限度額）。

　任務懈怠責任軽減のための議案を株主総会に提出する場合には，監査役等（各監査役，各監査等委員，各監査委員）の同意を必要とする（425条3項）。株主総会では，事項の詳細を開示しなければならない（425条2項）。

　(イ)　**定款の規定＋取締役会決議による軽減**　　取締役が2名以上いる監査役設置会社，監査等委員会設置会社，指名委員会等設置会社設置会社は，必要と認めるときに取締役（責任軽減が問題となっている取締役を除く）の過半数の同意（取締役会設置会社の場合には取締役会決議）により，最低責任限度額の限度で役員等の任務懈怠責任を一部免除できる旨を定款で定めることができる（426条1項）。

　通常のケースでは，責任軽減可能な定款規定を設けておいて，任務懈怠行為がなされた後，取締役会決議等で，一部免除が行われる。同様に監査役等の同意を必要とする（426条2項）。なお，上記定款規定は登記事項である（911条2項24号）。

　(ウ)　**責任限定契約**　　業務執行取締役以外の取締役（非業務執行取締役）は，会社と責任限定契約を締結することができる（427条1項）。責任限定契約は定款で定めた範囲内でかつ最低責任限度額の限度等（あらかじめ定めた額と最低責任限度額の高い方）で，非業務執行取締役等が責任を負う旨の契約であり，社外取締役や社外監査役と上場企業の間で締結されることがよくある。ただし，定款でその旨定める必要がある（427条1項）。結果として，責任限定契約の効果として，賠償責任額が縮減される。責任限定契約の効果について，監査役の同意，取締役会への報告が必要である（427条3項・4項）。なおこの規定は登記事項である（911条3項25号）。

　③　**補償契約等**　　役員等には任務懈怠責任が規定され，場合により多額の賠償金の支払が要求され，経営が萎縮するおそれがある。そこで，従前の実務慣行では，民法650条を根拠に補償契約を締結し，役員等に過失が

認められなかった場合，裁判等に費やした費用を企業が補償するということが行われてきた。しかしこれでは，賠償の範囲や手続（株主総会決議が必要か，定款変更が必要か）などが曖昧で，解釈が異なるため，濫用の可能性があった。そこで，令和元年改正により，補償契約の内容が明文で規定された。

　　㋐　**取締役会決議と補償の範囲**　　430条の2第1項では，会社が役員等に対して，次に掲げる費用の全部また一部を補償することを約する契約（以下補償契約とする）の内容を決定するには，取締役会設置会社においては取締役会決議（非取締役会設置会社においては株主総会決議）を要すると規定する。

　補償契約の対象として，430条の2第1項は，「当該役員等が，その職務の執行に関し，法令の規定に違反したことが疑われ，又は責任の追及に係る請求を受けたことに対処するために支出する費用」（430条の2第1項1号）を挙げ，423条に関連する請求を受けた場合，賠償金額，裁判費用などの補償を規定する。

　また役員の職務執行において役員等が悪意で第三者に対する賠償責任を負った場合に（430条の2第1項2号）「当該損害を当該役員等が賠償することにより生ずる損失」（430条の2第1項2号イ），「当該損害の賠償に関する紛争について当事者間に和解が成立したときは，当該役員等が当該和解に　基づく金銭を支払うことにより生ずる損失」（430条の2第1項2号ロ）を補償の対象とした。

　しかし430条の2第2項では以下の事項を補償の対象外としている。「前項第1号に掲げる費用のうち通常要する費用の額を超える部分」（430条の2第2項1号），「当該株式会社が前項第2号の損害を賠償するとすれば当該役員等が当該株式会社に対して第423条第1項の責任を負う場合には，同号に掲げる損失のうち当該責任に係る部分」（430条の2第2項2号），「役員等がその職務を行うにつき悪意又は重大な過失があったことにより430条の2第1項第2号の責任を負う場合には，同号に掲げる損失の全部」（430条の2第2項3号）として，過度な補償をすることを規制した。

　また補償契約に基づき，会社が費用を補償した場合に，当該役員が自己もしくは第三者の不正な利益を図り，会社に損害を与える目的で職務を執行したことを知ったときは，当該役員に補償した金額の求償ができるとした（430

205

条の2第3項）。

　(イ)　**利益相反性の回避**　　補償契約は，適正な業務執行をするために締結される契約だが，もともと役員等の間に馴れ合いを生じ，会社の利益を損なう可能性があった。そこで430条の2は，明文で利益相反性の回避をし（430条の2第6項），また自己契約・双方代理（民108条）に当たらない旨宣言した（430条の2第7項）。

　さらに補償契約は，役員等の職務の適正性に影響を与えるおそれがある点，利益相反性が類型的に高いものもある点から，補償契約に基づく補償をした取締役は，遅滞なく補償についての重要事実を取締役会に報告することを求めている（430条の2第5項）。

　④　**役員等のために締結される保険契約**　　上場企業では，役員等がその業務上の行為に起因して訴訟を起こされた場合，訴訟費用や賠償金の支払に充てるため，責任保険（会社役員賠償責任保険またはＤ＆Ｏ保険）が普及している。これまでは，基本契約（第三者から訴訟提起された場合，代表訴訟で勝訴した場合）の保険料は会社が負担し，特約条項（代表訴訟で敗訴した場合）は，役員等が自ら保険料を支払う慣行であった。

　しかし代表訴訟で敗訴しても保険金が支払われることで会社の損害は補填され，違法行為や故意の任務懈怠行為などは約款上の免責事項に入るため，取締役会決議など一定の手続を経れば，会社が保険料を負担してもよいという解釈指針（コーポレート・ガバナンス・システムの在り方に関する研究会「コーポレート・ガバナンスの実践」）が出された。

　そこで，令和元年改正法では，役員等がその職務執行に関し責任を負うことまたは責任の追及を受けることで生じる損害を保険者が補填することを訳する契約（以下役員等損害賠償責任保険契約という）の内容を決定する場合，取締役会（取締役会非設置会社の場合には株主総会）の決議によることを規定した（430条の3第1項）。この場合，利益相反取引性は，回避される（430条の3第2項・3項）。

2 役員等への責任追及

⑴ 株主代表訴訟

　役員等に任務懈怠責任が発生している場合，本来は会社が責任追及を行うべきといえる。会社法にも，それを前提として，会社と取締役・執行役との間の訴訟における代表者（386条1項1号・399条の7第1項・408条1項）の規定や裁判管轄，訴訟参加（848条・849条1項・同条5項・同条9項・853条）の規定がある。しかし，前述のように，役員間には同僚意識があり，責任の追及がなされない可能性がある。

　そこで，会社法は個々の株主に役員等の責任を追及する訴えの提起を認める。これが代表訴訟である。

　　① **対象**　　株主代表訴訟の対象は，①役員の他発起人・設立時取締役・設立時監査役・清算人の責任を追及する訴え，②株式の引受人・新株予約権者に対し支払や給付を求める訴え（102条の2第1項・212条1項，285条1項・213条の2第1項・286条の2第1項），および③利益供与を受けたものからの利益の返還を求める訴え（120条3項）である。

　①の対象については，任務懈怠責任（423条1項），利益供与に関する責任（120条4項），および剰余金配当の責任（462条1項・465条1項）が含まれる。

　その他，判例は，責任の範囲について，任務懈怠責任を拡張して考えている。すなわち，会社が行った不動案取引の登記名義を代表者の個人名義にしていた事案について，株主が会社への株主名義の回復を主位的請求とし，代表訴訟の訴状が到達することにより本件不動産の賃貸借契約は解除されたという予備的請求をした。裁判所は，「会社が取締役の責任追及を懈怠する恐れがあるのは，取締役の地位に基づく責任が追及される場合に限られないこと，取締役の会社に対する取引債務についての責任も含まれる」とした（最判平21・3・10民集63巻3号361頁［百選67］）。なお本事案では，主位的請求は棄却されたが，予備的請求は認容され（実際には破棄差戻し），差戻し審において，株主代表訴訟の規定に基づく提訴により，（不動産賃貸借）名義の借

用契約は解除された，と判示した。

退任した役員等が在任中に任務懈怠責任を負った場合（423条1項），当該役員等（亡くなった場合には相続人）を被告に代表訴訟を提起できる（東京地判平6・12・12判時1518号3頁）が，役員等が退任後に会社に負担することとなった債務についての責任は，これに含まれない（東京高判平26・4・24金判1451号8頁［百選A20]）。

②　手　続

（ア）**提 訴 請 求**　6か月前（定款で短縮可能）から引き続き株式（単独株主権。定款で単元未満株式について，定款で訴訟提起権を排除できる（847条1項括弧書き））を有する株主は，会社に対し，責任追及等の訴えを提起する（提訴請求）ように請求できる（847条1項，会社則217条）。この後会社は，自ら訴訟を提起することができるが，提訴請求を受け会社が責任追及の訴えを起こすか判断するのは，監査役等（監査委員会委員，監査等委員）の権限である（386条2項1号・399条の7第5項1号・408条1項5号）。監査役等は，合理的に知り得た情報を基礎として，会社のために最善を尽くして行使すれば注意義務違反とはならない（東京高判平28・12・7金判1510号47頁）。

株主が提訴請求の宛先を誤った場合，訴えが直ちに不適法とされるわけではなく（最判平21・3・31民集63巻3号472頁［百選A19]），会社が代表訴訟の被告に補助参加している場合等，訴えの提起を放棄しているとみられるときは提訴請求がなくても訴えが不適法とはいえない（東京高判平26・4・24金判1451号8頁［百選A20]）。

株主代表訴訟の提訴請求に不備があった事案として，他に会社が原告側に訴訟参加した事案（東京地判昭39・10・12下民集15巻10号2432頁）や被告側に補助参加した場合に，瑕疵の治癒を認めた事案（大阪地判平12・6・21判時1742号141頁）がある。逆に瑕疵の治癒を認めなかった事案として，二重起訴となり会社自体の責任追及の訴えの権利を妨げるおそれを指摘して治癒を認めなかった事案（東京地判平4・2・13判時1427号137頁）や，適式な提訴請求を経ずに訴え提起後所定の期間が経過したのみでは瑕疵が治癒されない（大阪地判昭41・12・16下民集17巻11＝12号1237頁）とした事案がある。下級審には，訴え提起後の機会の放棄として，瑕疵を不問とした事案がいくつか

ある。

　なお責任追及の訴えが，当該株主や第三者の不正な利益を図り，または会社に損害を加えることを目的とする場合株主は提訴請求ができない（847条1項但書・5項但書）。

　(イ)　**訴えの提起**　提訴請求の日から60日以内に会社が責任追及等をしない場合，提訴請求をした株主は会社のために責任追及の訴えを提起することができる（代表訴訟：847条3項）。その際提訴請求をした株主または被告とされたものは，会社に対し訴えを提起しない理由を通知しなければならない（不提訴理由の通知：847条4項，会社則218条）。なお会社に回復すべからざる損害が生じるおそれがあるとき（時効消滅など），提訴請求をせずに代表訴訟を提起することができる（847条5項）。

　この場合，訴訟費用については，特則がある。代表訴訟の目的物の価額の算定には，「財産上の請求でない請求にかかる訴え」とされるため（847条の4第1項），提訴手数料は一定額（現状では13,000円ほど）となる。

　(ウ)　**判　決**　代表訴訟の判決は，会社に及ぶ（民訴115条1項2号）。勝訴の場合には，損害賠償金は，被告から会社に支払われる。しかし，株主勝訴の場合，株主は支出した必要費と弁護士報酬の相当額の支払を請求できる（852条1項）。逆に敗訴の場合，株主は悪意の場合を除き，何ら賠償責任を負わない（852条2項）。

　③　**代表訴訟をめぐる法律関係**　代表訴訟は，通常の訴訟と比べ，いくつかの特徴がある。これを提起した株主だけでなく，他の株主や役員等，そして会社も重大な利害関係を有する。訴訟提起した株主間でも，利害対立がある。まずは，原告である株主側が勝訴しても会社が損害を回復するだけで，株主は持株数に応じた割合でしか，利益はない。しかも，必要な費用や弁護士費用も，会社がすべて出すとは限らず，自分で支出する可能性が高い。そうなると，役員等に任務懈怠責任があると考えても，自分で代表訴訟を起こす必要はなく，他の株主が起こした代表訴訟に，参加できればその方がよい（フリーライド問題）。この種の問題は，原発問題など社会的色彩をもつ企業に多くみられる。一方，株主代表訴訟になると，ニュースにもなり，会社も大きな出捐を要するため，仮に勝訴しても会社の利益にならないような事

例もみられる（追放された会社の元経営者である株主が，現経営者に対する私的な恨みや支配権争奪などの目的で提起する事例）。以下では，代表訴訟をめぐる訴訟上のルールをみていく。

(ア) **共同訴訟参加** 会社または株主は，代表訴訟に共同訴訟参加，補助参加することができる（849条1項）。このような参加を可能にするため，代表訴訟を提起した株主は，遅滞なく会社に対し訴訟告知をしなければならない（849条4項・386条2項2号等）。訴訟告知を受けた会社は，遅滞なくその旨を公告または株主に通知しなければならない（849条5項）。

他の株主や会社は，原告側に共同訴訟参加することができるが，馴れ合い訴訟を防ぐためとされている（849条）。また馴れ合い訴訟で，不当な判決が出ることを防ぐため，再審の訴えの制度がある（853条）。逆に，会社は被告である役員等の側に補助参加することも可能である。この場合，各監査役全員の同意が必要な場合がある（849条3項）。

判例では，Z株式会社の株主Xが，取締役であるYを相手に株主代表訴訟を提起したところ，Z会社がY等を補助するための参加（民訴42条）を申し出たところ，Xが異議を述べた事案において，「民訴法42条所定の補助参加が認められるのは，もっぱら訴訟の結果につき，法律上の利害関係を有する場合に限られ，単に事実上の利害関係を有するにとどまる場合は補助参加が許されない。そして法律上の利害関係を有する場合とは，当該訴訟の判決が参加人の私法上又は公法上の法的地位又は法的利益に影響を及ぼす恐れがある場合をいうものと解される」として，「取締役会の意思決定が違法であるとして取締役に対し提起された株主代表訴訟において，株式会社は，特段の事情がない限り，取締役を補助するため訴訟に参加することが許されると解するのが相当である」として，会社の被告取締役等への補助参加は，認められるとした（最判平13・1・30民集55巻1号30頁［百選69]）。

(イ) **濫用的訴訟** 代表訴訟は，株主や第三者の利益を図り，または嫌がらせ訴訟を提起することができない。そのため，代表訴訟の被告となった役員等が，訴えの提起が悪意であることを疎明すれば，裁判所は相当の担保提供を原告に命じることができる（847条の4第2項・3項）。

悪意の提起とは，一般に不当目的の場合と不当訴訟の場合をいうと考えら

れている。つまり，請求に理由がないことを知って訴えを起こした場合，または制度の趣旨を逸脱し不当な目的をもって被告を害することを知りながら訴えを提起した場合をいう（東京高決平7・2・20判タ895号252頁［百選68]）。

　(ウ) **和解による終了**　　代表訴訟も，訴訟上の和解により終結する。その場合総株主の同意は不要である（850条4項）。しかし，馴れ合い訴訟により会社の利益が害される可能性があるため，会社が和解の当事者でない場合，裁判所は会社に対し，和解内容を通知する（850条2項）。会社が和解を承認すれば，会社が和解の当事者ではなくても，和解は確定判決と同一の効力を有する（850条1項）。会社が和解に異論がある場合，2週間以内に書面で異議を述べることができ，逆に通知を受けて会社が2週間以内に異議を述べなかったときは，承認したものとみなされる（850条3項）。

　④ **組織再編・親子会社と代表訴訟**

　(ア) **組織再編により株主でなくなった場合**　　株主は，代表訴訟を提起した後，継続して株主である必要がある。しかし，代表訴訟継続中に，組織再編（株式交換・株式移転，合併など）により，原告は株式を失うことがある。その場合，株主が，①完全親会社（株式交換・株式移転），②設立会社，③存続会社，④存続会社の完全親会社の株式を取得したときは，訴訟遂行ができる（851条1項）。

　また上記①の場合，株式交換等の効力発生日までに，訴訟提起の要件を満たしていた株主（旧株主）は，株式交換等が起きた後でも，株式交換等の以前に生じた役員等の責任について，責任追及の訴えを提起することができる（旧株主による責任追及の訴え。847条の2）。

　(イ) **特定責任追及の訴え**　　ある会社の子会社の役員等が子会社に対し，任務懈怠責任を負う場合，親会社および子会社の人間関係等の理由で，親会社が子会社の役員等の責任追及（代表訴訟など）をしない場合がある。そこで，一定の場合に親会社株主に，子会社の役員等の責任を追及する訴え（特定責任追及の訴え。多重代表訴訟とも呼ばれる）の提起が可能である（847条の3）。

　すなわち最終完全親会社等（最上位の会社）の総株主の議決権の100分の1以上の議決権または発行済株式の100分の1以上の数の株式を6か月前から引き続き有する株主は，完全子会社に対する提訴請求を経て，この訴えを提

2

役員等への責任追及

211

起できる（847条の3第1〜3項・6項・7項・9項他）。最終完全親会社とは，対象会社の親会社であり，その会社の完全親会社がないものをいう（847条の3第1項）。さらにこの訴えの対象は原因たる事実が生じた日における子会社株式の帳簿価格が親会社株式の総資産額の5分の1を超える場合における役員等の責任である（847条の3第4項・5項）。これを特定責任という。

　なお，上記のような旧株主による責任追及等の訴え，特定責任追及の訴えの対象となる責任についても，免除・一部免除の規定が適用される（847条の2・847条の3等参照）。

(2)　差止め

　取締役等が任務懈怠行為等をした場合，事後的に会社に損害賠償責任を負うが，行為の前に差止めできる方がより望ましい。まず会社がそのような差止めをすべきであるが，監査役等（監査等委員，監査委員会委員）にも差し止めが認められる（385条・399条の6・407条）。会社および監査役等がそれをしない場合に，個々の株主に差止請求をすることを認める（360条・422条）。

　① **差止請求**　　取締役または執行役が会社の目的範囲外の行為をその他法令定款違反の行為を行い，会社に著しい損害が生じる可能性がある場合，6か月前から引き続き株式を保有する株主は，その取締役または執行役に対し，行為の差止め（「やめること」）を請求できる（360条1項・2項，422条1項・2項）。請求は裁判外でも可能だが，それでは目的を達成できない場合，その取締役または執行役を被告として差止めの訴えを提起し，さらにそれを本案として仮処分（民保23条2項）の申立てが可能である。

　上記「著しい損害」は，監査役会設置会社等（監査等委員会設置会社・指名委員会設置会社）では，「回復することができない損害」が生じるおそれがある場合に限定される（360条3項）。

　② **差止めの訴え**　　株主による差止めの訴えは，会社が取締役または執行役に対し有する差止請求権を会社のために提起するものであり，取締役または執行役が被告となり，会社は当事者にはならないが，判決の効力は，会社に及ぶ（民訴115条1項2号）。上記の点は，株主代表訴訟と同様であり，

担保提供・訴訟告知勝訴株主の会社の費用負担など，差止めの訴えにも準用されるべきである[1]。

(3) 業務執行に関する検査役による調査

会社の業務執行に関し，不正の行為または法令もしくは定款に違反する重大な事実あることを疑うに足りる事由があるときは，①総株主の議決権の100分の3（定款で軽減可）の議決権を有する株主，②発行済株式の100分の3（定款で軽減可）以上の株式をもつ株主は，会社の業務および財産の状況を調査させるため，裁判所に対し検査役の選任を申し立てることができる（358条1項・2項）。

当該検査役は，職務を行うため必要があるときは，子会社の業務および財産の状況を調査でき（358条4項），必要な調査を行い，調査記載し，または記録した書面または電磁的記録の記録を裁判所に提供し，さらに検査役の選任を申し立てた株主に対し書面の写しを交付し，または電磁的記録を，法務省で定める方法により提供する（358条7項）。

裁判所は必要があるときは，取締役に対し，①一定の期間内に株主総会を招集すること，②調査結果を株主に提供することを命じる（359条1項）。その場合に取締役上記報告内容を株主総会に開示し（359条2項），取締役は業務内容を調査し，その結果を株主総会に報告する（359条3項）。

1　神田秀樹『会社法〔第21版〕』277頁（弘文堂，2019年）。

■ 第 11 章 ■

計　算

1　会社会計規制の目的

　株式会社の計算については，会社法第二編第五章および会社計算規則が規制する。計算に関する法規制の目的は，①株主および会社債権者に対して的確な会計情報の提供を行うこと，および，②株主に対する剰余金の分配について規制を行うことである。①は，株主と投資家の投資判断にとり重要であり，また，会社と取引を行おうとする者（会社債権者）にとって，取引相手会社の信用力を把握するために重要である。②の剰余金の分配にかかる規制は，株主だけでなく，債権者の利害にもかかわる。

　金融商品取引法も，会社法と同様に，上場会社等を対象とする会計規制を定める。その規制目的は，もっぱら投資家への適時的確な会計情報の提供にある。

2　会計の原則と会計帳簿

(1)　会計の原則

　計算に係る規制は，会社法の計算規定および会社計算規則だけで，規定の解釈と具体的適用に十分なわけではない。そこで，会社法 431 条は，株式会社の会計は，「一般に公正妥当と認められる企業会計の慣行に従うものとする」とする。さらに，会社計算規則 3 条は，「この省令の用語の解釈及び規定の適用に関しては，一般に公正妥当と認められる企業会計の基準その他の

企業会計の慣行をしん酌しなければならない」とする。これらにいう「一般に公正妥当と認められる企業会計の基準・慣行」には，金融庁の企業会計審議会の定めた会計基準などが該当する。

(2) 会計帳簿

会計帳簿とは，日記帳，仕訳帳，元帳，および現金出納帳，商品仕入帳，商品売上帳などの各種補助簿とこれらに代わる伝票を意味し，計算書類およびその附属明細書の作成の基礎となる帳簿である（計規59条3項）。

株式会社は，各事業年度に係る計算書類等（442条1項）を作成しなければならず（435条2項），法務省令で定めるところにより（会社則116条1号，計規4条以下），適時に，正確な会計帳簿を作成しなければならない（432条1項）。現代においては，会計帳簿は電磁的記録をもって作成されることが多い。

株主および債権者は，計算書類・附属明細書等の閲覧権を有している（442条1項・3項）。さらに，総株主の議決権の100分の3（これを下回る割合を定款で定める場合にあっては，その割合）以上の議決権を有する株主または発行済株式の100分の3（定款により要件を緩和することも可）以上の株式を有する株主（少数株主）は，株式会社の営業時間内は，いつでも，会計帳簿またはこれに関する資料の閲覧・謄写を請求できる（433条1項前段）。株主が具体的に株主権を行使して会社の経営の監督是正権を有効に行使するためには，会計帳簿の閲覧が必要な場合があるためである。

しかし，株主による会計帳簿閲覧請求権の行使は，しばしば会社の営業の秘密にかかわる事柄を知ることにつながりやすく，閲覧権の行使が会社の利益を侵害する濫用的なものとなるおそれがある。そこで，会社法は，閲覧権行使の濫用を防止するため，会社法433条2項1～5号で限定列挙する場合に該当するときに限り，会社は閲覧を拒絶できるとしている。制限的にのみ拒絶を認めているのは，会社側の濫用的な閲覧請求の拒絶を排除するためである。

3　計算書類

(1)　計算書類等の作成

　株式会社は，各事業年度の終了後，計算書類，**事業報告**およびこれらの附属明細書を作成しなければならない（435条2項）。計算書類とは，貸借対照表，損益計算書，**株主資本等変動計算書**および個別注記表（会社則116条2号，計規59条1項）をいう。

　計算書類等（計算書類および事業報告およびこれらの附属明細書等をいう。442条1項）は，定時株主総会に提出して承認を求める前に，会社の類型に応じて，監査役，監査等委員会，監査委員会，会計監査人の監査を受ける必要がある（436条）。特に，会計監査人設置会社においては，計算書類およびその附属明細書の監査については，会計監査人を中心に行うことになる。これに加えて，取締役会設置会社においては，計算書類，事業報告およびにこれらの附属明細書は，取締役会の承認を受ける必要がある（436条3項）。

　計算書類等は株主総会に先立って株主に対して開示される（437条）。

　取締役は，計算書類については定時株主総会の承認を受け（438条2項），事業報告についてはその内容を報告しなければならない（438条3項）。株主総会の承認により計算書類は確定される。

　会計監査人設置会社においては，取締役会の承認を受けた計算書類が法令および定款に従い当該株式会社の財産および損益の状況を正しく表示しているものとして法務省令で定める要件に該当する場合（会計監査人の会計監査報告に「無限定適正意見」が含まれ，かつ，会計監査報告に係る監査役，監査役会，監査等委員会，監査委員会の監査報告に会計監査人の監査の方法または結果を相当でないと認める意見の付記がない場合などである（会社則116条5号，計規135条））には，計算書類の内容を定時株主総会に報告すれば足り，取締役会の承認だけで確定される（439条）。これを**承認特則規定**という。

　すべての株式会社は，上記定時総会の終結後遅滞なく，貸借対諸表（大会社にあっては貸借対照表および損益計算書）を公告（**決算公告**）しなければなら

ない（440条1項）。

(2) 計算書類と事業報告

　主要な計算書類として貸借対照表および損益計算書が挙げられる。

　　①　**貸借対照表**　　貸借対照表とは，一定時点（期末）における会社の財政状態（資産，負債および資本等の状態）を明らかにする一覧表である。これにより，会社がどのようにして資産を調達し，それをどのような形で使っているのかが明らかにされる（表-2参照）。

　　②　**損益計算書**　　損益計算書とは，企業の経営成績を明らかにするため，1会計期間（1事業年度）に属するすべての収益と費用とを記載して対応させた当期純損益の計算書である（表-3参照）。

　　③　**事業報告**　　事業報告の内容は，(i)会社の状況に関する重要な事実，(ii)内部統制システムの整備について等（会社則118条）であり，公開会社については，これらに加えて，(iii)会社の現況，(iv)会社役員に関する事項，社外役員に関する事項，株式に関する事項等（会社則119条以下）である。

4　連結計算書類

　連結計算書類とは，その会社およびその子会社からなる企業集団の財産の状況および損益の状況を示すために必要かつ適当なものとして法務省令で定めるものをいう。会社法は，会計監査人設置会社は，連結計算書類を作成することができるとするが（444条1項），大会社であって，かつ金融商品取引法24条1項の規定により有価証券報告書を提出しなければならない会社については，連結計算書類の作成が義務づけられる（444条3項）。連結の範囲には原則的にすべての子会社が含められる（計規63条1項）。

表-2 貸借対照表

（単位：百万円）

（借方）　科　目	金　額	（貸方）　科　目	金　額
（資産の部）		（負債の部）	
流動資産	**2,300**	**流動負債**	**1,510**
現金及び預金	1,250	買掛金	310
売掛金	650	未払金	480
商品及び貯蔵品	150	1年内期限到来の長期負債	720
未収入金	250	**固定負債**	**1,530**
固定資産	**5,650**	社債	240
有形固定資産	**3,970**	長期借入金	1,060
建物	1,050	退職給付引当金	230
土地	2,200		
製造設備	720	**負債合計**	**3,040**
無形固定資産	**590**	（純資産の部）	
特許権	340	**株主資本**	**4,430**
借地権	220	**資本金**	**2,260**
ソフトウエア	30	**資本剰余金**	**1,230**
投資その他の資産	**1,090**	資本準備金	1,180
投資有価証券	570	その他資本剰余金	50
関係会社株式	370	**利益剰余金**	**1,070**
関係会社出資金	40	利益準備金	660
長期前払費用	110	その他利益剰余金	410
繰延資産	**50**	**自己株式**	**△ 130**
開発費	50	**評価・換算差額等**	**420**
		新株予約権	**110**
		純資産合計	**4,960**
資産合計	**8,000**	**負債・純資産合計**	**8,000**

表-3　損益計算書

（単位：百万円）

科　目		金　額
売上高		7,630
売上原価		5,830
売上純利益		**1,800**
販売費および一般管理費		310
営業利益		**1,490**
営業外収益		5,550
受取利息及び配当金	5,340	
その他	210	
営業外費用		2,640
支払利息	2,120	
その他	520	
経常利益		**4,400**
特別利益		210
固定資産売却益	210	
特別損失		530
固定資産売却損	530	
税引前当期純利益		**4,080**
法人税・住民税及び事業税	870	
法人税等調整額	210	1,080
当期純利益		**3,000**

4

連結計算書類

219

5 資本金と準備金

(1) 剰 余 金

株式会社は株主に対し，剰余金の範囲内で配当できるとされ（453条），剰余金の額の算定に当たっては，資産の額から資本金および準備金の額の合計額を控除するとされている（446条）。株主は有限責任のみを負うため，これにより会社債権者と株主の利害の調整が図られている。

剰余金の額は基本的には，最終の事業年度の末日における貸借対照表上の純資産額から資本金と準備金の額を差し引いた額である。しかし，剰余金の分配との関係では，決算日以後の剰余金の変動も考慮される（446条）。会社法446条の1号は最終事業年度の末日における剰余金の額の算出方法について定めているが（さらに，会社則116条10号，計規149条），これに当てはめて計算すれば，剰余金は，基本的にはその他資本剰余金とその他利益剰余金の合計額ということになる。

株主が会社に払い込んだ資本（払込資本）のうち，資本金以外の部分を資本剰余金といい，会社がその企業活動により稼得して留保した額を利益剰余金または留保利益という。企業会計原則では，「資本取引と損益取引とを明瞭に区別し，特に資本剰余金と利益剰余金とを混同してはならない」とされている（同原則第一の三）。企業活動のための元本である資本金額を増減させる取引（資本取引）と，企業活動から得られた利益額を増減させる取引（損益取引）とは区別される必要がある。資本取引により生じる剰余金が資本剰余金であり，損益取引により生じる剰余金が利益剰余金である。

資本準備金と利益準備金とを合わせて準備金という。資本準備金以外の資本剰余金をその他資本剰余金といい（計規76条4項），利益準備金以外の利益剰余金をその他利益剰余金という（計規76条5項）。

(2) 資本金および準備金

① 資本金　資本金の額は，原則として，設立または株式の発行に際して株主となる者が払込みまたは給付をした財産の全額である（445条1項）。ただし，払込みまたは給付された額の2分の1を超えない額は，資本金として計上しないことができる。この場合にはその額を資本準備金として計上することを要する（445条2項・3項）。これを払込剰余金という。

② 準備金

(ア)　**資本準備金**　資本準備金は資本取引から生じるものであり，本来は株主に配当されるのに適さない性質を有している。資本準備金となるものは，上記の払込剰余金（445条2項・3項），その他資本剰余金を原資として剰余金の配当を行うに当たり，資本準備金として積み立てることを要する額（445条4項），および資本金または剰余金（その他資本剰余金）を減少して資本準備金に組み入れると定めた額（447条1項2号・451条1項1号，計規26条1項）等である。

(イ)　**利益準備金**　利益準備金は，会社が稼得した利益の留保額であり，会社は，経営が悪化した場合にこれを取り崩して欠損（分配可能額のマイナス分）の填補に充てることができる（449条1項但書）。会社は，その他利益剰余金を原資として剰余金の配当を行うに当たり，準備金の積立て義務を負う場合には，資本準備金と利益準備金の額を合わせた額が資本金額の4分の1に達するまで，その他利益剰余金を原資とする配当額の10分の1を利益準備金として積み立てなければならない（445条4項，会社則116条9号，計規22条）。また，会社は，その他利益剰余金を減少して利益準備金に振り替えることができる（451条1項）。

(3) 資本金および準備金の減少と増加

　株式会社は，株主総会の決議により資本金または準備金を減少させることができる。資本金および準備金の額の減少は，会社債権者にとって債権の担保となる会社財産が減少するため，会社債権者の利害にかかわる。会社が資

本金や準備金の額を減少させてそれを原資に配当を行うのであれば，債権者の利益は害されるおそれがある。

　株式会社が資本金の額を減少させる場合には，原則的に株主総会の特別決議（309条2項9号）が必要である（447条1項）。会社は，資本金を減額してこれを資本準備金だけでなく配当原資に充てることができる，その他資本剰余金に転換できるためである。ただし，会社が定時株主総会の日における欠損の額（分配可能額のマイナス分の額を指す）を超えない範囲で資本金の額の減少の決議を行う場合には，普通決議で足りる（309条2項9号）。配当により会社外に資金を流出させることがないためである。

　準備金の額の減少についても，資本金の額の減少と同様に，株主総会における決議（普通決議）によること（309条1項）が必要である。減少する準備金の額の全部または一部を資本に組み入れ，資本金の額を増加させることが可能である（448条1項2号）。減少された準備金の額（全部または一部を資本金とするときはその差額）は，それが資本準備金であれば，その他資本剰余金に，それが利益準備金であれば，その他利益剰余金に計上される（計規27条1項2号・29条1項1号）。

　会社が資本金または準備金の額を減少する場合には，原則として，会社債権者は会社に対して資本金または準備金の額の減少について異議を述べることができ（449条1項本文），会社はそのための手続をとらなければならない。これを会社債権者異議手続という。

　株式会社は，株主総会の普通決議によって，剰余金の額を減少して組み入れることにより，資本金の額および準備金の額を増加させることができる（450条1項・同2項・451条1項・同2項）。資本金には，その他資本剰余金だけでなく，その他利益剰余金からも組入れが可能である（計規25条1項）。準備金については，その他資本剰余金は資本準備金に（計規26条1項2号），その他利益剰余金は利益準備金に（計規28条1項）組み入れられる。

6 剰余金の分配

(1) 剰余金の分配の意義

　株式会社は，会社が企業活動から得た利益（会社財産）を剰余金の配当，またはそれに代えて自己株式の有償取得という方法で株主に分配することができる（453条）。会社による自己株式の有償取得も，実質的に株主に会社の財産を払い戻すことを意味し，剰余金の配当と変わりはない。

　しかし，株式会社が会社財産を株主に分配して無制限に会社外に流出させることは，会社債権者の利益と衝突する。そこで，会社法は，剰余金の処分のうち，会社が会社財産を株主への分配等によって会社外に流出させる場合について，横断的な規制を置いている。

(2) 剰余金の配当

　剰余金の配当とは，株主に現金や現物資産を配当として交付することを意味し，配当財産が金銭以外の財産である場合を現物配当という。会社は，事業年度中のいつでも，何回でも剰余金の配当をすることができるが，実際には，事業年度の末日（決算期）における決算に基づいて配当を行うケースが多い。ただし，配当により純資産額が300万円を下回ることになる場合には，配当をすることができない（458条）。

(3) 分配可能額

　会社法461条1項は，剰余金の配当，自己株式の有償取得等，同項各号に掲げる行為により株主に対して交付する金銭等（「金銭等」とは金銭その他の財産をいう。151条1項）の帳簿価格の総額は，当該行為の効力が生じる日における分配可能額を超えてはならないとする。

　分配可能額については，会社法461条2項が規定する。分配可能額は基本

的に最終事業年度の末日の貸借対照表における計数から出発して計算し,「剰余金の額」が計算の起点となる (461条2項1号)。剰余金の額の計算の出発点は,最終事業年度の末日における,その他資本剰余金とその他利益剰余金の合計額である (前述5)。これに最終事業年度の末日後における剰余金にかかわる変動要素が加減されて算出される。

(4) 違法な剰余金の配当等に関する責任

上記の分配可能額規制に違反して会社が配当等をした場合には,これにより金銭等の交付を受けた株主およびそれに関する職務を行った業務執行者 (業務執行取締役等をいう。会社則116条15号,計規159条) 等は,会社に対し,連帯して,株主が交付を受けた金銭等を支払う義務を負う (462条1項柱書)。ただし,業務執行者等の責任は過失責任である (462条2項)。会社債権者の保護を図る趣旨の規定である。また,会社債権者は,上記返済の義務を負う株主に対して,善意・悪意を問わずに,その交付を受けた金銭等を,自らに支払わせることができる (463条2項)。

さらに,株式会社が,自己株式を有償取得した場合等および剰余金の配当をした場合において,それを行った日の属する事業年度に係る計算書類が定時株主総会において承認等を受けたときに欠損が生じているとき (分配可能額がマイナスであるとき) は,これらの行為を行った業務執行者は,定時総会 (または取締役会。436条3項) において剰余金配当が決定された場合などを除き,会社に対し,連帯して,その欠損の額 (欠損額と各行為により社外に払出された額のいずれか少ない額) を支払う義務 (期末における欠損塡補責任) を負う (465条1項)。ただし,この業務執行者の責任は過失責任である (465条但書)。

■第 12 章■
社 債

1 社債の意義

(1) 資金調達方法としての社債

　企業の資金調達の方法としては，デット（debt：債務）による方法とエクイティ（equity：株式）による方法とがある。デットによる方法の代表は銀行等の金融機関からの借入れであり，エクイティによる方法は，株式を発行して資金調達を行う方法である。社債の発行は，デットによる資金調達の一方法である。社債は，一般大衆の投資により巨額かつ長期の借入れを行うものであり，大量性，集団性および公衆性を有している。

　株式の場合と異なり，社債発行による場合には，償還期限が到来すれば，発行会社は原則的に社債元本を返済すべき義務を負う。また，発行会社は，償還までの期間，あらかじめ定められた利率による利息を支払う。社債については格付機関が付与する信用格付によるランク付けが普及しており，高い格付けを受けた発行会社ほど有利な条件で発行できる。

(2) 社 債

　社債とは，会社法の規定により会社が行う割当てにより発生する当該会社を債務者とする金銭債権であって，会社法676条各号に掲げる事項についての定めに従い償還されるものをいう（2条23号）。社債は株式会社のみならず，持分会社も発行できる。

　社債のうち，新株予約権付社債，交換社債（社債発行会社以外の特定の会社

の株式と交換できる社債），転換社債型新株予約権付社債（転換社債）等のように，何らかの形で特定の会社の株式と関連付けられている社債をエクイティ・リンク債という。そうでない社債を普通社債という。会社が物上担保付の社債（担保付社債）を発行する場合には，担保付社債信託法（担信法）が適用される。

◆**コラム 12-1──債券としての社債**────────────

　社債は債券の一種である。債券を発行者の業態という視点から区分すると，国，地方公共団体が発行する国債，地方債などの公共債，民間企業の発行する民間債，外国または外国法人の発行する外債とに分けられる。民間債には，金融機関が特別な法律に基づき発行する金融債，民間事業会社が発行する事業債（社債），投資法人の発行する投資法人債などがある。外債とは，発行体，発行市場，通貨のいずれかが日本以外のものである債券を指し，外国企業発行の外国債だけでなく，発行体は外国であるが円建ての円建外債（サムライ債），発行市場が外国のユーロ円債も例として挙げられる。会社法 2 条 23 号の定義によれば，発行地が日本国内か国外かを問わず，わが国会社法の規定に従って発行するものが社債に該当し，わが国企業が外国法に準拠して発行するものは，社債に該当しない。

---

2 社債の発行

(1) 募集社債の発行手続

　社債発行の決定は，取締役会設置会社においては，取締役会が，会社法676 条に掲げる事項その他の社債を引き受ける者の募集に関する重要な事項（会社則 99 条）を決定し（362 条 4 項 5 号），取締役会を置かない会社（取締役会非設置会社）では，取締役が決定する（348 条 1 項）。ただし，指名委員会等設置会社においては，取締役会は執行役に委任できる（416 条 4 項本文）。

　発行会社の募集に応じて当該社債の引受けの申込みをした者に対して割り当てられる社債を募集社債という（676 条本文）。会社は，社債の募集をしようとするときは，当該募集社債について会社法 676 条に掲げる，募集社債の総額，各募集社債の金額（各募集社債の金額は 1 つでなくてよく，社債ごとに異

なる金額でもよい），利率，償還の方法および期限などの諸事項を定めなけれ
ばならない。

(2) 社債発行の成立

　募集社債の申込みの勧誘が不特定・多数の者に対してなされ，金融商品取
引法上の「有価証券の募集」（金商2条3項）に該当し，同法の発行開示規制
の対象となって，有価証券届出書（金商4条・5条）等の提出や，勧誘に当た
り目論見書を作成し交付する（金商13条・15条）ことが要求されるものを公
募債という。このような金融商品取引法の発行開示規制の適用がないものを
私募債という。公募債の発行は，通常は，元引受証券会社が募集社債のすべ
てを引き受け（これを総額引受けという。679条），社債の総額を払い込み，そ
の後にこれを一般投資家に売り捌く方法（買取引受け。金商2条6項1号）に
よっている。

　募集社債の発行においては，引受けの申込みのあった金額が，募集社債の
予定総額に達しないときであっても，原則として応募額を総額として社債は
成立する（676条11号参照）。このような引受けの申込みがあった分について
のみ社債を発行するという打切発行が原則である。

(3) 社債原簿の作成

　募集社債の発行会社は，社債発行後遅滞なく，社債原簿を作成しなければ
ならない（681条）。社債原簿には，社債の種類，種類ごとの社債の総額と各
社債の金額，各社債と引換えに払い込まれた金銭の額と払込日，社債権者の
氏名・住所等の事項を記載しまたは記録しなければならない。社債発行会社
は，社債原簿を本店に備え置く必要がある（684条1項）。

(4) 社債発行の無効

　株式および新株予約権の発行に関しては，無効の訴えの制度が設けられて

いるが，これと異なり，社債発行は，会社の組織に関する事項ではないので，新株予約権付社債を除いて（新株予約権の違法な発行が問題になる），無効の訴えに関する定めはない。そこで，公開会社において取締役会の決議を欠く社債発行や，必要な社債管理者の設置等の重要事項の定めを欠く社債の発行は，無効事由に当たるのか否かが問題になる。これに関しては，社債の流通性を考慮して，原則的に社債発行自体は有効と解すべきである（参照，新株発行の無効事由に関する，最判平6・7・14判時1512号178頁［百選102］）。しかし，違法な社債の発行については，取締役・執行役の損害賠償責任（423条・429条）が問題となる。

3 社債権者の権利

(1) 社債の償還

社債権者は，募集社債に関する約定に従って，募集社債の償還を開始する時期が到来したときに，元本の償還（返済）を受けるとともに，それまでの間は約定に従って（676条3号・5号），所定の時期に所定の利息の支払を受ける権利を有する。

募集社債の償還の期限としては，通常は事前に定められた確定期限のときである。償還金額は，通常は社債金額（676条2号）であるが，社債契約に従った割増償還も可能である。

(2) 社債の流通

社債には，募集社債の発行に当たって社債券を発行する旨を定めている場合があるが（676条6号），この場合には，社債発行会社は，社債発行後遅滞なく社債券を発行しなければならない（696条）。社債券には，記名式と無記名式とがあるが，無記名式社債券がもっぱら利用されている。社債券を発行する場合には，社債の譲渡には社債券の交付が必要である（687条）。

社債券を発行しない場合には，社債の譲渡は，当該社債を取得した者の氏名・住所を社債原簿に記載しまたは記録しなければ，社債発行会社その他の第三者に対抗することができない（688条1項）。社債の譲受人は，社債発行会社に対して社債原簿の名義書換えを請求できる（691条1項）。

「社債，株式等の振替に関する法律」（振替法）に基づき，株式と同様に社債のペーパーレス化も一般化している。振替法により，社債の発行に当たり，発行会社が同法を適用することを決定した場合には，適用を受ける社債については，証券を発行することができなくなる。振替社債に関する権利の保有は口座管理機関（金融機関・証券会社）に開設された振替口座に記録される（振替69条）。

4 社債の管理

(1) 社債管理者制度

① 社債管理の必要　　社債には発行会社の経営悪化により社債が償還不能になるなどのデフォルト（債務不履行）・リスクがある。社債に対して多額の投資を行う機関投資家等は別として，一般個人の社債権者には社債のデフォルト・リスクに対応することは困難である。他方，発行会社にとっても，多数の社債権者に個別的に対処するには困難を伴う。そこで，無担保社債について，社債権者の集団的な取扱いと対応を可能にして，社債権者保護を図るための制度として，社債管理者，社債管理補助者の制度，および社債権者集会制度が設けられている。

② 社債管理者の設置　　募集社債の発行に当たり，原則的に社債管理者を設置することが必要である（702条）。社債管理者とは，発行会社から，社債権者のため，弁済の受領，債権の保全その他の社債の管理を行うことを委託され，社債権者の利益のためにそれを行う者である（702条本文）。ただし，各社債の金額が1億円以上である場合およびある種類の社債の総額を社債金額の最低額で除した数が50未満の場合（この基準を満たす場合には社債権者数

229

は 50 人未満である）には，社債管理者を設けなくともよいとされ（702 条但書，会社則 169 条），社債権者が大口の投資家である場合および投資者の範囲が狭く限定されている場合には設置が免除されている。

社債管理者になれるのは，銀行，信託会社などである（703 条）。社債発行会社の主要取引銀行（メインバンク）がなるのが一般的である。

③ **社債管理者の権限**　　社債管理者の権限は以下のように定められている。(i) 社債管理者は，社債権者のために社債に係る債権の弁済を受け，または社債に係る債権の実現を保全するために必要な一切の裁判上・裁判外の行為をする権限を有する（705 条 1 項）。(ii) 社債管理者は，社債権者集会の決議を経て，当該社債の全部についてするその支払の猶予，その債務もしくはその債務の不履行によって生じた責任の免除または和解，および当該社債の全部についてする訴訟行為または破産手続，再生手続，更生手続もしくは特別清算に関する手続に属する行為をする権限を有する（706 条 1 項）。(iii) 社債管理者は，発行会社の合併等の場合における債権者の異議手続に当たって，社債権者のために異議を述べることができる（740 条 2 項）。(iv) 社債管理者は，社債権者集会の招集権限を有し（717 条 2 項），社債権者集会に出席して意見を述べることができ（729 条 1 項），社債権者集会の決議を執行する権限を有する（737 条 1 項 1 号）などである。

④ **社債管理者の義務と責任**　　社債管理者は，社債権者のために，公平かつ誠実に社債の管理を行わなければならない（公平誠実義務。704 条 1 項）。また，社債管理者は，社債権者に対し，善良な管理者の注意をもって社債の管理を行わなければならない（704 条 2 項）。社債管理者と社債権者の利益とが相反する場合には，社債管理者は，誠実義務に基づき，社債権者の利益を優先させなければならない。社債管理者は，会社法または社債権者集会の決議に違反する行為をして，社債権者が損害を受けたときは，連帯して損害を賠償する責任を負う（710 条 1 項）。さらに，発行会社が経営困難な状況に陥ったときに，社債管理人が自己の有する貸付債権を優先的に回収しようとするなどの場合には，社債権者に対して損害賠償責任を負う（710 条 2 項）。

⑵ 社債管理補助者制度

① 社債管理補助者　　前述のように，すべての社債発行に当たり社債管理者の設置が義務づけられているわけではない。近時，社債管理者の設置されていない社債発行において，債務不履行により社債権者に損失が生じる事例が生じている。そこで，令和元年会社法改正において，社債管理者の設置の義務づけられていない場合（702条但書）に，社債発行会社は，社債権者のために，社債管理補助者に社債の管理の補助を行うことを委託できるとされた（676条8号の2・714条の2）。

社債管理補助者制度は，社債権利者が社債権者集会を通じて自ら社債を管理することを前提とした制度であり，社債管理補助者は，社債権者からの請求による社債権者集会の招集など，社債権者集会の決議等を通じた社債の管理が円滑に行われるように補助する。そのため，社債管理者が社債管理に必要な権限を包括的に有し，広い裁量権を有するのに対して，社債管理補助者は，社債管理者よりも裁量の余地の限定された権限のみを有するに止まる。

社債管理補助者になれるのは，銀行，信託会社等のように社債管理者となれる者に加えて，弁護士，弁護士法人も含まれ（714条の3），社債発行会社にとりコストの削減が図られている。

② 社債管理補助者の権限　　社債管理補助者は，社債管理者よりも狭い範囲の裁量の余地の限定された権限のみを有する。社債管理者が社債権者のために自らの判断で行える権限は，⒤破産手続・再生手続・更生手続に参加して債権の届出を行うこと，⒤強制執行等における配当要求，⒤会社清算に当たって債権の申出をすることに止まる（714条の4第1項）。さらに，社債管理補助者が自ら社債権者集会を招集することができるケースは限定されている（717条3項）。ただし，社債管理補助者の権限は，委託契約の定める範囲内において拡大することが可能であり，これにより社債に係る債権の弁済を受ける等の行為（705条1項・706条1項各号参照）にも権限を拡大することは可能である（714条の4第2項）。しかし，その場合にも，社債に係る債権の弁済を受けることを除き，当該社債全部の支払の請求，社債の全部についてする訴訟行為，社債の全部についてするその支払の猶予，その債務も

231

しくはその債務の不履行によって生じた責任の免除または和解等については，社債権者集会の決議によらなければすることができない（714条の4第3項・724条1項・同条2項2号）。

  ③ 社債管理補助者の義務と責任   社債権者による社債権者集会の決議等を通じた社債の管理が円滑に行われるように補助するという社債管理補助者の意義に照らして，社債管理補助者の社債権者に対する情報伝達機能は重要である。そこで，社債管理補助者は，委託契約に従い，社債の管理に関する事項を社債権者に報告し，または社債権者がこれを知ることができるようにする措置をとらなければならない（714条の4第4項）。

  社債管理補助者は，社債管理者と同様に，社債権者のために，公平かつ誠実に社債の管理の補助を行い，善良な管理者の義務をもって社債の管理の補助を行わなければならない（714条の7・704条）。社債管理補助者は，会社法または社債権者集会の決議に違反する行為をしたときは，社債権者に対し，これによって生じた損害を賠償する責任を負う（714条の7・710条1項）。

5 社債権者集会制度

  社債権者集会は，会社法に定める事項および社債権者の利害に関する事項について決議をすることができる（716条）。社債権者集会は，社債の種類ごとに組織される（715条）。社債権者集会の決議事項は，社債管理者が行為するための前提となる社債の全部についてする支払猶予，その債務もしくはその債務の不履行により生じた責任の免除または和解の決議等（706条1項）の他，社債の期限の利益の喪失（739条1項），発行会社の資本金・準備金の減少・組織変更・合併等の場合における社債権者の異議申立て（740条1項）等，および社債権者の利害に関する事項である。

  社債権者集会において，各社債権者はその有する種類の社債の金額の合計額に応じて議決権を有する（723条1項）。社債権者集会の決議には，出席した議決権者の議決権の総額の2分の1以上による普通決議（724条1項）と，議決権者の議決権の総額の5分の1以上で，かつ，出席した議決権者の議決

権の総額の3分の2以上の同意を要する特別決議（724条2項）とがある。社債権者集会の招集者は，当該決議について裁判所に対し認可の申立てをすることを要し，裁判所の認可を受けなければその効力を生じない（732条・734条1項・735条）。

6 新株予約権付社債

(1) 新株予約権付社債の意義

　新株予約権付社債とは，社債に新株予約権が付されたものをいう（2条22号）。社債権者は，あらかじめ定められた行使価額を払い込めば，一定数の株式を取得することができる。したがって，新株予約権付社債の保有者は，あらかじめ定められた一定の価額で発行会社の株式を購入できるコール・オプションを有していることになる。投資対象としての魅力が増すので，発行会社は低い利率で社債を発行できるというメリットがある。

　新株予約権付社債は，社債と新株予約権とを分離して，いずれかだけを譲渡することはできない（254条2項・3項）。新株予約権付社債の種類の第一は，このような非分離の新株予約権付社債である。これにあっては，社債権者が新株予約権を行使して株式を取得した後も，社債は存続し続けて，満期が到来すれば社債が償還される（社債存続型（非分離型）の新株予約権付社債）。種類の第二は，新株予約権を行使すると，償還期限が繰り上げられてそのときに社債が償還されて消滅し，償還金額が新株の払込みに当てられるものである。社債を株式に転換する形になるので，転換社債型新株予約権付社債と呼ばれる（280条4項）。

　新株予約権付社債には，新株予約権に関する規定と社債に関する規定双方が適用されるが，主に新株予約権に関する規定が適用される。

⑵　新株予約権付社債の発行と有利発行

　新株予約権付社債の募集は，募集新株予約権の発行手続に従う。公開会社
においては，取締役会決議によることになる（240条1項）。募集事項につい
ては，社債に関する事項（676条各号）を含めて，募集新株予約権の募集事項
として定められる（238条1項6号・7号）。

　新株予約権付社債の募集事項の決定に当たり，新株予約権の交付と引換え
に金銭の払込みを要しないとすること（無償）が特に有利な条件に当たる場
合，または払込金額が特に有利な金額である場合には，株主総会の特別決議
が必要である（238条2項3号・240条1項・309条2項6号）。新株予約権の発
行が「特に有利な条件」による発行（有利発行）に該当するか否かは，一般
的に，その新株予約権の実質的な対価と理論的に計算された発行時点におけ
る公正な金額（公正価値）（**第5章**参照）との比較により，前者が後者を大き
く下回るか否かで判断されると解されている（東京地決平18・6・30金判1247
号6頁［百選28]）。コール・オプション自体には常に一定の価値があると考
えられているため，新株予約権の交付が無償であることは，原則的に有利発
行に該当することになりそうである。しかし，転換型の新株予約権付社債に
ついて，新株予約権の交付が無償であっても，それを社債部分の利率等で埋
め合わせている場合には，有利発行には当たらない。実際の実務では，転換
社債型の新株予約権付社債の募集については，新株予約権の払込金額は零，
その権利行使価額は当該社債の金額と定めることが一般的に行われている。

■第 13 章■
企業買収と企業再編

1 M & A の意義

　企業が事業を拡大する方法は数多い。最も一般的なのは自社で留保した利益の再投資であろう。また取引法レベルの拡大方法として，代理店契約やフランチャイズ契約等により，短期間のうちに他店舗展開する様子もしばしば見受けられる。こうした方法とは異なり，他の会社から事業の全部または一部を譲り受けたり，合併により他の会社を吸収したり，さらには他の会社の株式を取得して傘下に収めたりするような事業拡大の形態も思い浮かぶ。日常用語で M & A（Merger and Acquisition）と呼ばれる形態である。企業買収や企業結合，さらには端的に買収や結合とも呼ばれる。

　買収により，店舗や福利厚生施設の統廃合が行われると，買収前と比べてコストを低減できる。またノウハウを互いに共有・有効活用できれば，買収前よりも収益性が向上する。両社の企業価値が 1 + 1 = 2 を超えるならば，買収により相乗効果が生じたことになる。2 を超えるこうした相乗効果をシナジー（Synergy）と呼ぶ。買収者が買収を試みるのは，シナジーの発生および獲得を目的とするからである。

　もっとも買収が常にシナジーを発生させるとは限らない。買収前の人員が買収後の会社において派閥を構成し，派閥が互いに対立するようになると，会社内部における風通しの悪さをはじめとしたマイナスの側面が現れる。負のシナジーと呼ばれる効果である。性急な買収を重ねて多角化を進めたことにより，事業活動が非効率となるようなケースでも同様である。負のシナジーを解消できないような場合，買収により統合された事業の再分割も行われる。

　また再分割でなくとも分割の必要は生ずる。ある部門の赤字を別の部門の

黒字で補うような多角的事業を展開してきた会社においてである。会社全体として決算は整っているようにみえるが，黒字部門は優れた成果がみえにくくなるとともに，赤字部門は責任の所在が曖昧化してしまう。コングロマリット・ディスカウントと呼ばれる状況である。こうした状況を改めるためにも，会社の分割は行われる。

　分割により切り離される部門は，会社として自立化することもある。ただし赤字で苦しんだ部門なので，自立化はそれほど容易ではない。むしろ会社としないまま当該部門を別の会社に譲渡したり，会社とした上で当該会社を別の会社が合併により吸収したり，当該会社の株式を別の会社や投資家へ譲渡したりする場合が少なくない。ある会社の規模縮小が，別の会社の規模拡大につながっており，分割・切り離しと買収・結合が表裏の関係にあると捉えられる。それゆえＭ＆Ａや買収等の言葉は，分割・切り離しも含む意味をもつものと解すべきことになる。

　なおＭ＆Ａの中でも合併，会社分割，株式交換，株式移転の４つは，まとめて組織再編と呼ばれることが多かった。会社法第五編第二章から第五章までが定める行為であり，主として手続的な類似性に着目して２つのグループにまとめられたものである。これらの４つに加え，令和元年改正により株式交付も同様の位置に規定が設けられた。以下の記述では，株式交付を含む５つの行為の総称として組織再編と記す。

2　Ｍ＆Ａの諸形態と分類

　法律用語ではなく日常用語たる点から窺われるように，Ｍ＆Ａは厳密な定義を有する語彙ではない。換言すれば買収や結合，分割，切り離し等の効果を生ぜしめる行為を広く含むものとしてＭ＆Ａの語彙は用いられる。それゆえＭ＆Ａの具体的な中身となる行為を必要十分に列挙するのは必ずしも容易でなく，また列挙自体にそれほど積極的な意味があるわけでもない。むしろ各行為が有する特徴に基づいて分類する方が，他のカテゴリーとの比較や，同じカテゴリー内における他の行為との比較を通じて，個別の行為の

理解にも寄与しよう。ここでは特徴を概略的に記し，組織再編行為は後に詳述する。また組織再編以外の行為であっても，**第12章**までで解説済のものは再度の解説を控え，公開買付けと事業の譲渡についてのみ，同じく後に詳述する。

　なお以下では，買収する側の会社を買収会社，買収される会社を対象会社と記す。厳密にいえば自然人による買収もあり得るので買収するのは会社に限られず，また会社であっても株式会社に限られない。しかしながら説明の便宜上，特に断らない限り買収会社，対象会社と記し，また買収をする側およびされる側の双方とも取締役会設置会社であることを前提とする。さらに株式についても，特に断らない限り普通株を前提とし，種類株式に言及する際にはその旨を記す。

(1)　買収会社が対象会社の株式を取得する方法

　日常用語では傘下に収めると呼ばれる方法である。対象会社の株式をどれだけ取得するかにより，買収会社の有する支配権に強弱が現れる。たとえば議決権総数の3分の1を超えると株主総会における特別決議について拒否権が発生し，過半数であれば役員選任も含めて普通決議を支配できる。さらに3分の2を超えると株主総会における特別決議も支配できる。全議決権を手中にすれば，対象会社は経済的には買収会社の一部門となるのみならず，買収会社以外の株主がいないので対象会社における意思決定が相当に迅速化する。

　取得した株式の割合によるこうした効果の違いの他に，買収に伴うコストの大小，買収が不成功に終わるリスクの見通し，対象会社経営陣との関係の良好さ等を考慮しながら，買収会社は対象会社株式を取得する具体的な方法を選択する。方法の違いに着目すると，買収会社による対象会社株式の取得方法は，およそ以下の3つに分類される。

　　①　**対象会社の株主からの譲受け**　　対象会社が上場会社の場合，すぐに思い浮かぶ方法の一つは市場での買い集めである。日常的な株式取引として行われるが，別の方法として，上場会社では公開買付け（金商27条の2

以下）によって行われることが多い。組織再編行為の一つで令和元年改正により新設された株式交付も（774条の2），日常的な株式取引以外の方法による対象会社株式の取得である。

　公開買付けでは，一定期間内に，一定の価格で，一定数の対象会社株式を対象会社株主から買収会社が取得する。取得に先立ち買収会社は，対象会社の経営陣から買収への協力を得るべく，買収提案を対象会社経営陣に提示する。提示を受けた対象会社経営陣が同意する買収は友好的買収と呼ばれる。これに対し，株主からの取得であれば，対象会社の経営陣が買収に同意していなくても取得可能である。とりわけ対象会社の経営陣が買収に反対するにもかかわらず買収会社が試みる買収は敵対的買収と呼ばれ，対象会社の経営陣が買収防衛策をとることもある。株式交付も同様に，敵対的買収や買収防衛策が議論となり得る。

◆コラム 13-1──買収価格のプレミアム

　たとえば対象会社株式の市場価格が1株1,000円の場合，公開買付けの買付価格はいくらになるか。1,000円ならば市場価格と同額なので，対象会社株主が公開買付けに応ずるメリットがなく，公開買付けは不成功となる。成功を期するなら，買収会社は市場価格よりも高い買付価格を設定する必要がある。たとえば1,200円である。この価格なら公開買付けに応じてよいと判断する対象会社株主も現れよう。市場価格を上回る200円の部分はプレミアムと呼ばれる。公開買付けや株式交付はプレミアムが対象会社株主に分配される買収と捉えられる。

　こうしたプレミアムの源泉は，買収により生ずるシナジーが基本である。買収がなければ発生するはずのないシナジーが，いずれ買収により生ずることから，現実に発生するよりも先だってプレミアムとして分配される状況である。ただしシナジー全部が分配されるわけではない。買収会社自身が利益獲得を意図するからである。たとえばシナジーが500円相当と見込まれるからこそ，買収会社は，200円分を分配した後もまだ300円分のシナジーが残り，300円分は自己の利益になると考えて買収を始めるのである。

　もっともプレミアムの源泉はシナジーのみに限られない。たとえば対象会社株式の時価が1,000円で発行済株式総数が10万株の場合で，51,000株を保有する筆頭株主から保有株式全部を取得するとき，取得価格の総額はいくらか。単純計算すれば5,100万円だが，実際には5,100万円を大きく上回る価格となる。

51,000 株の取得は会社の支配権獲得を意味するからである。支配権獲得の事実に着目するなら，1億円近い価格となってもおかしくない。支配権獲得を可能とする数量の株式のこうしたまとまりを支配株という。プレミアムは支配株からも発生することになる。

　ただし公開買付けとは異なり，支配株移転の場合，支配株に由来するプレミアムは従前の支配株主のみに帰属し，他の株主には分配されない。また同じ公開買付けでも，公開買付けにより買収会社が支配権を獲得するに至るか否かにより，プレミアムの量は異なると考えられる。たとえば発行済株式総数の 51％を保有する筆頭株主が別に存在する状況で，35％分を公開買付けにより取得する場合はどうか。この場合に買収会社は，対象会社における株主総会の特別決議を否決することができるが，対象会社を支配するには至らない。そのため支配株獲得に至る公開買付けと比べて，プレミアムは少ないと考えられる。

　② **対象会社からの株式の取得**　　買収会社が対象会社から募集株式の発行等を受ける方法である。発行済株式総数の 4 倍まで発行可能なので，それまで対象会社株式を全く保有していなかった買収会社も，対象会社株式の最大 75％まで保有するに至る。株主総会の特別決議が必要な事項も，買収会社の考えのみで決定可能となる。

　ただし有利発行規制により株主総会の特別決議が要求される（199 条 3 項・同条 2 項・309 条 2 項 5 号）ならば，既存株主の反対により決議が否決される可能性を孕む。また有利発行に該当しなくとも，対象会社が公開会社であり，募集株式の発行等により買収会社の議決権割合が 2 分の 1 を超える場合，議決権の 10 分の 1 を超える既存株主が反対の通知をしたならば，対象会社では当該発行等を承認する株主総会の普通決議が必要となる（206 条の 2 第 4 項）。こうした特別決議および普通決議を強いる規制を回避しようとすれば，有利発行に該当せず，既存株主が反対しないような払込金額を買収会社は想定しておく必要がある。

　もとより募集株式の発行等を対象会社の取締役会決議のみで実行するには，買収会社からの買収提案に対し対象会社経営陣が好意的であることが不可欠となる。その意味で，募集株式の発行等による株式取得は，常に友好的買収である。ただし募集株式の発行等の方法では，買収会社と対象会社間の行為

となり，買収会社は対象会社株主と取引するわけではない。そのため買収によるシナジーが直接的に対象会社の既存株主に帰属することはない。もっとも買収前の既存株主は買収後も株主の地位を維持するので，シナジーは株式の価値に反映され，間接的に株主に帰属することになる。

　　③　**対象会社株式全部の取得**　　先に記した①では，既存株主にとって有利な価格を買収会社が提示しても，買収の成否は対象会社株主の意思に左右される。そのため対象会社株式の全部を取得するのは必ずしも容易でない。また②は，対象会社の既存株主が募集株式の発行等の後も株主の地位を維持するため，対象会社株式の全部を取得するに至らない点は，募集株式の発行等を行う以前から買収会社は承知しておくこととなる。

　これらに対しキャッシュ・アウトと呼ばれる行為は，基本的には金銭を対価として，対象会社株式全部の取得を目的とするものである。対象会社の既存株主が金銭を受領して対象会社から追い出される結果となる点に着目した語彙であり，株式の併合（180条）や全部取得条項付種類株式の取得（108条1項7号）が典型である。これら2つは株主総会の決議を必要とするが，平成26年改正で設けられた特別支配株主の株式等売渡請求（179条）は，同じくキャッシュ・アウトのカテゴリーに属するものの，株主総会の決議を必要としない。

　また組織再編の一つである株式交換（767条）も，対象会社株式の全部を取得する行為である。もっとも株式交換は，買収会社を完全親会社，対象会社を完全子会社とする完全親子関係の形成を目的としており，必ずしも対象会社既存株主の追い出しを意図するものではない。株式交換により対象会社の既存株主はその地位を喪失するが，代わって完全親会社の株主の地位を獲得する形態も想定可能である。

(2)　**買収会社が対象会社の法人格を消滅させる方法**

　組織再編の一つである合併（748条）がこの方法に該当する。合併として多用される吸収合併では，対象会社の有する権利義務のすべてが包括的に買収会社へ移転し，対象会社の法人格は消滅し，買収会社の法人格のみが残る。

これに対し，吸収合併と並んで合併のもう一つの形態たる新設合併では，合併の両当事会社の法人格が消滅し，代わって新設会社が設立され両当事会社の有する権利義務すべてが包括的に新設会社へ承継される。吸収合併と異なるようだが，両当事会社が同一の法人となり，当該法人に権利義務が承継される点では，吸収合併と異ならない。

　吸収合併が多用されるのは，当事会社が消滅する際に当事会社の有していた許認可も消滅する新設合併を忌避するためである。ただし吸収合併では，存続会社と消滅会社間に救済する・されるといった優劣関係の存するケースも少なくない。吸収合併に伴うこうした印象の拡大・浸透を当事会社は嫌う。とりわけ規模や収益が対等でありながら吸収合併を選択する場合には，日常用語・経済用語として結合の語彙を用い，存続会社と消滅会社の別が表面化しにくいような言い回しもなされる。

　合併により消滅する会社の株主に交付される対価は，買収会社や新設会社の株式に限られない。対価を金銭とすればキャッシュ・アウトの効果が生ずる。吸収合併において，対象会社たる消滅会社の株主へ交付する対価を金銭とする場合，キャッシュ・アウトとともに，買収会社たる存続会社の株主構成を合併前から変えないでおく効果も生ずる。存続会社株主にとっての好都合だが，消滅会社株主にとってもキャッシュ・アウトが好都合なケースは考えられる。合併前は対象会社において多数派株主の地位に君臨していたが，合併の対価として存続会社株式の交付を受けることにより存続会社において少数派株主の地位に転落するくらいなら，キャッシュ・アウトされる方を望むようなケースである。

(3)　買収会社が対象会社の事業を買収する方法

　この方法に該当するのは2つある。一つは対象会社が営む事業の譲受けである。事業自体が取引の目的物であり，売買と捉えるなら対価は金銭が基本となるが，譲受人たる買収会社と譲渡人たる対象会社間で合意が成立すれば，金銭以外でも構わない。ただし対象会社の事業全部を譲り受けるのであれば，買収会社において株主総会の決議が必要となるのが原則である（467条1項3

号）。譲渡人たる対象会社では，事業全部の譲渡のみならず，事業の重要な一部の譲渡の場合も，原則として株主総会の決議が要求される（467条1項1号・2号）。

もう一つは会社の分割である。組織再編の一つであり，対象会社たる分割会社の事業の全部または一部が分割され，買収会社たる承継会社へと承継されるのが基本的理解である。分割の定義規定によれば，分割されるのは分割会社の権利義務であり事業とは規定されておらず（2条29号），一片の動産についても分割の定義に該当しないわけではないが，基本的理解として，分割の対象は分割会社の事業である。

分割には2種類ある。先に記した分割は吸収分割と呼ばれる。もう1種類は新設分割（2条30号）であり，分割会社から分割される事業の受け皿として新たに会社が設立される分割である。分割会社から事業が承継されるので事業の譲受けや吸収分割に類似するのはもちろんだが，現物出資を伴う会社の設立にも類似する。また新設分割を意図する時点では，事業を承継する買収会社が存在しないので，経済的な観点から眺めると，買収会社と対象会社で構成される買収とは異なった捉え方となる。子会社への事業の一部移転や，グループ会社間での事業の整理・再構成という目的を実現するための手段として適しているからである。

こうした目的に対する手段としての適切さは，新設分割に限られず，吸収分割や事業の譲渡・譲受けにも妥当する。会社およびそのグループが事業の構成を変更することを，日常用語・経済用語では再編という。買収会社による対象会社株式の取得や，買収会社による対象会社の吸収合併とは異なり，再編に適した手段という側面は，分割や事業の譲渡・譲受けが備える特徴である。

◆コラム 13-2──デュー・ディリジェンス━━━━━━━━━━━━━━━

買収には多彩な方法があり，買収の目的に照らして方法を選択することになるが，いずれの方法を選択する場合でも相応の準備は欠かせない。最も重要な準備の一つが対象会社および対象会社の有する資産の調査である。対象会社の企業価値やリスクを適切に把握しなければ，買収の対価の適切さにも影響は及ぶ。財務

や事業をはじめ，様々な観点から実地調査が加えられる。このような調査のことを，デュー・ディリジェンス（Due dilligence）という。たとえば財務面では，過去の財務諸表に基づいて，業績の推移，事業の収益性，事業計画と実際の整合性，設備投資やキャッシュフローの推移，簿外債務の有無や金額等が会計事務所や監査法人に依頼して調査される。また事業面では，商品やサービスの販売方法や営業方針，業界の市場動向等を勘案したビジネスモデルの適否や，シナジー発生の見通しと量が調査される。財務リスクや事業リスクも調査対象である。専門家によるこうした一連の調査を経て，公開買付けにおける公開買付価格や募集株式の発行等における払込金額等が決定される。

もっとも専門家による調査は，費用を伴い時間を要する。理想的に細かく丁寧な調査を意図すると，費用が嵩み所要時間も長くなる。そのためシナジー発生の観点から，買収会社と対象会社の特徴に照らして調査事項に優先順位を付ける対処や，ある程度標準化された事項に絞り込む対処等が講じられる。さらに調査を経て最終契約を締結する際，対象会社に関する当該調査により買収会社へ提供される情報が真実かつ正確である旨を対象会社が買収会社に対して表明し，提供された情報の内容を保証する約定が交わされる。この約定は表明・保証条項と呼ばれる。

買収会社の立場では，デュー・ディリジェンスを実施するとともに，調査しきれないリスクや提供された情報が虚偽であるリスクに対しては表明・保証条項で対処することになる。こうした対処は対象会社の協力なくしてはあり得ない。そのため敵対的買収においては，対象会社がデュー・ディリジェンスに協力せず，また表明・保証条項も了解しないため，買収価格の適否について買収会社が抱えるリスクは，友好的買収と比べて大きくなりがちである。

3　公開買付け

(1)　市場における株式取得との相違

上場会社である対象会社の株式を取得して対象会社支配権の獲得を買収会社が目的とする場合，株式市場での取得は必ずしも賢明な手段ではない。浮動株の量にもよるが，市場での取得を進めると株価が上昇する。そのため一層の株価上昇を期待して売りが出にくくなり，取得が思うように進まない。

また株価上昇により取得の費用が嵩む。目標とする取得数に至るまで時間もかかるので，取得資金の調達に要する費用も膨らむ。

　こうした不都合を公開買付けは克服する。公開買付者たる買収会社は，対象会社の株主に対し，一定価格で，一定数の株式を，一定期間内に買い付ける旨を公告する（金商27条の3第1項）。公開買付開始公告である。一定期間とは20営業日以上60営業日以内とされ（金商27条の2第2項，金商令8条1項），また買付予定数たる一定数については，発行済株式全部または一部のいずれでもよい。一部の場合は部分的公開買付けと呼ばれ（金商27条の13第4項2号），買付予定株式数を上回る応募があったときは，応募した各株主の持株数に応じて按分比例の方式により買い取る（金商27条の13第5項）。ただし公開買付け後の公開買付者の株券等所有割合（金商27条の2第8項）が3分の2以上になるような公開買付けを行う場合には全部買付義務が生ずる（金商27条の13第4項柱書括弧書き，金商令14条の2の2）。

　公開買付けのこのような買付方法によれば，全部買付義務が生ずる場合を除き，部分的公開買付けが可能である。また応募が買付予定株式数を下回るならば，1株たりとも買わずに済むので，買収の決着が明快であり，買収会社は対象会社株式を中途半端に取得したまま塩漬け状態に陥るリスクを避けられる。見方を変えて売買契約の観点から眺めれば，公開買付けは申込みの誘引と捉えられる。株主からの応募が申込みの意思表示であり，一定数に達したならば申込みに対する承諾の意思表示が公開買付者からなされて契約が成立する運びである。さらに一定期間の経過により買収の成否が決せられるので，買収会社は買収期間の長期化およびそれに伴う買収資金調達の費用増大に苦しまない。

　市場での対象会社株式取得に伴う不都合は，公開買付けによりこのように解消される。対象会社の株式を取得する買収方法として公開買付けが用いられるのは，こうした理由に基づく。反対に公開買付け期間中は，公開買付者は，市場での取得を含め，公開買付けによらない方法で対象会社株式を買い付けることが禁止される（金商27条の5）。別途買付けの禁止と呼ばれる扱いであり，公開買付開始公告に示された内容で株主が平等に扱われることの確保を目的とする。

⑵ 公開買付けのプロセス

　公開買付けの手続は，公開買付者による公開買付開始公告から始まる。公告と同時に公開買付者は，買付条件等を記載した公開買付届出書を内閣総理大臣（金融庁長官に委任。金商 194 条の 7 第 1 項）に提出し（金商 27 条の 3 第 2 項），提出後直ちに対象会社にも届出書の写しを送付し，さらに対象会社の上場する金融商品取引所にも送付する（金商 27 条の 3 第 4 項）。届出書の提出を受けた内閣総理大臣は，受領した日から届出書を公衆縦覧の開示に付する（金商 27 条の 14 第 1 項）。

　また公開買付者は，届出書に記載すべき事項を記載内容の基本とする公開買付説明書を別に作成し，対象会社株式の売付けを行おうとする者に対し交付しなければならない（金商 27 条の 9 第 1 項・2 項）。公衆縦覧の間接的な開示ではなく，応募しようとする者に対しての直接的な開示である。これらの開示書類については，虚偽記載等があると一定の損害賠償責任が発生する（金商 27 条の 19・27 条の 20）。

　届出書の写しが送付された対象会社は，公開買付けに関する意見を記載した意見表明報告書を内閣総理大臣に提出しなければならない（金商 27 条の 10 第 1 項）。公開買付けに関する意見とは賛同，反対または賛否留保のいずれかである。また意見表明報告書には公開買付者に対する質問を記載することができる（金商 27 条の 10 第 2 項 1 号）。質問が記載されている場合，公開買付者は，当該質問に対する回答を記載した対質問回答書を内閣総理大臣に提出しなければならない（金商 27 条の 10 第 11 項）。

　意見表明報告書および対質問回答書はいずれも開示され，応募するか否かを検討する対象会社株主の判断材料として使われる。意見表明報告書からは，友好的買収と敵対的買収の別が開示されることとなる。また対質問回答書からは，質問された事項について，対象会社の現経営陣と公開買付者の考えの相違が明らかとなる。こうした判断材料を活用して応募すると決めた対象会社株主は，公開買付期間内に売付けを申し込む。

　なお公開買付けは公開買付者と対象会社株主間の売買なので，売買契約のみに照準を合わせるなら，対象会社自体は売買に不関与となるはずである。

しかしながら開示規制を軸とした一連の手続規制により，対象会社は意見表明報告書を提出する形態で公開買付けに必ず関与する。少なくとも敵対的買収であることを明らかとする限りにおいて，対象会社が買収に関与するので，対象会社経営陣の頭越しに公開買付けが終了することはない。このことは敵対的買収に対する防衛策発動の機会確保にもつながる。

(3) 義務的公開買付け

公開買付けは開示規制を駆使して，取引所金融商品市場外で，広く対象会社株主に対して対象会社株式売却の機会を提供する。シナジーに由来するプレミアムを市場価格に加えて公開買付価格が設定されるので，市場価格よりも高い価格で売却する機会の提供とも捉えられる。ただし公開買付けの利用が買収会社の任意にすべて任せられているとすれば，一般株主を排除して大株主のみから相対で買収会社が株式を取得するケースも想定される。その場合，排除された一般株主は，市場価格よりも高い価格で売却する機会が得られない。それゆえ大株主と一般株主間に不平等が生ずることになる。

こうした不都合を解消するべく，公開買付の利用が義務化されている場合がある。義務的公開買付けと呼ばれ，大株主と一般株主の不平等解消の観点からは，主に2つの場合に義務化される。

①　取引所金融商品市場外における買付け後の買付者の株券等所有割合が5%を超えることになる場合（金商27条の2第1項1号）　　この場合，原則として公開買付けの利用が義務化される。ただし著しく少数の者からの買付けは例外とされ，公開買付けの利用は義務化されない。著しく少数の者とは10名以下のことである（金商令6条の2第3項）。

②　前記①の例外に該当する場合でも，買付け後の買付者の株券等所有割合が3分の1を超えることになる場合（金商27条の2第1項2号）　　前記①の原則に照らすと，例外の例外となる。

ただし買収会社が市場で対象会社株式を買い付けるのであれば，原則として公開買付けは義務化されない。対象会社による意見表明報告書や買収会社による対質問回答書の開示が行われないまま，市場で対象会社株式の買い集

めが進む。もとより買い集めの進行に伴い，需給関係から市場価格が上昇するので，何者かが買い集めを進めていることは次第に察せられるに至るが，買収会社の素性は水面下に潜んだままである。敵対的買収を仕掛けるには好都合な状況である。

もっとも対象会社株主の立場では，市場価格の上昇を歓迎しそうだが，公開買付けのように期間が設けられているわけではないため，いつ市場価格が大幅に下落するかわからない。不安と隣り合わせでは，高いうちに売ってしまうべきとの圧力を覚えるに至る。この圧力を強圧性という。市場での買付けによる敵対的買収は，強圧性を備えるため，成功の可能性が少なくない。

ただし公開買付けであればプレミアムは応募した対象会社株主全員に等しく分配されるが，市場での買い集めではそうならない。敵対的買収者による買い集めの初期に売却した対象会社株主には少なく，買い集めの終盤で売却した株主には多く分配される。また，敵対的買収が頓挫した後に売却した株主には分配されない。対象会社株主間におけるこうしたプレミアム分配の不平等は，自分だけは儲けたい・損をしたくないという利己的な動機とも相俟って，強圧性を高めることとなる。

◆コラム 13-3——二段階買収

強圧性に関する本文の記述は市場における買い集めの文脈だが，公開買付けにおいても強圧性は起こり得る。公開買付けにより対象会社の発行済株式総数の3分の2以上を買収会社が取得し，その後にキャッシュ・アウトを行うような場合である。買収が2段階にわたるこうした形態を二段階買収という。第1段階で3分の2以上を取得済なので，第2段階で株式の分割や全部取得条項付種類株式の取得等のキャッシュ・アウトを買収会社の意向のみで実行できる。90％以上なら特別支配株主の株式等売渡請求も利用可能である。

問題となるのは公開買付価格とキャッシュ・アウトの価格が異なる場合である。とりわけキャッシュ・アウトの価格が公開買付価格よりも低く予定されている場合，公開買付けが強圧性を帯びてくる。対象会社株主にとっては，公開買付けに反対なので応募しないでおこうと考えても，いずれ低い価格でキャッシュ・アウトされることを懸念して，公開買付けへの応募を迫られることになるからである。応募の適否に関する強圧性の問題は，買収会社の資質や能力等の評価によらない応募への疑問でもある。

こうした不都合は，キャッシュ・アウトの価格が公開買付価格より低く予定されている点に起因する。そこで実務では，公開買付け成立後に公開買付価格と同額でキャッシュ・アウトを行う予定である旨を開示し，そのように実行するのが一般的である。仮にこうした対処が行われないならば，公開買付けに応募しなかった対象会社株主は株式の価格決定（172条・179条の8・182条の5）を申し立てることになろう。

4 組織再編の意義と効力

　令和元年改正前の時点で組織再編は，合併，会社分割，株式交換および株式移転の4つとされてきた。合併は吸収合併と新設合併に，また会社分割は吸収分割と新設分割に分けられるので，全部で6つとなる。これらの6つは，組織再編前に存在する当事会社が組織再編により移転する権利義務や株式を承継するタイプと，組織再編により新設される会社が権利義務や株式を承継するタイプに大別される。しばしば前者は承継型，後者は新設型と呼ばれ，吸収合併，吸収分割および株式交換は承継型，新設合併，新設分割および株式移転は新設型に分類される。法文上も組織再編の手続を定める会社法第五章では，承継型と新設型の区別に基づいて第二節と第三節を分けている。

　こうした分類に位置づけられないものとして，令和元年改正では株式交付の制度が新設された。組織再編前に存在する会社が株式を承継する点では株式交換に類似するが，当事会社間で親子関係は形成されるものの完全親子関係が形成されるわけではない点は株式交換と異なる。また株主に対し申込みの勧誘を行う点は公開買付けに類似するものの，対価の少なくとも一部が株式である点は公開買付けと異なる。さらに株式交付子会社の株式の対価として株式交付親会社の株式が発行される点は現物出資による募集株式の発行等に類似するが，対価が株式交付親会社の株式の発行に限られない点は募集株式の発行等と異なる。他の制度とのこうした異同を有するため，株式交付は承継型または新設型のいずれにも分類されない。そのため株式交付の手続は，他の組織再編行為のように会社法第五章の第二節または第三節では規定され

ず，新たに第四節を設けて規定している。

⑴　合併の意義と効果

　合併とは2つ以上の会社が1つの会社となることである。吸収合併では消滅会社が存続会社に吸収されて存続会社1社となり，新設合併では消滅会社が消滅して新設会社1社となる。いずれも消滅会社の権利義務一切が，移転行為なく包括的に存続会社または新設会社へ承継される（2条27号・28号）。こうした権利義務一切の承継は，合併当事会社間で締結される合併契約の効果である。ただし権利自体は移転するものの，不動産登記のように対抗要件は別に満たす必要がある。

　効果の発生時期は，吸収合併の場合，合併契約で定められた効力発生日である（749条1項6号）。ただし合併の成立には後述する諸手続の履践が欠かせず，履践されないままの合併成立・効力発生は認められない。そのため，手続が遅延するような場合，当事会社の合意により効力発生日の変更が認められる（790条1項）。これに対し新設合併では，設立登記により新設会社が成立した日に効果が発生する（754条1項・49条）。なお消滅会社は合併により解散する（471条4号）。合併による解散は清算事由から除外される（475条1号括弧書き）ので，清算を経ることなく消滅する。

　消滅会社の株主は，合併により消滅会社株主としての地位を喪失し，それに代わる対価を取得する。吸収合併の場合，対価は金銭等であり（749条1項2号），金銭その他の財産（151条1項柱書括弧書き）であれば何でも構わない。合併によるシナジー発生を典型とする企業価値の増大を反映した公正な価格であれば，対価自体は制限しないとの理解である。対価に関するこうした理解は，吸収分割および株式交換においても同様である（758条4号・768条1項2号）。

　これに対し新設合併の場合，対価は新設会社の株式が基本であり（753条1項6号），株式に代わる対価は社債等に限られる（753条1項8号）。社債等とは社債および新株予約権のことである（746条1項7号ニ）。もっとも社債等を対価とする場合でも，新設会社の株式を全く対価としないことは認められ

249

ないと解される。新設会社の株主が不存在となり、機関としての株主総会も機能しなくなるからである。この点は後述する新設分割および株式移転においても同様である（763条1項6号・同8号・773条1項5号・同7号）。

(2) 会社分割の意義と効果

分割とは、ある会社がその事業に関して有する権利義務の全部または一部を他の会社に承継させることである。吸収分割では承継会社が既存の会社である（2条29号）のに対し、新設分割では新たに設立する会社である（2条30号）。以下では分割を行う会社を分割会社、吸収分割において権利義務を承継する会社を承継会社、新設分割において権利義務を承継する会社を設立会社と記す。

吸収分割の場合、分割会社と承継会社間で吸収分割契約を締結する（757条）。また新設分割の場合は、分割会社が新設分割計画を作成する（762条）。分割の効果は吸収分割であれば吸収分割契約で定めた効力発生日（758条7号・759条1項）、新設分割であれば設立会社の設立登記による成立の日（924条1項・764条1項・49条）に、それぞれの効力が生ずる。吸収合併と同様に、吸収分割においても合意により効力発生日の変更が可能である（790条1項）。

新設分割の一類型として、複数の分割会社により行われる新設分割がある。共同新設分割と呼ばれ、同一の事業を営む複数の会社がそれぞれ分割会社となり、当該同一事業を分割会社から切り離して共同して新設会社を設立し事業を統合する形態である。各分割会社が新設会社の株主となれば、当該同一事業について各分割会社が資本提携したのと同様の効果となる。

共同新設分割について、会社法のルールでは複数の分割会社が共同で新設分割計画を作成したと理解するに止まるが、会社法のルールに加えて民法とりわけ契約法のルールも活用して共同新設分割を成り立たせている。一般論として記すなら、それぞれの組織再編行為は会社法で規定されているが、実際の組織再編行為は会社法以外のルールも併用して行われると理解すべきこととなる。共同新設分割を具体例とするなら、各分割会社間で共同新設分割を行う旨の合意が成立し、当該合意を基礎とした契約に反して共同新設分割

の成立を妨げるようであれば債務不履行責任（民415条）の発生もあり得る。

　分割により承継される権利義務は，移転行為なく包括的に承継会社または新設会社へ移転する。対抗要件の充足は別に手続を要する。吸収合併および新設合併における対価について記したように，一方で吸収分割の対価は金銭等であれば何でもよく，他方で新設分割の対価は株式が基本であり，他は社債等に限られる。

(3)　株式交換・株式移転の意義と効果

　株式交換とは，ある株式会社が，その発行済株式の全部を他の株式会社に取得させることである（2条31号）。また株式移転とは，1または2以上の株式会社が，その発行済株式の全部を新たに設立する株式会社に取得させることである（2条32号）。株式交換および株式移転のいずれも，完全親子関係の形成を効果とする。株主が1名のみとなる点に着目すれば，キャッシュ・アウトとの類似性が認められる。株式交換により株式を取得する会社は株式交換完全親会社，取得される会社は株式交換完全子会社と呼ばれ，また株式移転により株式を取得する会社は株式移転設立完全親会社，取得される会社は株式移転完全子会社と呼ばれる。

　株式交換では両当事会社が株式交換契約を締結し（767条・768条），また株式移転では株式移転完全子会社が株式移転計画を作成する（772条・773条）。株式交換では既存の会社間で完全親子関係が形成され，特段の行為のない限り，完全親会社および完全子会社はいずれも従前の事業をそのまま継続する。経済的にみれば，従前は独立した事業を営んでいた完全子会社が，株式交換により完全親会社の一事業部門となる。ただし吸収分割のように事業に関する権利義務が移転するわけではない。完全子会社となる会社の株主が株式交換前に保有していた株式が，完全親会社へ移転するのみである。合併や会社分割のように権利義務は移転しないので，完全子会社の有していた簿外債務が完全親会社に取り込まれてしまう事態は生じない。

　これに対し株式移転の場合，特に意図しない限り，設立完全親会社は直接的には事業を行わない。強いていえば，完全子会社の株式を100％保有し，

完全子会社およびその事業を支配して収益を上げることが，完全親会社の事業である。こうした会社は持株会社または完全持株会社と呼ばれる。この点に着目すると株式移転は，株式交換のような完全親子関係の形成に止まらず，完全持株会社の設立までを効果とする。

　株式移転は2つ以上の会社により行われることもある。共同株式移転と呼ばれ，株式移転計画を2つ以上の会社が共同で作成する点は，共同新設分割と類似の扱いである。共同株式移転により設立完全親会社の下に，複数の完全子会社がぶら下がる状況となる。その意味で共同株式移転は，純粋持株会社たる設立完全親会社をピラミッドの頂点とする企業グループを形成する手段である。

　共同株式移転により企業グループを形成する際，同時にグループ会社間における事業の再編を行うことがある。たとえばA銀行とB銀行の共同株式移転により，甲会社が設立完全親会社として設立される。これにより甲会社の下にA銀行とB銀行がぶら下がる。こうした共同株式移転と同時に，A銀行とB銀行間で2つの吸収分割を行う。法人関連の事業に関してA銀行の有する権利義務をB銀行へ承継させ，また個人関連の事業に関してB銀行の有する権利義務をA銀行へ承継させる分割である。これにより完全持株会社である甲会社の下に，個人関連の事業を営むA銀行と，法人関連の事業を営むB銀行がぶら下がるグループ編成となる。

　株式交換の効果が生ずるのは，株式交換契約で定めた効力発生日である（768条1項6号）。合意により変更可能なのは吸収合併や吸収分割と同様である（790条1項）。また株式移転の効果は，株式移転設立完全親会社の設立登記による成立の日に生ずる（925条・774条1項・49条）。株式交換により完全子会社の株主は，対価として金銭等（768条1項2号）の交付を受ける（769条3項）。これに対し株式移転の場合，完全子会社の株主が交付を受ける対価は設立完全親会社の株式が基本であり（773条1項5号），当該株式に代わる対価は社債等に限られる（773条1項7号）。

⑷ 株式交付の意義と効果

　株式交付とは，株式会社が他の株式会社をその子会社とするために当該他の株式会社の株式を譲り受け，当該株式の譲渡人に対して当該株式の対価として当該株式会社の株式を交付することである（2条32号の2）。株式交付により親会社となる買収会社は株式交付親会社，子会社となる対象会社は株式交付子会社と呼ばれる。

　既存の会社間における完全親子関係の形成であれば株式交換が用意されているが，完全親子関係まで望まない場合，株式交換は利用しづらい。他に公開買付けにより対象会社の株式の過半数を取得し，取得の対価として買収会社が募集株式の発行等を行う方策も考えられそうではある。しかしながら買収会社における募集株式の発行等における出資は対象会社株式なので，現物出資に該当する。そのため検査役の調査が必要となる（207条）ほか，対象会社株主や買収会社取締役が財産価額填補責任を問われる可能性も存する（212条・213条）。株式交付制度が新設されたのは，こうした不都合の克服を意図したからである。

　新設の経緯から，株式交付の制度は，その周辺に位置する諸制度に類似・関連する内容を多く含む。検査役調査および財産価額填補責任に関するルールの排除は，募集株式の発行等に関連する。手続について後述するように，株式交付親会社の反対株主の株式買取請求（816条の6）や株式交付親会社の債権者の異議申述（816条の8）は，株式交換と同様のルールである。他に公開買付けとの類似性も認められる。株式交付の両当事会社はいずれも既存であるが，両当事会社者間の契約は要求されず，そのため株式交付子会社の株式を株式交付親会社は当然には取得するわけではない。株式交付子会社の株主から個別に譲り受ける仕組みであり，この点は公開買付けとの類似点である。

　株式交付親会社が取得する株式交付子会社株式は，親子関係を形成し得る数でなければならない（774条の3第2項）。親子関係の認定は形式基準または実質基準に従う。前者は議決権の過半数を判断の基礎とする（2条3号，会社則3条3項1号）。これに対し後者は，緊密な関係があることにより自己の意思と同一の内容の議決権を行使すると認められること（会社則3条3項2号イ

(2)）や，取締役会の構成員数に対する自己の役員の数の割合（会社則3条3項2号ロ(1)）等に基づいて判断する。

　こうした実質基準に従って株式交付制度の利用の可否が判断される場合，形式基準のみに従う場合よりも同制度の利用数が多くなろう。しかしながら株式交付を意図する時点では確認困難な事項の実質的判断が必要となり，利用の可否をめぐる判断が客観性に欠けるものとなりかねない。そのため株式交付の利用の可否を判断する際の親子関係認定基準は，形式基準に従うものとされる。

　株式交付では株式交付親会社が株式交付計画を作成する（774条の2・774条の3）。計画では効力発生日も定める。所定の効力発生日に株式交付の効力が生じる。株式交付親会社は株式交付子会社の株式を譲り受け（774条の11第1項），また，譲渡人たる株式交付子会社の株主は譲渡の対価として株式交付親会社の株式を取得する（774条の11第2項）。当該対価は株式交付親会社の株式が基本だが，金銭等でも構わない（774条の3第1項3号・5号）。もっとも定義規定では対価として株式交付親会社の株式の交付が規定されているので，対価として1株も発行しないのは不可と解される。

　上場会社か否かと無関係に，等しく株式会社に適用可能な制度である株式交付の主要な効果を，会社法は以上のように定める。ただし株式交付親会社が上場会社の場合，株式交付子会社株主への株式交付親会社株式の交付は，金商法が定める発行開示規制の適用を受け，有価証券届出書の提出（金商5条）をはじめとした諸手続の履践が要求される。また株式交付子会社が上場会社の場合，株式交付による株式交付子会社株式の譲受けは，金商法が定める公開買付規制の対象となる。買収会社たる株式交付親会社は，公開買付開始公告や公開買付届出書提出（金商27条の3）等の諸手続を履践しなければならない。

5　組織再編の手続

　令和元年改正前の時点では，組織再編の手続は主として承継型と新設型に

254

区分して条文が設けられていた。しかしながら同年の改正により，承継型と新設型のいずれにも区分されない類型として株式交付の手続が規定された。以下では承継型，新設型および株式交付の3区分に従って手続を概観する。なお承継型および新設型の組織再編については，記述の際には会社法の用語法に従い次のように記す。①合併の消滅会社，分割会社および株式交換・株式移転の完全子会社の3つを合わせて消滅会社等と記す（782条1項・803条1項）。②吸収合併存続会社，吸収分割承継会社および株式交換完全親会社の3つを合わせて存続会社等と記す（794条1項）。③新設型の組織再編行為で新たに設立する会社を設立会社と記す（814条1項）。

⑴　契約締結または計画作成

　承継型・新設型のみならず株式交付も含めた組織再編に関する会社法のルールを時系列に並べた場合，最初に履践する手続である。各組織再編行為について，契約または計画で定めるべき事項を条文が詳しく定める。すなわち吸収合併契約（749条1項），新設合併契約（753条1項），吸収分割契約（758条），新設分割計画（763条1項），株式交換契約（768条1項），株式移転計画（773条1項），株式交付計画（774条の3第1項）のように，各行為ごとに条文がある。

　各契約・計画で定めるべき事項のうち，組織再編の対価に関する事項は，いずれの組織再編行為にも共通する。また新設型および株式交付では対価として株式を交付し，承継型においても交付し得るので，資本金・準備金に関する事項を契約・計画にて定めるべき点も，すべての組織再編行為に共通する。さらに消滅会社等および株式交付子会社が新株予約権を発行しているならば，新株予約権の取扱いに関する事項も同様の扱いとなる。

　すべての組織再編行為に共通しない事項として，組織再編契約を締結する組織再編では，当事会社の商号・住所を定める。承継型および株式交付では効力発生日を定める。これに対し新設型では，設立会社の骨格に相当する内容を定める。具体的には設立会社の目的，商号，本店所在地，発行可能株式総数，定款で定める事項，設立時取締役の氏名，設立時取締役以外の設立時役員・会計監査人の氏名・名称等である。他に分割では，分割会社から承継

255

する権利義務に関する事項や，分割対価を分割会社の株主に交付するのであ
ればその旨も契約・計画で定める。

◆コラム 13-4──合併仮契約

　組織再編について会社法のルールが適用されるのは当然だが，会社法以外の
ルールも適用される。たとえば吸収合併の場合，会社法では吸収合併契約の締結
が時系列の先頭に位置するルールであるが，それ以前にいくつもの契約が締結さ
れ，それらには民法のルールが適用される。デュー・ディリジェンス時の守秘契
約はその典型である。他にたとえば共同新設分割や共同株式移転では，会社法に
規定はないが，共同して新設分割や株式移転を行う当事会社間に合意・契約が成
立するからこそ，新設分割や株式移転の計画が共同で作成される。

　他方で会社法の定める契約・計画では，会社法所定の効果が生ずる。吸収合併
であれば権利義務一切の包括的移転である。ただし吸収合併の場合，両当事会社
が会社法所定の手続を吸収合併契約の定める効力発生日の直前までに履践しなけ
ればならない。履践しないと合併の効力は発生しない。そうだとすれば，各当事
会社が他の当事会社に対して，手続を適切に履践すべき債務を負う仕組みを用意
しなければならない。そのような仕組みが合併仮契約である。仮契約の成立は，
合併の各当事会社が合併の成立に向けて諸手続を履践する債務を負担したことを
意味し，それゆえ合併が事実上合意したことになる。大型のM＆A案件ではメ
ディアへの公表も少なくないが，公表される時期は，厳密にいえば合併仮契約が
成立した時期となる。合併仮契約により一連の手続を互いに履践すべき債務を想
定し得るので，仮に履践しないならば債務不履行に基づく損害賠償責任の発生も
想定可能である。

---

(2)　開　示

　消滅会社等および存続会社等ならびに株式交付親会社は，組織再編に関す
る書面または電磁的記録を備置・開示する義務を負う（782条・794条・803条・
816条の2）。開示義務の期間は，組織再編の事前から始まり事後にまで及ぶ。
事前開示の始期は，承継型の消滅会社等では①乃至⑤のいずれか早い日であ
る（782条2項）。①株主総会の承認が必要な場合には，当該株主総会の日の
2週間前の日。②効力発生日の20日前までに消滅会社等の株主に対してな

される吸収合併等に関する通知の日または通知に代わる公告の日のいずれか早い日。③消滅会社等の新株予約権者に対して②と同様になされる通知の日または公告の日のいずれか早い日。④債権者異議手続（789条）による公告の日または催告の日のいずれか早い日。⑤ ①乃至④以外の場合には吸収分割契約または株式交換契約の締結日から2週間を経過した日。

始期に関するルールが細分化されているのは，①乃至④による開示の名宛人と目的が意識されているからである。①で株主総会の時期にリンクさせるのは，株主総会にて組織再編を承認するか否かを検討する機会および検討材料の提供を目的とする。②は反対株主として買取請求権を行使するか否かの検討材料提供が目的である。③は新株予約権買取請求権を行使するか否かの検討材料提供であり，②と類似する。④は債権者が異議を申し立てるか否かの判断材料提供が目的である。

これに対し，事後開示の終期は効力発生日後6か月を経過する日までが基本である。もっとも吸収合併消滅会社では合併の効力発生日が終期とされる（782条1項本文第4括弧書き）。当該会社は効力発生日に消滅するからである。こうした開示義務の始期および終期は，承継型の存続会社および新設型の消滅会社等ならびに株式交付親会社についても，同様のルールが定められている（794条1項・2項・803条1項・2項・816条の2第1項・同2項）。

開示事項は組織再編契約・計画の内容その他法務省令で定める事項である（782条1項・794条1項・803条1項・816条の2第1項）。法務省令では数多くの事項について，詳細な開示内容を定める。たとえば吸収合併消滅会社の場合，対価の相当性に関する事項，対価について参考となるべき事項，新株予約権の定めの相当性に関する事項，計算書類等に関する事項，当事会社の債務の履行の見込みに関する事項，および備置開始日後に変更が生じたときの変更後の当該事項等である（会社則182条）。

(3) 株主総会の承認決議

組織再編の契約・計画は，原則として，株主総会の特別決議による承認を受けなければならない（783条1項・795条1項・804条1項・816条の3第1項・

309条2項12号)。決議の時期は，新設型の消滅会社等では特に規定されていないが，他は組織再編の効力発生日の前日までである。承認決議に際しては説明義務の発生することがある。すなわち，承継型の存続会社および株式交付親会社に差損が生じる場合には，これらの会社の取締役は差損が生じる旨の説明義務を負う（795条2項・816条の3第2項)。

ただし株主総会の開催には時間や費用がかかる。こうした不都合を避けるべく，2つの場合に例外として株主総会の承認が不要となる。簡易組織再編および略式組織再編の2つである。不要となる理由は，前者では組織再編当事会社の規模に存し，後者では株主総会を開催しなくても承認決議が成立することの明白さに存する。前者は影響の軽微を理由とするが，後者はそうでない。したがって略式組織再編では，規模が大きく影響が軽微でないにもかかわらず，株主総会の決議が不要となるケースもあり得る。

① **簡易組織再編**　　以下の2つの場合が簡易組織再編となる。①承継型の存続会社等が交付する対価の額が，当該存続会社等の純資産額の20％以下である場合（796条2項・816条の4第1項)。20％は定款規定により10％や5％へ引き下げることができる。もっとも以下の3つの場合には，例外の例外として，株主総会決議が必要となる。(i)差損が生じる場合（796条2項柱書但書・816条の4第1項柱書但書)。説明義務を履行しなければならないからである。(ii)存続会社等が公開会社でなく，対価が存続会社等の発行する譲渡制限株式である場合（796条1項但書)。株式交付では，株式交付親会社が公開会社でない場合のみで総会決議が必要となる（816条の4第1項柱書但書)。(iii)承継型の存続会社等が交付する対価の額が当該存続会社等の純資産額の20％以下であるが，株主総会を開催すると承認決議が否決される可能性があるほどの反対がある場合（796条3項，会社則197条)。

②分割により分割会社から承継会社または設立会社へ承継させる資産が，当該分割会社の総資産額の20％以下である場合（784条2項・805条)。この場合を特に簡易分割という。20％は定款で引き下げることができる点は①と同様だが，20％の基礎が①は純資産額なのに対し，②は総資産額である。

② **略式組織再編**　　承継型で一方の当事会社が他方の当事会社の議決権の90％以上を保有する場合の例外である。90％以上を保有する当事会

社を特別支配会社という（468条1項）。この場合，当該他方の当事会社における株主総会は不要となる（784条1項・796条1項）。ただし，吸収合併または株式交換において消滅会社等が公開会社であり，対価が譲渡制限株式等であるような場合や，存続会社等が公開会社でなく，対価の全部または一部が存続会社等の譲渡制限株式等であるような場合には，例外の例外として，株主総会の承認決議が要求される。

(4) 反対株主の株式買取請求権

　株主の利益に及ぼす影響の大きさに鑑み，組織再編においても反対株主に対し，買取請求権が認められている（785条・797条・806条・816条の6）。買取請求権の意義，要件および効果については，**第6章6**に解説がある。139頁を参照されたい。

(5) 債権者保護手続

　株主総会の承認および反対株主の株式買取請求と並んで，債権者保護手続は，履践されないと組織再編の効力が生じないほど重要な手続の一つである。もっとも合併や分割のように権利義務が移転する組織再編と，株式交換・株式移転や株式交付のように株式のみが移転するそれでは，組織再編行為の効果が異なる。また対価として何を交付するかにより承継会社等や設立会社の財務に及ぼす影響が異なる。それゆえ債権者保護については組織再編の種類ごとに異なるルールが定められている。

　①　**合　併**　　　合併では消滅会社の権利義務一切が包括的に存続会社または設立会社へ移転する。そのため当事会社の財務状態に相違があると，合併の前後で各当事会社の債権者の回収可能性が影響を受ける。こうした状況に置かれる債権者の利益を保護するべく，当事会社の債権者は合併に対して異議を述べることができる（789条1項1号・799条1項1号・810条1項1号）。債権者異議手続と呼ばれる制度である。

　制度の概要は以下のとおりである。まず合併の当事会社は，合併に関する

一定の事項をアナウンスする。債権者に異議を述べる機会を提供するためであり，異議を述べ得る期間は1か月以上でなければならない。アナウンスの方法は官報への公告と知れている債権者への各別の催告である。このうち各別の催告は，定款所定の日刊新聞紙に掲載する方法または電子公告により公告を行った場合には省略可能である（789条2項・同条3項・799条2項・同条3項・810条2項・同条3項）。

　異議を述べ得る期間内に異議を述べなかった会社債権者は，合併を承認したとみなされる（789条4項・799条4項・810条4項）。異議を述べた債権者に対しては，会社は，弁済，相当の担保提供または弁済を目的とした相当の財産の信託のいずれかの対処が要求される。もっとも合併により債権者を害するおそれがなければ，当該対処は不要である（789条5項・799条5項・810条5項）。

　②　分　割　　　権利義務が包括的に移転する点では合併と同じだが，移転する権利義務が合併では全部なのに対し，分割では一部でも構わない。そのため分割により不採算事業のみまたは優良事業のみが移転されると，債権者に不利益を及ぼす可能性が高い。こうした懸念に対応するべく，合併とは4つの点で内容の異なる債権者保護手続が定められている。

　第1は異議を述べ得る債権者である。分割では3つに類型化されている。①分割会社債権者のうち，会社分割後に分割会社に対して債務の履行を請求できない者（789条1項2号・810条1項2号）。承継会社または設立会社が免責的に承継するケースである。②分割会社が分割対価たる承継会社・設立会社の株式を株主に分配する場合における分割会社債権者（789条1項2号第2括弧書き・810条1項2号第2括弧書き）。このような分配の行われる分割は人的分割と呼ばれる。③承継会社の債権者（799条1項2号）。合併の存続会社債権者と同じ扱いである。

　第2は不法行為債権者の扱いである。分割会社の不法行為債権者が①または②に該当して分割に異議を述べ得る場合，その者に対する各別の催告を省略できない（789条3項・810条3項）。

　第3は連帯債務の追及である。①の債権者に対し各別の催告をしなかった場合，吸収分割契約または新設分割計画が定める免責的な承継の効果が否定

され，当該契約・計画では債務を負担しないはずの会社も連帯して債務を負担する（759条2項・同条3項・764条2項・同条3項）。

第4は直接請求権である。詐害的な会社分割により優良事業が承継会社・設立会社へ移転し，不採算事業のみが分割会社に残る事案において，分割会社の残存債権者に認められる権利である。認められるには，分割会社が残存債権者を害することを知って会社分割をしたことが要件となる。効果として残存債権者は，設立会社または承継会社に対し，承継した財産の価額を限度として直接に債務の履行を請求することができる（759条4項・764条4項）。

③ **株式交換・株式移転**　完全子会社の株式全部を完全親会社が取得し，完全子会社の株主に完全親会社の株式を交付するのであれば，株式が移転するのみで権利義務は移転せず，それゆえ完全親会社および完全子会社の各債権者の利害に影響が及ぶことはない。及ぶのは権利義務の移転を伴う以下の3つであり，それらの場合に債権者は異議を述べ得る。

①　対価として完全親会社の株式以外のものが交付される場合（799条1項3号）対価が多すぎると完全親会社の財務状態が悪化するためである。

②　完全子会社が発行した新株予約権付社債を完全親会社が承継する場合（799条1項3号）　社債の承継により金銭債務の負担が増えるからである。

③　前記②に記した承継により完全親会社が免責的に新株予約権付社債を引き受ける場合（789条1項3号）　この場合に当該新株予約権付社債の社債権者は，完全子会社に対して異議を述べることができる。

④ **株式交付**　株式交付子会社の株式および新株予約権等（新株予約権と新株予約権付社債の総称である。774条の3第1項7号第2括弧参照）の譲渡人に対して交付する対価との関係で債権者異議が認められる。対価が株式交付親会社株式を除いた金銭等であり，当該金銭等が株式交付親会社の株式に準ずるものとして法務省令で定めるもののみであるとき以外の場合に，株式交付親会社の債権者は株式交付親会社に対して異議を述べ得る（816条の8第1項）。前記③株式交換・株式移転の①と同じ利用に基づく。

(6)　組織再編の無効の訴え

　組織再編は数多くの手続を履践して成立する。手続に瑕疵があれば，本来なら組織再編が無効となりそうである。しかしながら組織再編は多くの利害関係者を伴う。無効にした場合の影響の大きさや広がりを想起するなら，法律関係の安定を損ねるのは望ましくない。

　組織再編の無効の訴えはこうした理解を基礎とし，組織再編の無効主張を訴えに限っている（828条1項柱書・同7号乃至13号）。

　①　手続　　提訴期間は組織再編の効力が生じた日から6か月以内である（828条1項7号乃至13号）。原告適格は，①組織再編の効力が生じた日において当事会社の株主等（株主，取締役，監査役，執行役，もしくは清算人をいう。828条2項1号）であった者，または②現存する当事会社もしくは設立会社の株主等，破産管財人もしくは組織再編を承認しなかった債権者である（828条2項7号乃至13号）。①が過去形で規定されるのは，対価が金銭である組織再編により株主でなくなったような者を意味する。この者も無効の訴えを提起できる。

　被告は会社であるが，株式交付では株式交付親会社に限られる（834条7号乃至12号の2）。会社の組織に関する訴え（834条柱書括弧書き）に含まれるので，訴えの管轄，担保提供命令，弁論等の必要的併合および原告が敗訴した場合の損害賠償責任等については，会社の組織に関する訴えにおけるそれらのルールが適用されるのが基本である（835条乃至837条・846条）。

　②　無効事由　　条文で規定されていないため，何が無効事由なのかは解釈論で判断されるべきこととなる。一般論として，手続上の重大な法令違反を伴う瑕疵は無効事由と解されている。たとえば事前・事後の開示の欠缺・不実記載，組織再編契約・計画の必要的記載事項の欠缺，組織再編を承認する株主総会決議の取消し・無効・不存在，債権者保護手続の不履践等が無効事由に該当する。

　他方で組織再編条件の不公正については，無効事由か否かで見解が分かれる。典型的には組織再編の対価が著しく不公正な場合の問題であり，判例は無効事由でないと解する。これに対し一部の学説は，株主総会の承認決議が

特別利害関係人の議決権行使によって著しく不利となったような場合には，無効事由に該当すると解すべき事案もあり得る旨を主張する。もっとも一部学説のこうした主張は，組織再編条件の不公正それ自体は無効事由ではない旨を反映するものであり，当該不公正自体については株式買取請求権や取締役の責任追及等の方策で対処されるべき旨を示唆する。そのように捉えなおした場合，判例と学説間の溝は，それほど深く大きいわけではない。

③ **効 果**　無効とする確定判決には対世効があり，第三者に対しても判決の効力が及ぶ（838条）。また将来効に限られ，遡及効は否定される（839条）。遡及効の否定が意味する具体的な効力は，組織再編行為により異なる。

合併無効の場合，消滅会社が復活し，対価として交付した株式や新株予約権は無効となり，設立会社は解散する。合併により移転した権利義務は合併前に当該権利義務を有していた当事会社へ復帰するのが基本だが，復帰する権利義務は現存する限りに止まる。合併後で合併無効判決確定前までの間に，存続会社・設立会社が負担した債務は当事会社の連帯債務となり，取得した財産は当事会社の共有となる（843条1項・2項）。

分割の場合，対価として交付した株式や新株予約権は無効となり，設立会社は解散する。承継された権利義務は現存する限りで分割会社に復帰する。分割後で分割無効判決確定前までの間に，承継会社・設立会社が負担した債務や取得した財産については，承継会社のものは分割会社と承継会社の連帯債務または共有となり，設立会社のものは分割会社の負担または所有となる（843条1項・2項）。

株式交換・株式移転では，株式移転設立完全親会社は解散し，対価として発行した株式や新株予約権は無効となる。対価として無効確定以前の旧完全親会社の株式が交付されていた場合には，旧完全親会社は，判決確定時の旧完全親会社株式に係る株主に対し，旧完全子会社株式を交付する（844条）。

株式交付では，対価として旧株式交付親会社株式を交付した場合，株式交付親会社は，判決確定時における当該旧株式交付親会社株式に係る株主に対し，株式交付において当該株主から給付を受けた株式交付子会社の株式および新株予約権等を返還する（844条の2）。

6　事業の譲渡等

(1)　事 業 譲 渡

　事業譲渡とは会社の事業を他へ移転する取引行為である。取引行為であれ
ば業務執行として取締役または取締役会により決定されるのが本来であろう
（348条1項・2項・362条2項1号・同条4項柱書）。しかしながら事業全部を譲
渡すると，譲渡会社は抜け殻の状態となり，株主の利害に重大な影響が及ぶ。
全部でなく一部であっても，事業の重要な一部の譲渡なら同様であろう。株
主の利害に及ぼす影響の重大さに鑑み，事業の全部または重要な一部を譲渡
するには，譲渡会社の株主総会において，特別決議による承認を受けなけれ
ばならない（467条1項1号・同2号・309条2項11号）。

　もとより事業の全部のみならず重要な一部の譲渡は，重要な財産の処分に
当然に該当し，取締役会設置会社では取締役会の承認が必要となる（362条4
項1号）。したがって事業譲渡のプロセスは，取締役会による重要財産処分
の承認を受けた上で，当該取締役会が事業譲渡を株主総会の目的である事項
として決定する（298条1項2号・4項）ことで株主総会に付議される運びと
なる。

　こうした事業譲渡は，一方で株主総会の決議が要求される特別な取引行為
の側面を有するが，他方で不採算事業からの撤退や事業の整理・転換等の目
的で行われるため，会社分割に類似の側面を併有する。分割に認められる反
対株主の株式買取請求およびそれに伴う株式価格決定申立ては，事業譲渡に
おいても認められる（469条・470条）。もっとも譲渡会社が事業全部の譲渡
と同時に解散する場合には，株主の利益保護は残余財産分配として行われる
ので，買取請求は認められない（469条1項1号）。

　また分割で認められる簡易手続・略式手続と同様の制度が，事業譲渡にも
認められる。事業譲渡の簡易手続として，譲渡する資産の帳簿価額が，譲渡
会社の総資産額の20％以下であるときは，当該譲渡が事業の重要な一部に
該当しても，株主総会の承認は必要ない（467条1項2号括弧書き）。譲渡する

事業の一部が重要か否かは必ずしも容易に判明しないので，取引の規模に着目し，一定規模以下の取引を規制の適用から除外することで取引の迅速化と取引相手方の保護を図る制度である。20％については，定款でこれを下回る割合を定めることができる。

略式手続としては，事業譲渡の相手方が，事業譲渡をする会社の特別支配会社である場合に，株主総会の承認は必要ない（468条1項）。わざわざ株主総会を開催して決議しなくとも，結果がみえているからである。

(2) 事業譲渡に類似の行為

事業譲渡に株主総会の承認を要求するのは，株主の利益保護を図るためである。同様の理由から以下の①乃至④の行為には株主総会の承認が必要となる。これらのうち，①乃至③は事業譲渡を含めて事業譲渡等と呼ばれ，略式手続の適用対象であり，また株式買取請求に関するルールの適用対象でもある。

① **子会社株式の譲渡**　子会社の株式または持分の全部または重要な一部の譲渡は，会社本体が行っている事業の全部または重要な一部の譲渡と経済的には異ならないので，事業譲渡と同じルールが適用される（467条1項2号の2）。重要な一部の譲渡に該当するか否かは次の2つで判断され，2つとも満たすと重要な一部の譲渡となる。(i)譲渡する株式または持分の帳簿価額が譲渡会社の総資産額の20％を超えるとき。20％については，定款でこれを下回る割合を定めることができる。(ii)譲渡の効力発生日に譲渡会社が子会社の議決権の総数の過半数の議決権を有しないとき。

② **他の会社の事業全部の譲受け**　取引行為であるが譲受会社は吸収合併の存続会社に類似する点に鑑み，事業譲渡と同様のルールが適用される（467条1項3号）。ただし譲受けの対価として交付する財産の帳簿価額の合計額が譲受会社の純資産額の20％以下であれば，株主総会の承認は必要ない（468条2項）。20％については，定款でこれを下回る割合を定めることができる。

③ **事業全部の賃貸等**　事業全部の賃貸，事業全部の経営委任，損

265

益共通契約その他これらに準ずる契約の締結，変更または解約は，事業譲渡と同様の影響を株主に及ぼし得る。この点に鑑み，株主総会の特別決議による承認が必要とされる（467条1項4号）。

④　**事後設立**　　会社の成立後2年以内に，成立前から存在する財産であって，当該会社の事業のために継続して使用するものの取得である（467条1項5号）。設立手続において取得すれば財産引受けに該当し，原始定款への記載が要求される（28条2号）行為である。設立手続中にしようとすればできたはずの取得を，意図的に成立後へと時期をずらし，設立に関するルールの潜脱を図ることの防止が目的である。ただし対価として交付する財産の帳簿価額の合計額が取得会社の純資産額の20％以下であれば，株主総会の承認は必要ない。20％については，定款でこれを下回る割合を定めることができる。

7　敵対的買収と防衛策

(1)　敵対的買収の適否と防衛策の適否

　敵対的買収とは対象会社経営陣の賛同を得ていない買収である。対象会社経営陣にとって敵対的であるが，対象会社の株主をはじめとするステーク・ホルダーにとって敵対的とは限らない。むしろ好意的な評価も可能である。その理由は主に2つある。一つは敵対的買収に成功した買収者が現経営陣を更迭し，新たにより優れた経営陣を選任し，従来よりも業績を改善する期待である。期待が実現すれば，株価は上昇し，剰余金も増配される。業績の改善がさらに事業の拡張・展開へと進めば，社会全体として富を増やす。

　もう一つは敵対的買収による現経営陣へのチェックである。所有と経営の進展は，広範囲に分布し少数の株式のみを保有する個々の株主を数多く輩出する。こうした株主は業績の低迷時に，業績の改善を目的として株主総会へ出席して経営者とコミュニケーションを図るよりも，会社の株式を売却し，株価の上昇や剰余金の増配が期待できる他の銘柄へ乗り換える。合理的無関

心と呼ばれる現象である。この現象が進むと，経営陣をチェックする人物が不在となりかねない。こうした状況下で敵対的買収は，現経営陣に緊張を与え，株主による会社支配を回復する手段となる。

　ただし敵対的買収は，好意的評価が可能であるとともに，濫用的買収の危険も孕む。たとえば大量の株式を市場で買い集め，経営者の更迭を匂わせながら，買い集めた株式を高値で引き取らせるような取引である。こうした取引はグリーンメールと呼ばれ，買収者は利益を得るものの，対象会社の株主の利益にはつながらない。引き取る資金が会社から出されたなら，むしろ株主にとって不利益でもある。株価は買い集めの段階では乱高下し，引き取りが成立すれば急落するので，当該株式を担保として貸付を行う銀行にもグリーンメールの悪影響が及ぶ。

　グリーンメールのような敵対的買収に対しては，何らかの防衛策を講ずるべきとの考えが生ずる。買収防衛策はこうした考えに基づいて生まれたものである。ただし一律に敵対的買収に対抗するのは適切でない。敵対的買収が好意的評価の可能な側面を併有するからである。それゆえ敵対的買収の評価すべき部分を維持しつつ，批判されるべき部分を改めることのできる内容が買収防衛策には要求される。要求にかなうか否かで防衛策の適否を判断することとなる。

(2)　判例によるルール形成

　適切な防衛策は具体的にどのような内容か。防衛策もルールである以上，防衛策の具体的な要件・効果が想定されて然るべきである。しかしながら会社法自体では，まだルールの明文化に至っていない。現状ではルール形成の際に考慮されるべき要素が判例により抽出され，いくつかの具体策として形を示すに至ったところである。

　判例が抽出した要素は複数ある。代表的な要素を2つ記す。一つは，支配権争いの帰趨は原則として株主が決めるべきとの考えである。買収者は買収により企業価値が向上すると唱え，現経営陣は買収により企業価値が毀損すると説く。両者の主張が対立する状況で，最終的に決すべきは株主との考え

である。こうした考えに基づき，現経営陣が防衛策を発動する際に中立性を維持するべく，第三者委員会の勧告を踏まえる手続がしばしば講じられる。また決議事項として法定されていないが，勧告的決議により株主の意思を反映させる試みもみられる。

　もう一つは，情報の提供と検討時間の確保を目的とするのであれば，現経営陣は相当な防衛策をとり得るとの考えである。会社の帰趨を株主に決定させるには，情報提供と検討時間確保が欠かせない。現経営陣または敵対的買収者のいずれのためでもなく，会社の帰趨判断への寄与という株主の利益を目的とする手段として，買収防衛策が位置づけられるべきとの理解である。公開買付対象者による意見表明報告書およびそれに記載される公開買付者に対する質問と，公開買付者による対質問回答書の制度の基礎となる考えと類似する。のみならず報告書および回答書は，いずれも公衆縦覧の開示に付される（金商27の14第1項）。敵対的買収が広くステーク・ホルダーに影響を及ぼし得る点に照らすと，帰趨自体は株主が決すべきものの，情報の提供を受け対応を検討すべき事情はステーク・ホルダーにも当てはまる可能性がある。

第 3 編

持 分 会 社

1 持分会社の意義

持分会社には，合名会社，合資会社，合同会社の3類型がある（2条1号）。持分会社の社員が会社に対して有する地位を持分という用語で示す。持分会社は，法人格を有する（3条）社団である。組合的性格を有しているが，社員が1人になっても存続でき，一人持分会社も認められる。

持分会社のうち，合名会社の全社員は無限責任社員であり，合資会社は無限責任社員と有限責任社員とにより構成されている。株式会社にあっては，会社と取引をする債権者は，自己の債権の引き当てとして会社の財産のみを当てにすることができるに止まるのに対して，合名会社および合資会社にあってはそれが社員の人的信用になる点で異なる。

持分会社は，少人数の信頼関係にある社員間の人的な結合を想定している。社員相互間には契約的結合による組合的な関係が存在し，会社の対内関係においては，組合的な取扱いが認められ，会社の内部的規律は定款自治に委ねられている。

持分会社のうち，合名会社および合資会社という企業形態は，少人数の人的信頼関係にある個人集団・家族的結合関係にある者の企業活動に利用されることが多く，同族会社で多く利用されている。合同会社においては，全社員が有限責任社員であり，その責任は会社に対する出資の全額払込みに止まって，いわば間接有限責任というべきものであり，株式会社の株主の責任と同様である。

合同会社制度は，会社法の制定に当たり新たに創設されたものである。立法趣旨は，出資者の有限責任が確保され，会社の内部関係については組合的規律が適用される新たな会社類型を創設することにあった。合同会社は，合弁会社（ジョイントベンチャー）のような少人数で事業を行う会社に適した類型である。その他に，ベンチャー企業，投資ファンド，さらに，資産の流動化のための特別目的会社（SPC）などに利用することが可能と考えられている。

2 持分会社の特色

(1) 社員の責任

① 無限責任社員の責任　　合名会社においては，社員の全員が無限責任社員である。持分会社においても株式会社におけると同様に，会社の財産関係と社員の財産関係とは切り離されているが，社員の全員が会社の債務について債権者に対して直接的に無限の人的責任を負う（576条2項）。合資会社においては，社員には無限責任社員の他に有限責任社員（580条2項）がいる。合同会社においては，全社員が有限責任社員である。

無限責任社員は，会社債権者に対して直接的に無限の人的責任を負う者である。その責任には，二次性（補充性）と従属性とが認められる。無限責任社員は，持分会社が会社債権者に対して負っている債務をその財産をもって弁済することができない場合，または当該持分会社の財産に対する強制執行が効を奏しなかった場合に，連帯して債務を弁済する責任を負うことになる（580条1項。二次性）。無限責任社員が会社の債務を弁済する責任を負う場合に，当該社員は，持分会社が債権者に主張できる抗弁を対抗して，債務の履行を拒むことができる（581条1項。従属性）。

② 有限責任社員の責任　　有限責任社員の責任内容は，合資会社と合同会社とで異なる。

合資会社の有限責任社員は，出資の価額（すでに持分会社に対して履行した出資の価額を除く）を限度として，持分会社の債務について会社債権者に対して直接的に弁済する責任を負う（580条2項）。合資会社の有限責任社員の責任は，二次性・従属性を有する（580条1項・581条1項）。

合同会社においては，全社員が有限責任社員である。その有限責任の内容は，合同会社の設立の登記までに出資に係る金銭の全額払込みまたはその他の財産の全部給付をしなければならないとするものである（578条）。したがって，会社債権者に対して直接責任を負うものではなく，いわば間接有限責任であって，この点で合資会社の有限責任社員の責任と異なり，株式会社の株

主の責任と同様である。

(2) 持分会社の対内関係

　持分会社においては，社員相互間に組合的な関係が存在し，会社の重要事項は総社員の一致により決定されることを前提に，会社の内部的規律は原則的に定款自治に委ねられている（577条）。そこで，株式会社におけるように，法定された各種機関の設置を強制し，株主の権利等について強行規定を置くといった法制によっていない。機関設計や社員の権利内容等について，定款の定めにより自由に機関構成を定め，当事者間で自由に最適な利害調節の仕組みを採用することが可能になっている。各社員の持分は社員1人につき1個であり，社員間における決定に際しては，社員の議決権は定款に別段の定めがない限り，1人1個の頭数主義によることになる。

　他方，社員間の人的な結びつきを前提するため，持分の譲渡には制約がある。反面，出資の払戻しは，合同会社を除いて適宜行うことが認められ，社員には自由に出資の払戻しの請求が認められている。

　持分会社の社員は出資義務を負う。無限責任社員の出資には信用や労務の出資が認められるが，有限責任社員の出資は金銭等（金銭および現物出資財産）の出資に限られる（576条1項6号）。社員による出資は，合同会社を除いて，会社の設立段階で行われる必要はない。しかし，全社員が有限責任を負うに止まる合同会社においては，出資は債権者に対する責任財産の拠出としての意味を有し，合同会社の設立の登記をするときまでに，金銭の全額払込みおよび出資財産の全部の給付が必要である（前述）。

　社員による持分の譲渡については，定款で別段の定めのない限り，他の社員の全員の承諾がなければ，持分の全部または一部を他人に譲渡することができないのが原則である（585条1項）。ただし，定款で別段の定めのない限り，業務を執行しない有限責任社員の持分は，業務執行社員の全員の承諾だけで，したがって，無限責任社員の全員の承諾によることなく，譲渡することができる（585条2項・3項）。

　合同会社を除き（後述3参照），持分会社の社員はすでに出資して払込みま

たは給付した金銭等の払戻し（出資の払戻しという）を請求することができる（624条）。出資の払戻しとは，社員の地位を維持したまま，出資した金銭，財産の払戻しを受けることを指し，退社に伴う持分の払戻し（611条）とは区別される。

合名会社・合資会社には無限責任社員がいるため，定款の定めに従い，あるいは自由に利益配当を行うことができる（621条）。合同会社を除き（後述3参照），利益配当に当たって株式会社におけるような債権者保護規定は置かれていない。損益分配の割合については，定款の定めがないときは，各社員の出資の割合に応じて定められる（622条1項）。

(3) 持分会社の業務執行と代表

持分会社においては，定款に別段の定めがある場合を除き，無限責任社員か有限責任社員かを区別せずに，すべての社員が会社の業務を執行する権限を有する（590条1項）。社員が2人以上いる場合には，会社の業務は社員の過半数をもって決定する（590条2項）が，会社の常務については，各社員が単独で行うことができる（590条3項）。法人も業務執行社員になることができるが，この場合には，当該法人は，業務を執行する社員の職務を行う者（職務執行者。当該法人の役員・従業員である必要はない）を指定することを要する（598条1項）。さらに，法人が会社を代表する社員になる場合には，上記職務執行者の氏名等は登記事項とされている（912条7号他）。

定款により一部の社員のみを業務執行社員として定めることができる（590条1項）。業務執行社員が2人以上いるときは，過半数をもって決定するが，会社の常務は単独で業務を執行できる（591条1項・同条2項・590条3項）。

業務執行社員は，善良なる管理者の注意をもって，その職務を行う義務を負い（593条1項），法令および定款を遵守し，持分会社のため忠実にその職務を行わなければならない（593条2項）。業務執行社員には，競業避止義務が課せられ（594条1項），利益相反取引の制限が課せられる（595条）。

業務執行権限を有する社員は，原則的に持分会社の代表権限を有する（599条1項）。ただし，定款または社員の互選により，業務執行社員の中から会

社を代表する社員を定めることもできる（599条3項）。

　持分会社を代表する社員は，会社の業務に関する一切の裁判上または裁判外の行為をする権限を有する（599条4項）。代表社員の権限に加えた制限は，善意の第三者に対抗することができない（599条5項）。

3　合同会社における会社債権者保護

　持分会社のうち，合同会社の社員は全員が有限責任社員であるが，合資会社の有限責任社員のように会社債権者に対して直接責任を負うのではなく，全額払込みによるいわば間接有限責任を負うに止まる。この点は株式会社の株主同様である。そこで会社法は，会社債権者の保護のために株式会社におけると同様の制度を設けている。

　合同会社の社員は有限責任社員であるから，出資は金銭等（金銭その他の財産（現物出資財産を含む））に限るとされる（576条1項6号）とともに，定款の作成後，設立登記までに出資の全額払込みをなさなければならない（578条）。また，株式会社におけると同様に，会社債権者に貸借対照表・損益計算書等の計算書類についての閲覧・謄写請求権（625条）を認めている。剰余金の分配規制が置かれており，株式会社における剰余金の分配と同様に，利益の配当額が利益配当日における利益額を超える場合には，合同会社は利益配当をすることができないとされている（628条）。さらに，合名会社・合資会社の社員は自由に出資の払戻しを請求することが認められているが（624条1項），出資の払戻しにかかる特則として，合同会社の社員は，定款を変更して出資の価額を減少する場合を除いて，出資の払戻しを請求できない（632条1項）など，会社債権者保護のための規定が置かれている。

4　持分会社の種類変更と組織変更

　持分会社の間で会社の種類を変更することは組織変更には当たらない。株

式会社の組織を持分会社に変更すること，持分会社の組織を株式会社に変更することが組織変更に該当する（745条・746条）。

　合名会社は，定款変更により，有限責任社員を加入させることまたは社員の一部を有限責任社員とすることにより合資会社になることができ，社員の全部を有限責任社員とすることにより合同会社となることできる（638条1項）。合資会社は，定款変更により，社員の全部を無限責任社員とすることにより合名会社になること，または社員の全部を有限責任社員とすることにより合同会社になることができる（638条2項）。合同会社においては，全社員を無限責任社員にして合名会社に，または，無限責任社員を入社させるか，一部社員を無限責任社員にして合資会社になることができる（638条3項）。

索 引

───── 事 項 索 引 ─────

索引

大判昭 2・7・4 民集 6 巻 428 頁　29

最判昭 28・12・3 民集 7 巻 12 号 1299 頁　28

最判昭 30・10・20 民集 9 巻 11 号 1657 頁　68
最判昭 33・10・24 民集 12 巻 14 号 3228 頁［百選 5］　29
最判昭 35・9・15 民集 14 巻 11 号 2146 頁［百選 A5］　79
最判昭 35・10・14 民集 14 巻 12 号 2499 頁　163
最判昭 36・3・31 民集 15 巻 3 号 645 頁　94
最判昭 38・9・5 民集 17 巻 8 号 909 頁　162
最判昭 38・12・6 民集 17 巻 12 号 1633 頁［百選 8］　34
最判昭 38・12・6 民集 17 巻 12 号 1664 頁　187
東京地判昭 39・10・12 下民集 15 巻 10 号 2432 頁　208
最判昭 39・12・11 民集 18 巻 10 号 2143 頁［百選 61］　154

最判昭 40・6・29 民集 19 巻 4 号 1045 頁　145
最大判昭 40・9・22 民集 19 巻 6 号 1600 頁　10
最判昭 40・9・22 民集 19 巻 6 号 1656 頁［百選 64］　160, 163
最判昭 40・11・16 民集 19 巻 8 号 1970 頁［百選 25］　62
最判昭 41・1・27 民集 20 巻 1 号 111 頁　8
最判昭 41・7・28 民集 20 巻 6 号 1251 頁　68
大阪高判昭 41・8・8 下民集 17 巻 7=8 号 647 頁　132
大阪地判昭 41・12・16 下民集 17 巻 11=12 号 1237 頁　208
最判昭 43・11・1 民集 22 巻 12 号 2402 頁　132
最判昭 43・12・25 民集 22 巻 13 号 3511 頁［百選 58］　187
最判昭 44・2・27 民集 23 巻 2 号 511 頁　3
最判昭 44・3・26 民集 22 巻 3 号 645 頁［百選 66］　160
最大判昭 44・11・26 民集 23 巻 11 号 2150 頁［百選 70］　196, 200
最判昭 44・11・27 民集 23 巻 11 号 2301 頁　143
最判昭 44・12・2 民集 23 巻 12 号 2396 頁［百選 65］　159
最判昭 45・4・23 民集 24 巻 4 号 364 頁　187
最判昭 45・6・24 民集 24 巻 6 号 625 頁［百選 2］　185
最判昭 45・8・20 判時 607 号 79 頁　145
最判昭 45・11・24 民集 24 巻 12 号 1963 頁　43
最判昭 46・7・16 判時 641 号 97 頁［百選 24］　94, 163
東京高判昭 47・4・18 高民 25 巻 2 号 182 頁　94
最判昭 47・6・15 民集 26 巻 5 号 984 頁　201
最判昭 47・11・8 民集 26 巻 9 号 1489 頁　60
最判昭 47・11・8 民集 26 巻 9 号 1489 頁［百選 A4］　62
最判昭 48・5・22 民集 27 巻 5 号 655 頁［百選 71］　194, 200

索
引

著者紹介【担当章】

川村　正幸（かわむら　まさゆき）【第1編，第2編1・2・11・12章，第3編】

1945 年　静岡県に生まれる
1969 年　一橋大学法学部卒業
現　在　一橋大学名誉教授　法学博士
主要著書
『手形抗弁の基礎理論』（弘文堂，1994 年）
『金融商品取引法（第5版）』（編著，中央経済社，2014 年）
『詳説　会社法』（共著，中央経済社，2016 年）
『金融商品取引法の基礎』（共著，中央経済社，2018 年）
『手形・小切手法（第4版）』（新世社，2018 年）
『コア・テキスト 手形・小切手法』（新世社，2018 年）
『コア・テキスト 商法総則・商行為法』（共著，新世社，2019 年）

品谷　篤哉（しなたに　とくや）【第2編第6・13章】

1964 年　福井県に生まれる
1987 年　金沢大学法学部卒業
現　在　立命館大学法学部教授
主要著書・論文
『コア・テキスト 商法総則・商行為法』（共著，新世社，2019 年）
「内部者取引規制──州法による会社の財産回復とその問題点」『長濱洋一教授還暦記
　　念　現代英米会社法の諸相』（成文堂，1996 年）所収
「いわゆるグレーゾーン金利と期限の利益喪失特約──三件の最高裁判決（1）（2・完）」
　　月刊民事法情報 238 号・239 号（2006 年）
「株式の仮装払込みに関する覚書」立命館法学 2015 年第5・6号（2016 年）

山田　剛志（やまだ　つよし）【第 2 編第 7 〜 10 章】

1965 年　新潟県に生まれる
1989 年　新潟大学法学部卒業
現　在　成城大学法学部教授　博士（法学）
主要著書・論文
『金融自由化と顧客保護法制』（中央経済社，2008 年）
『金融商品取引法の基礎』（共著，中央経済社，2018 年）
『入門企業法』（共著，弘文堂，2010 年）
『金融の証券化と顧客保護』（信山社，2000 年）
「証券会社の破綻と投資者保護基金」『金融商品取引法制に関する諸問題（上）』（日本
　　証券経済研究所，2016 年）所収
「ヘッジファンドアクティビズムの隆盛と株主の権利」商事法務 2199 号 25 頁 (2019
　　年)

尾関　幸美（おぜき　ゆきみ）【第 2 編第 3 〜 5 章】

1970 年　石川県に生まれる
1994 年　金沢大学法学部卒業
現　在　中央大学法科大学院教授　博士（法学）
主要著書・論文
『社外取締役とコーポレート・ガバナンス』（弘文堂, 2003 年）
「第三者割当による新株発行に関する規制の基礎的考察」成蹊法学 89 号 5 号 (2018 年)
「会社法における社外取締役と社外監査役の法的役割」成蹊法学 84 号（2016 年）
「新株予約権の第三者割当の法的問題」『川村正幸先生退職記念論文集──会社法・金
　　融法の新展開』（中央経済社，2009 年）所収

ライブラリ 商法コア・テキスト-3

コア・テキスト 会社法

2020年6月25日 ⓒ	初 版 発 行
2021年5月25日	初版第2刷発行

著 者	川 村 正 幸	発行者	森 平 敏 孝
	品 谷 篤 哉	印刷者	馬 場 信 幸
	山 田 剛 志	製本者	小 西 惠 介
	尾 関 幸 美		

【発行】 株式会社 新世社
〒151-0051 東京都渋谷区千駄ヶ谷1丁目3番25号
編集☎(03)5474-8818(代) サイエンスビル

【発売】 株式会社 サイエンス社
〒151-0051 東京都渋谷区千駄ヶ谷1丁目3番25号
営業☎(03)5474-8500(代) 振替00170-7-2387
FAX☎(03)5474-8900

印刷 三美印刷 製本 ブックアート
《検印省略》

ISBN978-4-88384-313-8
PRINTED IN JAPAN

サイエンス社・新世社のホームページのご案内
https://www.saiensu.co.jp
ご意見・ご要望は
shin@saiensu.co.jpまで